量化历史研究

《量化历史研究》编委会

主编：
陈志武　龙登高　马德斌

编委会成员（按姓氏拼音排序）：
白重恩
蔡洪滨
陈争平
龚启圣
管汉晖
李伯重
彭凯翔
韦　森
萧国亮
颜　色
张维迎
周黎安

启真馆 出品

量化历史研究

第二辑

陈志武 龙登高 马德斌 主编

ZHEJIANG UNIVERSITY PRESS
浙江大学出版社

目 录

四、"量化历史研究讲习班"学员来稿 /239

一、中西方发展比较研究

大分流

马德斌

摘要：大分流（The Great Divergence）一直是经济史研究热点。本文主要包括三个部分。首先，可以采用购买力平价（Purchasing Power Parity, PPP）、实际工资、身高、年龄堆积（Age-heaping）等指标，比较长历史周期内的国际生活水平，探寻大分流的起点。其次，从要素价格角度比较了国际生产率，认为在东西方大分流前夕，中西方在实际工资和利息上的差异可能是导致了这种大分流现象的主要因素。最后，分析了中国古代政治制度及其对长期经济路径的影响，回答了大分流前夕工资和利息差异的原因。三部分不仅构成了研究大分流的完整体系，而且涵盖了丰富的量化历史研究方法。

关键词：大分流；生活水平；专制制度

课程介绍：2012 年 7 月 5-7 日，马德斌教授主讲了四次课程，涵盖生活水平国际比较、生产率国际比较和中国传统政治制度史三个方面，中心线索是大分流。课程题目分别是：International Comparison of Historical Living Standards: general methodology issues; International Comparison of Historical

Living Standards: a real approach; International Comparison of Historical Productivities: a factor-price approach; Rock, Scissors and Paper: an institutional and quantitative reinterpretation of the traditional Chinese state。

引　言

作为大分流问题的经验起点，工业革命前夕亚洲地区和欧洲地区的生活水平比较引起了经济史学界的广泛争论。古典经济学家和许多现代学者认为在工业革命前很长一段时间，欧洲生活水平就已经超过了亚洲。亚当·斯密也认为中国和欧洲劳动力价格上存在巨大差异（Smith，1937）。但是，最近这个共识受到了越来越多的质疑和挑战。部分学者认为18世纪亚洲生活水平足以与欧洲相媲美，并且质疑了其人口统计和农业发展的基础假设（Pomeranz，2000；Parthasarathi，1998；Wong，1997）。不过，这个观念并没有让所有人信服（Broadberry and Gupta，2006）。

这些质疑和争论归结到不同生活水平比较的证据可靠性问题。因为经济史比较研究往往过度依赖于一些高度离散的产出、消费、人口等数据进行间接比较（indirect comparisons），几乎很少有研究通过收入数据进行直接比较。在欧洲地区，真实性收入的数据非常翔实，主要是因为欧洲各国在19世纪中后期就开始进行相关数据的官方收集，学者也对工资、收入等数据进行收集并汇总成册。然而，亚洲地区缺乏相关数据的历史积累。

在量化经济史研究中，各个国家或地区的兴衰与长期生活水平等是研究的核心问题。然而，比较不同国家或地区的生活水平也面临多种现实问题。例如，我们不能直接通过各个国家或地区总收入或者总人口的变化来推断其生活水平标准的差异；甚至，即使我们能够算出单位要素的收入数据，由于我们不知道要素存量，也无法直接回答这一问题。这主要是因为各个国家或地区的消费习惯与使用的单位货币不同，不同国家或地区之间货币汇率难以计算。在我们研究的经济史时期，大部分时间各个国家或地区之间根本没有直接贸易。

所以，中国量化经济史的研究任重而道远。这需要众多中国学者的共同努力，非常勤勉和严谨地收集、编纂历史数据，及时了解和掌握经济学与统计学发展的最新方法，并加强学术交流与合作。这可能需要我们几代学者共同的辛勤工作。

一、基于购买力平价的生活水平跨区域历史比较

（一）指数基准问题

1. 指数基准问题界定

指数基准问题（Index Number Problem）随处可见。例如，当某一变量由上年度的 100 单位，上升到本年度的 110，我们可以认为该变量年度增长率为 10%；然而，如果该变量由上年度的 110 下降到本年度的 100，我们则认为该变量的年度下降率为 9.1%，而不是 10%。这就是指数基准问题的一种形式，在经济增长率计算中会出现。

如果需要统计的指标大于一个变量时，指数基准问题又会表现出更多的形式。这个问题在计算生存成本或通胀率中可能出现。例如，在第一期，一个消费者消费了 2 个苹果和 2 个橘子，苹果和橘子的价格都是 1 美元，则该消费者需要支付的成本为 4 美元；到第二期，苹果的价格上升到了 2 美元，而橘子的价格没有发生变化，仍然保持为 1 美元。如果消费者还是保持原有的消费习惯，显然其生活成本的总

支出为 6 美元，所以我们可以认为该消费者的生活总成本上升了 50%。然而，实际经济情况往往并非如此。显然，在第二期，由于苹果价格的上升，消费者会认为橘子相对更加便宜了，可能会增加橘子的消费，减少苹果的消费。譬如，消费者购买 1 个苹果和 3 个橘子。我们采用第二个时期的消费者购买的"一揽子"商品，进而推算两期的生活成本支出：在第一期，消费 1 个苹果和 3 个橘子的总成本为 4 美元；在第二期，消费 1 个苹果和 3 个橘子的总成本为 5 美元。因此，我们可以认为该消费者的生活总成本上升了 25%。很显然，消费者是理性的。这表现为当苹果价格上升时，其将会减少苹果的消费，增加相对比较便宜的橘子的消费。这就是所谓的商品之间的替代效应，其替代变化量的大小由消费者的替代弹性决定。

因此，当我们采用第一时期的消费者一揽子商品计算总价格指数时（称为拉氏指数，Laspeyres Index），往往高估了通货膨胀率，因为没有考虑到消费者的替代效应可以部分抵消由于价格上升带来的成本上升。但是我们能不能仅采用第二时期的消费者一揽子商品作为计算总价格指数（称为帕氏指数，Paasche Index）的依据呢？这显然也是不合适的，因为后者又低估了通货膨胀率。这种消费习惯或者经济结构的调整，往往会对价格指数的计算带来不同的偏误。

2. 数量指数（Quantity Index）

数量指数指的是在同一组价格的情况下，由于消费者购买商品数量变化带来总成本的变化率，分为拉氏指数（Laspeyres Index）和帕氏指数（Paasche Index）。

拉氏指数是指如果在时期 A 和 B，消费者购买了 n 种商品与服务，其购买量分别为 q^A 和 q^B，价格分别为 P^A 和 P^B，那么计算公式为：

$$\frac{\sum P_n^A q_n^B}{\sum P_n^A q_n^A}$$

帕氏指数（Paasche Index）是指如果在时期 A 和 B，消费者购买了 n 种商品与服务，其购买量分别为 q^A 和 q^B，价格分别为 P^A 和 P^B，那么计算公式为：

$$\frac{\sum P_n^B q_n^B}{\sum P_n^B q_n^A}$$

假如只有两种商品的情况，拉氏指数和帕氏指数分别可以表示如下：

$$\frac{P_1^A q_1^B + P_2^A q_2^B}{P_1^A q_1^A + P_2^A q_2^A} \text{ 和 } \frac{P_1^B q_1^B + P_2^B q_2^B}{P_1^B q_1^A + P_2^B q_2^A}$$

数量指数也会因为选择不同基期的价格水平而不同。

3. 指数基准问题的解决办法

没有一种万能的方法可以有效解决这些问题。在经济史学研究中，大部分学者往往采用及时更新基期价格或者数量的方法，来尽量刻画真实的经济状况，或者采用加权平均的方法。二战后，理性预期理论在宏观问题研究中逐渐发展起来，为我们对指数统计指标的计算提供了微观基础（消费者效用函数和生产者利润函数的应用）。

4. 跨时间和跨空间比较的其他问题

近现代全球工业化加速发展，商品物质极大丰富，计算机、汽车还有各种电子商品等各种新商品大量涌现，且质量不断提高。但是质量、产品多样性等属性都难以通过价格指数恰当地反映出来。

可以举三个例子。一是房地产价格指数。随着近现代建筑技术水平的不断提高，房屋质量也不断提高。质量提升引致的价格上升，不符合我们想要统计的成本价格指数的含义。这使得我们高估了房地产的生产成本价格指数。二是日光灯的使用。在 1800 年，人们采用蜡烛和油灯进行照明，而现在使用质量很高的日光灯照明。Nordhaus（1998）指出，如果剔除了质量改善对价格的影响，其采光使用成本从 1800 年

以来显著下降为原来的 1/4000。三是铁路运输问题。Leunig（2006）
指出铁路运输费用的下降不仅仅来自于车票费用的下降，而且还来自
于火车提速带来的时间节约成本。1912 年铁路运输成本下降了 14%，
其中 4% 来自于车票费用的下降，10% 来自于节约时间成本。

（二）各个国家或地区的 GDP 的国际比较

与工资类似，各个国家或地区的 GDP 度量采用本国或本地区货
币。但是，汇率转换有缺陷。如果采用汇率换算的话，往往会低估发
展中国家的生活标准水平。因为在发展中国家，非交易性商品往往价
格比较低。这种效应在经济学上被称为巴拉萨－萨缪尔森效应（简称
巴萨效应，Balassa-Samuelson Effect）。以理发为例，在伦敦理发的价
格大约是 15 英镑，在北京大约是 30 元。因此，如果仅将理发这种商
品作为计算购买力平价的商品一揽子的话，1 英镑等于 2 元人民币。
然而，在实际上，1 英镑等于 10 元人民币。因此，就理发而言，北京
的价格只有伦敦的 20%。

所以，后来引入了购买力平价（Purchasing Power Parity，PPP）。
购买力平价，又称相对购买力指标，是一种根据各个国家或地区不同
的价格水平计算出来的货币之间的等值系数，使我们能够在经济学上
对各个国家或地区的 GDP 进行合理比较。

不过，购买力平价也存在一系列问题。比如各个国家或地区的
GDP 一揽子商品和服务的匹配是相当复杂的。这主要是因为 GDP 核
算涉及了成千上万种商品。当然，幸运的是，现在这些烦琐的工作由
国际比较项目（The International Comparison Project，ICP）逐一核算，
世界银行、亚洲国家发展银行也在做类似的统计工作。不过，这也难
以消除统计口径差异问题。同时，购买力平价计算的 GDP 只能表明一
个国家或地区经济的整体产出值，而不能直接作为普通人生活水平的

尺度。指数基准问题使得购买力平价指数的测算和比较更加复杂。

（三）购买力平价的直接计算

深尾京司（Kyoji Fukao）、马德斌和袁堂军 2007 年的合作论文（Fukao，Ma and Yuan，2007）通过购买力平价指数调整，计算了基于支出法的日本和中国大陆、日本和美国、中国大陆和美国的相对 GDP 水平。该文研究了 50 多种私人消费品和服务品，20 多项部门的投资品以及政府购买品的价格水平，用以构建购买力平价指数。同时，该文结合先前有关对中国台湾和日本、韩国和日本的研究成果，使用购买力平价进行调整，系统测算了 20 世纪 30 年代日本、中国大陆、中国台湾、韩国相对于美国的人均收入水平，分别为 32%、11%、23%、12%。相对于基于支出法的购买力平价估计，基于汇率调整的购买力平价存在低估东亚国家和地区对美国人均收入占比的问题。所以，该文首次尝试采用 PPP 调整 GDP，从而使得各个国家或地区基于购买力平价计算的收入可比性更合理。

该文的样本期间是 1934—1936 年，因为这段时间亚洲数据相对比较完整，具有很一致的数据统计口径。该文最重要的一个贡献是估计购买力评价指数，用于调整各个国家或地区的 GDP 水平，采用了费雪（Fisher）几何平均的方法进行构建。

假设有 N 种商品和服务品，i 代表的是第 i 种商品或服务品，其价格水平记为 P_n^i，基准国家或地区相应的第 i 种商品或者服务品的价格记为 P_n^B，则两国（地区）相对价格水平为：

$$P_{i,B}^B = \frac{\sum P_i^n q_n^B}{\sum P_n^B q_n^B} = \frac{\sum \frac{P_n^i}{P_n^B} P_n^B q_n^B}{\sum P_n^B q_n^B} = \sum \frac{P_n^i}{P_n^B} \acute{E}_n^B$$

其中，q_n^B 为基准国家或地区的 N 种私人消费品的数量。当然，我们也需要采用对比国家或地区的 N 种私人消费品的数量作为权重，重新构建相对价格指数，记为：

$$P_{i,B}^i = \frac{\sum P_n^i q_n^i}{\sum P_n^B q_n^i} = \frac{\sum P_n^i q_n^i}{\sum \frac{P_n^B}{P^i} P_n^i q_n^i} = \frac{1}{\sum \frac{P_n^B}{P^i} \omega_n^i}$$

最终，选取两种价格指数的几何平均值作为购买力平价指数，

$$P_{i,B} = \sqrt{P_{i,B}^i \times P_{i,B}^B}$$

具体的计算过程及其说明，请参见深尾京司等（Fukao, Ma and Yuan, 2007）。

表 1 中，中国大陆住房消费在食品类中是最便宜的，这主要是体现了中国大陆自身具备的自然资源状况以及当前的历史发展阶段。值得指出的是，照明和采暖科目在中国大陆和日本的差异相对较大，这主要是因为在 30 年代中国大陆的电气化普及率相对较低，成本相对较高。总体来看，中国大陆消费品的相对价格大约是日本的 73%。

表 1　中国大陆和日本相对消费价格水平（1934—1936；日本 =1）

	中国大陆支出比重	日本支出比重	费雪平均
总值	0.65	0.83	0.73
食品	0.66	0.79	0.72
照明和取暖	0.58	1.12	0.80
衣服和被子	0.63	1.16	0.86
住房支出	0.57	0.49	0.53
杂项	0.75	0.84	0.79

资料来源：Fukao, Ma and Yuan（2007）

表 2 给出了日本相对于美国的消费品价格水平状况。表中显示，在 20 世纪 30 年代日本的食物消费品的价格水平不到美国的一半。譬如，交通、通信、教育、娱乐等杂项合计价格水平仅占美国的 36%。当然，由于日本地理位置的特殊性，其住房性支出相对较高，约占美

国的 63%。

表 2 日本和美国相对消费价格水平（1934—1936；美国 =1 ）

	日本支出比重	美国支出比重	费雪平均
总值	0.34	0.58	0.45
食品	0.37	0.62	0.48
照明和取暖	1.06	0.89	0.97
衣服和被子	0.25	0.49	0.35
住房支出	0.59	0.67	0.63
杂项	0.28	0.48	0.36

资料来源：Fukao, Ma and Yuan（2007）

表 3 给出了中国大陆食物类消费价格水平相对于美国同期的对比情况。总体来看，中国大陆的价格水平只有美国的 32%。这与表 1、表 2 的结论也保持了一致。除了照明和采暖类消费价格中国大陆消费价格相对较高外，表 3 中给出的主要的消费门类中国大陆的价格水平大约只有美国的 20%—30%。

表 3 中国大陆和美国相对消费价格水平（1934—1936; 美国 = 1 ）

	中国大陆支出比重	美国支出比重	费雪平均
总值	0.26	0.38	0.32
食品	0.27	0.35	0.31
照明和取暖	0.70	0.92	0.80
衣服和被子	0.24	0.28	0.26
住房支出	0.15	0.24	0.19
杂项	0.21	0.47	0.32

资料来源：Fukao, Ma and Yuan（2007）

表 4 给出了中国大陆、中国台湾、韩国、日本等东亚四个国家和地区消费品价格水平相对于美国的情况。相对而言，日本的消费价格水平在东亚四个国家和地区是最高的，占到美国的 45%；其次是韩

国，约占美国的 43%；再次是中国台湾，约占美国的 39%；中国大陆最低，约占美国的 32%。

表4 东亚和美国相对消费价格水平（费雪平均数）（1934—1936；美国 =1）

	中国大陆	中国台湾	韩国	日本
总值	0.32	0.39	0.43	0.45
食品	0.31	0.42	0.45	0.48
照明和取暖	0.80	0.77	0.80	0.97
衣服和被子	0.26	0.33	0.33	0.35
住房支出	0.19	0.46	0.55	0.62
杂项	0.32	0.30	0.26	0.36
贸易品 *	0.77	0.88	0.93	0.55
非贸易品 *	0.68	0.78	0.71	0.39

资料来源：Fukao, Ma and Yuan（2007）

表5 给出了日本私人投资品价格水平相对美国同期的对比情况。有关投资品和政府购买的数据的可能性相对于消费品类更为困难。表中显示，日本的投资品价格水平约占美国的 50% 左右，高出其消费率价格水平的相对占比。

表5 1935 年日本和美国私人投资品相对价格水平

	比重		日本价格水平（美国 =1）			
	日本	美国	日本 /美国	日本比重	美国比重	费雪平均
设备（机械设备）	0.5	0.5	0.88	0.88	0.88	0.88
建筑				0.22	0.51	0.34
水泥	0.0625	0.075	0.68			
生铁	0.0625	0.075	0.78			
钉子	0.0625	0.075	0.72			
铁皮	0.0625	0.075	0.87			
工资	0.25	0.2	0.13			
总值	1.0	1.0		0.35	0.69	0.50

资料来源：Fukao, Ma and Yuan（2007）

表 6 给出了日本政府购买类商品和服务品的价格水平相对美国的占比情况。值得指出的是，日本政府雇员的收入水平大约仅占美国的 7% 左右。而政府消费品的购买价格水平大约占美国的 55%，高出了私人消费品价格水平。这也似乎表明日本政府购买挤出了大量的私人投资。不过，由于日本政府比较低的雇员报酬，使得政府购买整体而言其价格水平只占美国的 28%。

表 6　1935 年日本和美国政府支出相对价格水平

	比重			日本价格水平（美国 =1）		
	日本	美国	日本 /美国	日本比重	美国比重	费雪平均
劳动成本	0.24	0.45	0.07	0.07	0.07	0.07
原料成本				0.49	0.61	0.55
食品	0.03	0.02	0.48			
纺织品	0.03	0.01	0.35			
木质产品	0.03	0.06	0.95			
医疗成本	0.14	0.06	0.27			
化学产品	0.11	0.09	1.33			
铁和机器	0.06	0.02	0.88			
建筑	0.08	0.24	0.34			
交通通信	0.21	0.04	0.51			
煤	0.02	0.01	0.89			
电	0.05	0.01	0.96			
总值	1.0	1.0		0.21	0.37	0.28

资料来源：Fukao, Ma and Yuan（2007）

表 7 汇总了东亚四个国家和地区消费品、投资品、政府购买的价格水平相对美国的占比情况。其中，韩国、中国台湾的数据是根据 Fukao et al.(2006) 研究韩国、中国台湾相对于日本价格水平的基础上，结合该论文日本相对于美国的价格水平进行转化而得的。

表 7　东亚与美国相对价格水平（1934—1936）

	支出比重				相对价格水平（费雪平均，美国 =1）		
	中国台湾	韩国	日本	美国	中国台湾	韩国	日本
消费	0.73	0.84	0.70	0.77	0.39	0.43	0.45
私人投资	0.20	0.11	0.18	0.08	0.47	0.49	0.50
政府支出	0.07	0.05	0.12	0.15	0.24	0.25	0.28
国内生产总值（GDP）	1.00	1.00	1.00	1.00	0.38	0.41	0.43

资料来源：Fukao, Ma and Yuan（2007）

表 8 给出了东亚四个国家和地区人均收入水平状况以及通过购买力平价指数调整后的数据结果。第一行是东亚四个国家和地区基于本国或本地区货币单位的人均收入水平状况，结果显示，日本仅占到美国的 13.4%，是东亚四个国家和地区占比最高的。我们通过购买力评价指数进行调整后，日本人均收入水平大约占到美国的 31.5%，而中国大陆占美国的 11.1%，是最低的。同时，东亚四个国家和地区之间的数据也就具有了可比性，日本人均收入大约是中国大陆的 3 倍左右。

表 8　1934—1936 年东亚与美国相对人均 GDP
（以 1934—1936 年，美元为单位）

	美国	日本	中国台湾	韩国	中国大陆
1. 汇率	574.7	77.1	49.2	29.1	20.1
	100%	13.4%	8.6%	5.1%	3.5%
2. 相对 GDP 价格水平	1	0.43	0.38	0.41	0.32
3. 购买力平价指数 = 1÷2	574.7	180.8	129.6	70.9	63.6
	100%	31.5%	22.6%	12.3%	11.1%

资料来源：Fukao, Ma and Yuan（2007）

麦迪逊（Maddison，2003）采用的是1990年的价格水平。首先我们将价格水平调整到1990年的情况，重新计算东亚国家和地区的人均收入水平，同样还是以美国为基准国。麦迪逊计算得出，在1990年的价格体系下，美国1934—1936年的人均收入水平大约是5590美元。图1中，我们计算了日本、韩国、中国台湾、中国大陆的人均收入水平。数据显示，中国大陆、中国台湾收入水平与麦迪逊测算的结果非常类似。然而，韩国人均收入水平测算差异相对较大，麦迪逊（2003）的结果大约是我们测算的两倍左右，同时，我们测算的日本收入水平相比于麦迪逊的数据大约下降了22%。这主要是因为麦迪逊基于汇率测算的日本的GDP价格指数仅占到美国的36%，而我们通过购买力平价指数测算日本的价格水平占到美国的45%。韩国也是类似的情况，我们就不再赘述。

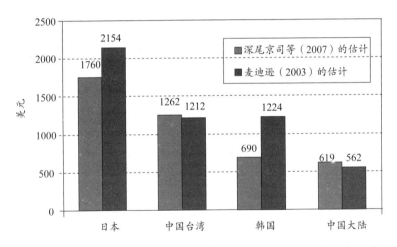

图1　按照现行价格的购买力平价计算的人均GDP与麦迪逊回溯估计结果比较（以1990年美元为单位）
资料来源：深尾京司等（Fukao，Ma and Yuan，2007）

　　表9围绕相对GDP价格水平将本论文和其他论文有关数据进行了广泛的比较，清晰地说明麦迪逊对日本和韩国相对价格水平的回溯估计（back-projected estimates）低得让人难以置信。所以，回溯估计形

成的东亚战前 GDP 数据是值得怀疑的。

表 9 二战前后相对价格水平比较 （美国 = 100）

	日本	韩国*	中国台湾	中国大陆	来源
1934—1936	35 (39)	23 (22)	40 (22)	35 (10)	麦迪逊（2003）
	43 (32)	41 (13)	38 (23)	32 (11)	深尾京司等（2007）
基于购买力平价的支出					
1952	(18)				Watanabe and Komiya (1958)
1967	63 (48)				Kravis et al.（1975）pp.238-239
1970	68 (59)	47 (12)			Kravis et al.（1982）pp.13, 21
1973	95 (64)	43 (15)			Kravis et al.（1982）pp.13, 21
1975	90 (68)	39 (21)			Kravis et al.（1982）pp.13, 21
1985	93 (72)	53 (24)	57 (34)		Yotopulos and Lin, p.14
1986				23 (8)	Maddison（1998）pp.153-154
基于购买力平价的收入					
1939	61 (27)				Pilat（1994）p.24
1965	55 (46)	38 (8)	33 (18)		Maddison（1970）p.295
1975	106 (53)	66 (18)			Pilat（1994）pp.118, 121
1985	101 (65)	66 (31)			Pilat（1994）pp.152, 154

资料来源：Fukao, Ma and Yuan（2007）

（四）购买力平价的间接计算

李伯重和詹彦瑞（Jan Luiten van Zanden）分别计算了中国大陆华娄地区 [1] 和荷兰在 1823—1829 年间的 GDP 水平和结构（表 10 和表 11），可以计

---

[1] 华亭一娄县是松江府的两个首县，简称华娄地区，其地域范围大体相当于今天上海市下辖的松江区。这个地区的名字，在近代颇有改变，先变为松江县，后来又变为松江区。为了避免在松江府、松江县、松江区等名称上的混淆，称之为华娄地区（李伯重，2007）。

算出相应的人均收入和人均 GDP。进一步整理出华娄地区和荷兰的商品价格（表 12），就能够倒算出劳动生产率（表 13）。这是一种间接的计算方法。

表 10　华娄地区经济结构，1823—1829（以雇工和 1000 两为单位）

	就业结构		GDP 结构		相对生产率
	就业人口	(%)	1000 两	(%)	第 4 列 / 第 2 列
种植业	68000	26	4002	30	1.14
渔业	3100	1	166	1	1.04
第一产业	71100	27	4168	31	1.14
纺织和服装加工	113000	43	1270	9.4	0.22
其他工业	35500	13	3212	24	1.76
第二产业	148500	56	4482	33	0.59
商业和银行	24600	11	3120	23	2.47
水运	4300	2	251	2	1.14
教育	4000	2	358	3	1.74
政府	3800	1	856	6	4.39
其他服务业	6600	2	277	2	0.82
第三产业	43300	16	4862	36	2.19
就业人口总量	262900	100	13500	100	1.00
人口总量	560000				
就业率	0.47				

资料来源：Li and van Zanden（2012）

表 11 中的价格目录构成了国际比较的基础。Li and van Zanden（2012）构建了购买力平价指数（Purchasing Power Parity Index），说明两地的相对购买力差异。该指数根据产品在各自经济体中的重要性，选择相似或相同产品价格予以加权平均。其中，中国大陆和欧洲食物上的差距以食物中包含的卡路里为标准。结果发现，荷兰与长江三角洲在物价上差距不大。

Li and van Zanden（2012）采用费雪平均数（Fisher Average）方式计算**基于支出**的购买力平价（the expenditure PPP）。这个数字与**基于产出**的购买力平价（the output PPP）差距只有 3%。于是，综合表 10—

12，可以计算出基于购买力平价的人均 GDP、劳动者平均 GDP 以及不同经济部门的相对劳动生产率（表 13）。由于劳动力在人口中占据更大的比重，所以劳动生产率差距会更大。可以看出，长江三角洲与荷兰存在比较大的人均 GDP 差异。可以推断二者人均 GNP 差距会更大，因为长江三角洲承担高额的税负，荷兰却拥有大量海外殖民地和投资收入。同时，可以发现两地农业劳动生产率相等，但是工业和服务业生产率存在巨大差距，而要素成本差异可能是导致各国不同部门劳动生产率差距的原因。

表 11　荷兰经济结构，1823—1829（以雇工和百万荷兰盾为单位）

	就业结构		GDP 结构		相对生产率
	就业人口	（%）	百万荷兰盾	（%）	第 4 列 / 第 2 列
种植业	420300	41	98.4	23	0.56
渔业	8800	1	2.3	1	0.63
第一产业	429100	42	100.7	23	0.56
纺织和服装加工	41700	4	16.8	4	0.96
其他工业	247800	24	112.9	26	1.09
第二产业	289500	28	129.7	30	1.07
商业和银行	73100	7	75.8	18	2.47
水运	32000	3	42.9	10	3.2
教育	7100	1	2.2	1	0.74
政府	36800	4	27.4	6	1.78
其他服务业	158200	15	51.7	12	0.78
第三产业	307200	30	200.1	46	1.55
就业人口总量	1025800	100	430.5	100	1
人口总量	2545000				
就业率	0.4				

资料来源：Li and van Zanden（2012）

表 12　华娄和荷兰商品价格，1823—1829（以每克银为单位）

		长江下游	荷兰	荷兰／长江下游
大米／小麦	100 升	58	65	1.13
豆类	100 千克	61	65	1.07
肉	100 千克	731	326	0.45
鱼	100 千克	548	151	0.28
盐	100 千克	122	135	1.11
棉衣	20 码	76	65	0.85
酒	50 千克	171	120	0.70
耙	只	107	77	0.72
犁	只	30	67	2.22
报纸	全年订费	88	192	2.19
中位数				0.96
平均				1.07

资料来源：Li and van Zanden（2012）

表 13　行业劳动生产率差异比较，1823—1829（华娄 = 100）

	相对劳动生产率
种植业	117
渔业	118
第一产业	117
纺织和服装加工	647
其他工业	122
第二产业	361
商业和银行	351
水运	663
教育	137
政府	86
其他服务业	197
第三产业	214
整体经济	217
人均 GDP	186

资料来源：Li and van Zanden（2012）

二、基于实际工资的生活水平跨区域历史比较

（一）工资指数

实际工资（Real Wage）是指工人得到的货币工资所能实际买到的生活资料和支付的服务的数量，是反映工人实际生活水平的一个重要标志。

1. 实际工资指数构建

根据历史数据可以编制一个地区长时间段的工资指数，具体方法就是首先整理名义工资数据，进而整理主要消费品价格并计算出实际工资指数。Phelps，Brown and Hopkins（1956）曾编制了英国南部一组长达 700 年的工资率，Greg Clark（2005）增加了一些新的商品，重构了部分实际工资数据（图 2）。

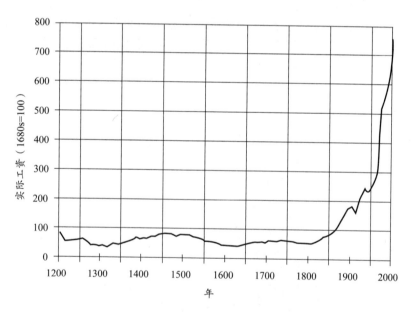

图 2　建筑工人每日真实工资（1200—2000）

资料来源：Greg Clark（2005）

2. 国际比较

实际工资的国际比较面临两个问题，即计价单位和物价产品结构。Allen（2001）作了欧洲不同国家或地区的实际工资比较。首先选择以银为计价单位，计算各地的名义工资（图3）。其次，选择一揽子生活品（表14），按照支出比例对其价格予以加权，构建价格指数（图4）。其中，生活品含有的卡路里和蛋白质之和正好是一个人维持生活需要的最低水平[1]。于是，依据不同国家或地区名义工资历史数据，就可以计算出欧洲多国多地的实际工资。需要说明的是，家庭福利水平假定一个家庭不仅包括一名劳动的男性，还有一个孩子和一个不劳动的妇女。从而，实际工资除以家庭人口规模就计算出各个国家或地区福利水平（图5）。

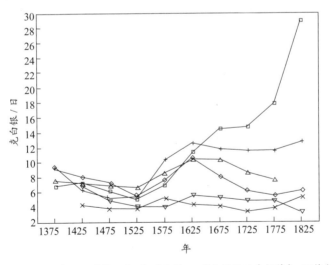

□ 伦敦 ＋ 安特卫普 ◇ 意大利 △ 瓦伦西亚 × 克拉科夫 ▽ 维也纳

图3 劳动力名义工资，1375—1825
资料来源：Allen（2001）

---

[1] 参考世界卫生组织（WHO）规定。

表 14 消费价格指数：商品一揽子

	每人每年数量	每单位价格（克白银）	消费份额	营养 / 每天	
				卡路里	蛋白质（克）
面包	182 千克	0.693	30.4%	1223	50
大豆 / 豌豆	52 升	0.477	6.0	160	10
肉类	26 千克	2.213	13.9	178	14
黄油	5.2 千克	3.470	4.3	104	0
奶酪	5.2 千克	2.843	3.6	53	3
蛋类	52 个	0.010	1.3	11	1
啤酒	182 升	0.470	20.6	212	2
肥皂	2.6 千克	2.880	1.8		
亚麻	5 米	4.369	5.3		
蜡烛	2.6 千克	4.980	3.1		
照明	油 2.6 升	7.545	4.7		
燃料	5.0MBtu	4.164	5.0		
总计		414.899	100.0%	1941	80

资料来源：Allen（2001）

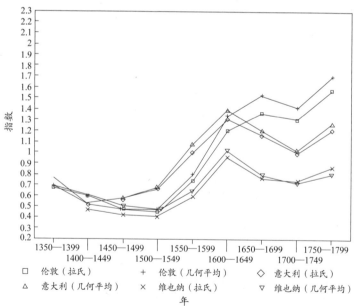

图 4 替代消费价格指数（拉氏指数和几何平均指数）.

资料来源：Allen（2001）

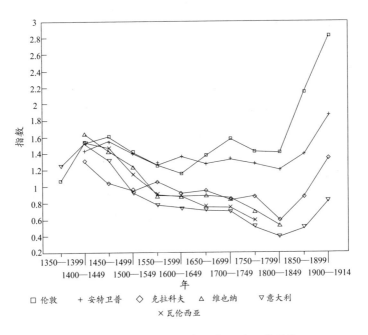

图 5　劳动者福利水平（实际收入 除以贫困线）

资料来源：Allen（2001）

　　从图 5 可以发现，欧洲国家或地区之间在 15 世纪就已经出现实际工资的差异，被称为小分叉（小分流）。Özmucur and Pamuk（2002）将实际工资比较推广到了欧洲之外的区域，如伊斯坦布尔。相比东亚，中东与欧洲的生活结构差异较小，论文尝试采用社会最低生活水平的人的工资作为计算对象。不过，这类国际比较研究依然可以被提出问题。比如，一个家庭中妇女是否劳动，每个家庭是否都是 3 口人，欧洲各个地方消费习惯是否一致，等等。

（二）中国大陆实际工资测算研究

　　Allen etc.（2011）构建了 1700—1925 年的工资和价格数据，尤其是补充了中国大陆的数据，进而比较了东亚与西方的生活水平差异。

他做了三个方面的准备。第一，名义工资。选择北京、广州、苏州三地的非熟练建筑工人（unskilled construction workers）名义工资（以银两为单位）。第二，物价指数。构建可比较的一揽子商品（comparable baskets），估计标准预算（standard budget）的成本。假定每天 1940 卡路里，80 克蛋白质摄入量，同时固定数量的纺织品、热量、酒精和固定利息率。第三，福利水平。福利水平等于每日名义工资乘以工作日数量（一年工作 250 天），再除以家庭人口规模（一家 3 口人）。

1. 名义工资

为了计算 18 世纪名义工资，可能遇到一系列问题，比如政府工资与市场工资、现金支付与食物支付、中国大陆货币制度混乱等。解决这些问题的方法就是大样本回归。其中，所有工资计算标准是每日铜钱，虚拟变量（Dummies）包括区域、不同产业、管制与非管制、训练与非训练等。

中国大陆名义工资数据选择了三个城市。北京数据主要分为三段：1730—1800 年的数据来自 1730—1800 年的《物料价值则例》[1] 和 312 个样本的回归平均；1800—1902 年的数据来自 Gamble（1943）；1870—1925 年的数据来自于 Meng and Gamble（1926）。广州数据主要包括：1730—1800 年的来自荷兰东印度公司数据，1911—1925 年的数据来自广东政府调研。《中国丛报》（*The Chinese Repository*）[2] 和海关数据都是补充。苏州数据主要利用 18 世纪的缎料工资。另外，《钦定工部军器则例》、清代刑部档案、《中国近代手工业史资料》（Peng，1957）等都作为补充资料。

对上述数据回归发现，除了技术报酬外，大多数行业虚拟变量不显著（表 15）。政府工资构成了市场工资的最低工资。同时，无论中

---

[1] 《物料价值则例》数据库，http://www1.ihns.ac.cn/zeli/index.htm

[2] 《中国丛报》（*The Chinese Repository*）是美国传教士裨治文（Elijah Coleman Bridgman, 1801—1861）在广州创办、向西方读者介绍中国大陆的第一份英文刊物。

国大陆还是欧洲，大城市工资比小城镇和农村地区更高，因为大城市生存成本高，只有高工资才能吸引郊区人口进入城市。在18世纪中期，长江流域农场雇工工资包括2—5两银和5石大米（约合8.4两银），每日收入约0.035—0.045两银，非常接近长江流域非技术劳动力的工资。东北和直隶的工资水平高于其他地区，长三角与其他地区工资差异很小，至少长三角地区非技术劳动力工资收入并不会更高。如果北京、苏州和广州三地工资数据是非技术劳动力的全部收入，那么其就代表了中国大陆工资的上限。所以，如果中国大陆平均工资低于此处计算的名义工资，那么中国大陆生活水平只可能更低。于是，形成了中西方名义工资（图7）。

表15 18世纪中国大陆价格回归，以未训练工人日工资为标准

	系数	T值
恒定	0.0456	4.00
趋势	−0.0000351	−0.348
东北九省	0.0902	6.73
直隶（包括北京）	0.0441	4.36
北方	0.0132	1.397
中部	−0.0022	−0.026
南方	−0.000593	−0.056
广东	0.0379	3.55
训练	0.0295	4.79
管制	−0.0171	−2.21
钢铁产业	0.0092	1.12
煤矿	−0.0093	−0.83
农业	−0.0072	−0.744
纺织业	0.0403	3.22
其他	−0.0147	−1.93
R^2	0.408	
$F(14\ 312)$	15.34*	
N	327	

资料来源：Allen etc.（2011）

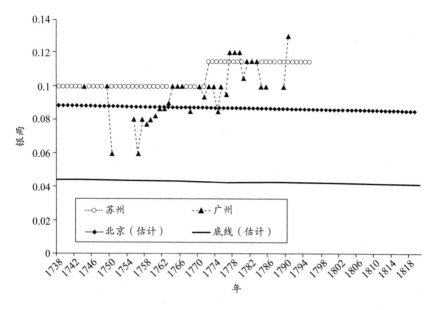

图 6　北京、苏州和广州名义工资
资料来源：Allen etc.（2011）

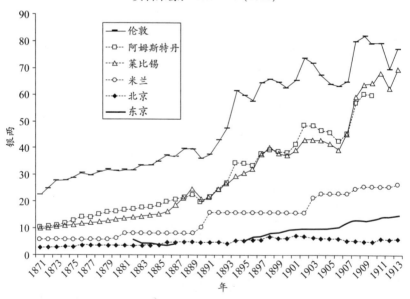

图 7　日工资，1870—1914
资料来源：Allen etc.（2011）

2. 价格指数

由于东西方生活方式差异远高于西欧内部，中国大陆南北方也存在生活方式差异，所以价格指数的计算更加困难。按照亚当·斯密"生存价格"（price of subsistence）的概念，作者构建了生存最低限度的商品结构。这些商品能够以最便宜的方式每天提供约 1940 卡路里。苏州和广东的一揽子与北京有差异，地中海沿岸的米兰与北欧也存在差异，形成了四组维持最低生存的一揽子商品。以白银为单位，计算一揽子商品的成本，构成了四组价格指数。

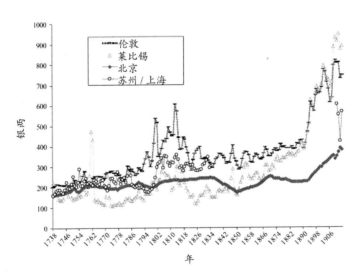

图 8　每人每年维持生存需要的银两
资料来源：Allen etc.（2011）

为了强化论证严密性，论文增加了稳健性检验。利用帕氏价格指数和拉氏价格指数，二者几何平均就可以计算出费雪理想价格指数（Fisher Ideal Price Index），形成一种体面的商品一揽子（Respectable Basket）。按照维持生计的商品一揽子（"Bare bones" Basket）和维持体面生活的商品一揽子（Respectable Basket），可以比较欧洲与北京的物价差距。结果发现物价差距基本稳定，分别是 1.17 与 1.12。这说明价格指数是可靠的。

表 16　1750 左右不同商品一揽子成本比较

	维持生计的商品一揽子		维持体面生活的商品一揽子		伦敦价格	北京价格
	欧洲	中国大陆北方	欧洲	中国大陆北方	（克白银）	（克白银）
燕麦/高粱	155 千克	179 千克			0.76	0.48
面包			182 千克	182 千克	1.28	0.95
大豆			40 千克	40 千克	0.5	0.84
肉/鱼	5 千克	3 千克	26 千克	31 千克	3.19	2.04
奶酪			5.2 千克		2.07	
鸡蛋			52 个	52 个	0.37	0.074
黄油	3 千克		5.2 千克		6.45	
啤酒/米酒			182 l	49 l	0.39	1.98
油/调料		3 千克		5.2 千克		4
肥皂	1.3 千克	1.3 千克	2.6 千克	2.6 千克	6.36	1.65
亚麻/棉花	3 米	3 米	5 米	5 米	4.87	6.14
蜡烛	1.3 千克	1.3 千克	2.6 千克	2.6 千克	5.4	3.3
煤油	1.3 千克	1.3 千克	2.6 千克	2.6 千克	2.8	3.3
燃料	3MBtu	3MBtu	5MBtu	5MBtu	5.59	11.2
一揽子费用（克白银）	213	182.6	558.6	499.3		
欧洲/中国大陆比	维持生计的商品一揽子	维持体面生活的商品一揽子	几何平均			
	1.17	1.12	1.14			

资料来源：Allen etc.（2011）

3. 实际工资和福利水平

实际工资等于名义工资除以价格水平。在构建价格指数过程中，国民预算线代表了一个成年人一年的最低生存成本。如果这个成年人需要养家，那么支出将会更高，故而将预算成本的 3 倍代表年度家庭预算，正好足够一对夫妻和两个孩子维持生存需要的卡路里。在收入方面，年度收入是工人全年工作的收入。假设存在假期、生病等时间，工人一年实际工作时间是 250 天。全年工作（full-time work）收入成为了亚洲和欧洲生活水平比较的指标。实际工资指数（real wage index）就是全年工作收入除以年度家庭生存预算的比率。那么，实际工资指数就可以回答一个人全年工作是否能够满足最低生存消费的问题。这种工资指数也可以称为**福利水平**（welfare ratios）。

图 9 和图 10 说明了中国大陆和欧洲城市在 1738—1923 年间非技术男性工人的福利水平。从以下几点可以看出。第一，如图 10 所示，长江三角洲尽管被认为是中国大陆经济最发达的区域，但是实际工资并没有比北京或广州高很多。第二，中国大陆城市与欧洲生活水平最低的城市（比如意大利的城市）生活水平差不多，所以很难对中国大陆经济表现予以积极评价。第三，19 世纪北京实际工资水平在太平天国前一直处于下降状态，并在太平天国时期达到威胁生命的低水平。太平天国之后，生活水平逐渐得到恢复。第四，西欧城市工作生活水平处于领先地位，并且在 19 世纪中期后上升迅速。第五，西北欧出现了消费革命（consumer revolution），工人不仅可以满足最低生存消费，而且消费更高级的食物（比如牛肉、啤酒等）以及更多的非食物产品。但是，亚洲的工人却只能为生存而拼搏。最穷的人在英国北部喝燕麦粥，而在长江三角洲只能喝小麦糊糊。第六，整个亚洲城市生活水平与欧洲最差的生活水平差不多。历史上日本、印度和广东的生活水平与北京和苏州相当。1870 年后，亚洲生活水平才有所上升，不过难以追上欧洲的生活水平。

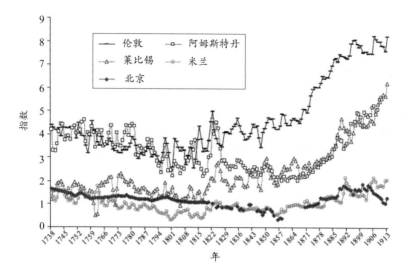

图 9 欧洲各城市福利水平
资料来源：Allen etc. (2011)

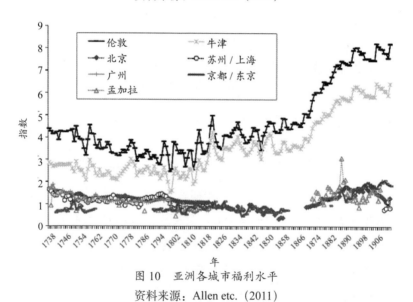

图 10 亚洲各城市福利水平
资料来源：Allen etc. (2011)

4. 结论

总之，18世纪中国大陆和日本的生活水平与欧洲外围、奥斯曼土耳其、印度尼西亚等国家接近，但是却低于英国和低地国家。西北欧洲和其他欧洲区域存在小分叉。比较亚当·斯密和加州学派的观点，可以认为亚当·斯密的判断不全对，但是比加州学派更接近历史事实。

（三）度量生活水平的其他指标介绍

除了购买力平价和实际工资指数外，还有许多指标可以考察地区生活水平，并进行国际比较。Baten etc.（2010）除了选择实际工资外，还采用了身高和年龄积算（Age-heaping）两种指标。

1. 身高

既有的利用身高的研究成果已经很多。Baten and Hira（2008）利用了苏里南和印度尼西亚的移民数据。Carson（2006）利用了美国囚犯的数据。Morgan（2006，2008）利用了澳大利亚移民、囚犯的数据。Baten（2009）利用了中国大陆官方雇佣人员（中国大陆南方铁路工人）的数据。Pak etc.（2011）比较了朝鲜和韩国生活水平。身高数据具有两个优点。第一是样本大，记录多，比如移民、军人、囚犯等。第二是可以倒退。因为人类身高基本在15—20岁定型。那么，从一个70岁老人的身高可以倒推到其50年前的生活水平。

根据 Baten etc.（2010），图 11 是中国大陆前往不同区域移民的身高变迁。第一，前往不同国家区域人口的身高有差异。整体来说，前往欧美澳洲的移民比前往东南亚的移民更高。第二，中国大陆人口身高在19世纪初到1890年前，一直处于下降的趋势。太平天国等动乱可能对身高有一个较大的冲击。中国大陆人口身高下降直到1890年后才扭转。这说明中国大陆人口生活水平的改善。

图 12 勾画了不同国家身高的变化。第一，中国大陆人口身高与欧洲人口身高在19世纪中叶差距扩大，说明了大分流的存在。第二，中国大陆人口身高增长幅度落后于日本人口身高。日本人口身高在明治

维新后身高快速上升，并在20世纪中期最终超过中国大陆人口身高。这说明中国大陆的经济发展和生活水平落后了。中国台湾人口身高也在20世纪上半叶的工业化进程中增长，超过了中国大陆人口身高。中国大陆人口、中国台湾人口和日本人口的身高在20世纪追上了意大利人口的身高。第三，中国大陆人力资本和生活水平在19世纪中期出现了大幅下降。这种下降和恢复都是非常剧烈的，说明同治中兴在恢复社会服务和官僚体系上的成功。但是，身高下降被推迟了。这个原因也可能是数据导致的，因为鸦片战争后广州贸易中心地位的丧失，影响了中国大陆南方人口的身高。

　　总之，近代早期，中国大陆人口生活水平按照实际工资和身高评价更接近于欧洲的落后区域，但是比西北欧洲落后，构成了第一次分流。中欧分流真正开始是在19世纪中期，并在20世纪扩大，构成了第二次分流。

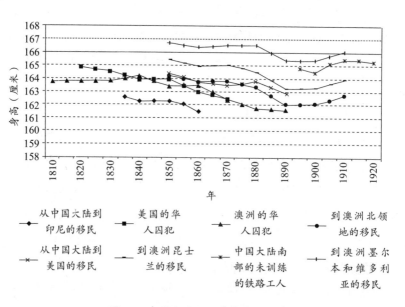

图11　中国大陆人口身高变更趋势
资料来源：Baten etc . (2010)

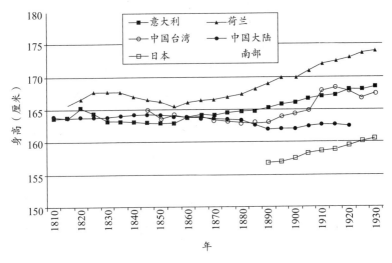

图 12　中国大陆南部人口身高趋稳（1810—1930）

资料来源：Baten etc.（2010）

2．年龄堆积（Age-heaping）

年龄堆积（Age-heaping）常被用于评价一个社会人口素质和人力资本。惠普尔指数（Whipple's Index）是指自我报告年龄为 5 倍数的人口的比例。惠普尔指数增加 20 表明增加 5% 的人口报告年龄是 5 的倍数。惠普尔指数越高，表明年龄堆积越显著，社会人力资本可能越低。

$$WI = \frac{5 * number\ of\ ages\ ending\ in\ a\ 0\ or\ a\ 5}{number\ of\ all\ ages} * 100$$

图 13 说明 18 世纪末，中国大陆人口年龄堆积约为 110，但是 1840 年出生人口的年龄堆积达到一个高点。这说明 19 世纪上半期的社会动乱（白莲教起义、太平天国、捻军、回民起义等）不仅降低了生活水平，而且很大程度上影响了中国大陆人力资本。直到 19 世纪末和 20 世纪初，中国大陆人力资本才恢复到 18 世纪水平。图 14 比较了中国大陆与其他国家的年龄堆积。中国大陆在 19 世纪初维持了一个较低水平的年龄堆积，而大多数欧洲国家直到 19 世纪末才达到这么低的水平。18 世纪法国和德国人口堆积更高，达到 160—220。

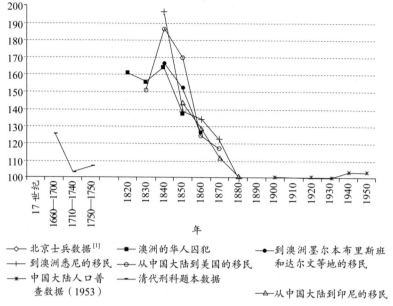

图 13 多样本下中国大陆人口年龄堆积

资料来源：Baten etc.（2010）

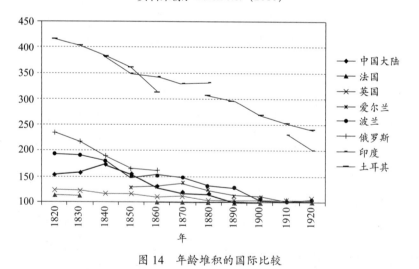

图 14 年龄堆积的国际比较

资料来源：Baten etc.（2010）

---

[1] 一组 193 位出生于 19 世纪中期的清代士兵小样本数据，来源于第一历史档案馆顺天府志缩微胶片第 254 号。

三、从要素价格的角度进行历史生产率的国际比较

在过去 200 年里，西欧、东欧、亚洲、拉美等地区的人均 GDP 都进入了飞速发展期。不过，不可否认的是，各个地区的人均 GDP 发展存在很大的差异。生产率是大分流的重要指标。对比欧亚历史上生产率变迁，可以为研究大分流带来新思路。本部分首先以棉纺织品为例，阐述了工业革命使得英国和印度在棉纺织品的国际出口的角色方面发生了逆转，深入分析了为什么工业技术革命会发生在英国。其次，以生丝产业为例，对比中国大陆和日本的生产率，解释两国工业化的先后顺序。

（一）工业革命在棉纺织品行业中的演进

17—19 世纪的工业革命使得英国和印度两国在棉纺织品行业中的国际地位发生了翻天覆地的转变。在早期，印度一直是棉纺织品行业国际贸易的领导者，是最大的生产国和出口国。英国仅仅是一个跟随者，因此在棉纺织品国际贸易中不得不采取贸易保护来抵制来自于印度的棉纺织品。然而，自 19 世纪以后，英国逐步成为棉纺织品行业的主导国，成为了出口面纱和布匹的世界工厂。英国甚至将棉纺织品出口到印度乃至全球各地区。英国的机械化受到从日本到美国等全球各个国家和地区的模仿和学习。工业革命的核心表现在技术生产率的提升。Broadberry and Gupta（2009）对工业革命的技术革新进行了量化的研究。

1. 生产函数与全要素生产率

为了方便理解这种量化方法，有必要对全要素生产率（Total Factor Productivities，TFP）以及增长核算的概念加以陈述。在新古典微观经济学中，最优产出指的是在一定生产约束条件下出产的最大化，

或者在给定产出水平下生产成本的最小化。因此，生产函数和成本函数存在对偶关系。

$Y=F(A,K,L)=AK^aL^{1-a}$ 为标准柯布 - 道格拉斯生产函数（Cobb-Douglas production function）形式。对其进行对数化，并进行差分处理得到：

$$\Delta\% \, in \, Y = \Delta\% \, in \, A + a * \Delta\% \, in \, K + (1-a) * \Delta\% \, in \, L$$

其中，a 代表资本要素的弹性系数，$1-a$ 代表劳动要素的弹性系数；Δ 代表一阶差分。

将上式重新整理，我们得到了全要素生产率或者称为索罗残差（Solow Residual）。

$$\Delta\% \, in \, A = \Delta\% \, in \, Y - a * \Delta\% \, in \, K - (1-a) * \Delta\%$$

或者全要素生产率 = 总产出增长率 - 资本弹性系数 × 资本增长率 - 劳动弹性系数 × 劳动增长率

上述式子看起来比较复杂，实际上还是比较容易理解的。如下表格所见：

	$\Delta\% \, in \, Y$	$\Delta\% \, in \, K$	$\Delta\% \, in \, L$	$\Delta\% \, in \, A$
1950—1999	3.6	4	1.86	1.1
增长的贡献率		33%	36%	31%

计算如下规则：

$$\Delta\% \, in \, Y = \Delta\% \, in \, A + a * \Delta\% \, in \, K + (1-a) * \Delta\% \, in \, L$$

$$\Delta\% \, in \, A = 3.6 - (0.3x4 + 0.7x1.86) = 1.1\%$$

产出增长的资本贡献率：= $(a * \Delta\% \, in \, K) / (\Delta\% \, in \, Y)$（=33% 在上述表格中）

产出增长的 TFP 贡献率：$(\Delta\% \, in \, A) \div (\Delta\% \, in \, Y)$

然而，遗憾的是，TFP 或者索罗残差并不能很好地区分来自技术、制度创新、规模经济、经济外部性或者各种增长的投入要素的冲击来源。

对偶的 TFP 和原始的 TFP 是两种计算方法。原始的 TFP 指的是从生产角度出发，将总产出除以各种投入要素的加权之和（如果采用对数形式则是进行相减）。对偶的 TFP 考虑到生产函数和成本函数的对偶关系，从要素成本角度出发，将各个投入要素的价格加权之和除以总产出的价格。当然，这种思路不很直观。当加权的投入要素价格上升幅度大于总产出价格上升幅度时，公司为了保持利润不变，只有通过提高技术生产率来降低生产成本。因此，投入要素加权价格除以总产出价格代表了 TFP 的变化情况，称之为对偶的 TFP。当然，上述成立必须建立在如下假设之上，即完全竞争市场以及生产规模报酬不变的情况必须得到满足。对偶的 TFP 不仅可以作为原始 TFP 的有效检验工具，而且通常用于历史问题的研究中，因为各种商品及其生产要素的价格数据要比数量数据容易获得很多。

2. 对偶的 TFP 计算方法介绍

Broadberry and Gupta（2009）采用对偶 TFP 方法。总产出价格指的是棉织品的价格，投入要素价格包括工资、原棉价格和利率（即资本价格），需要逐一计算出来。第一，工资。在 1680—1820 年之间，英国和印度棉花产业周工资水平有较大差异，并随着时间的推移，二者差距从 1680 年的 400 倍上升到 1820 年的 517 倍。第二，原棉成本。英国与印度棉花原料价格存在较大差异。1710 年英国棉花成本是印度的 182 倍，并不断上升到 1892 年的 480 倍，随后下降到 1822 年的 127 倍。第三，利率。英国与印度利率或者租赁价格不大。

下面，我们将计算对偶的 TFP，计算公式如下：

对偶的 TFP = 各个投入要素的价格加权之和 / 总产出价格

为了对比分析，英国的对偶 TFP 记为 A，印度的对偶 TFP 记为 A^*。α 和 β 分别代表资本、劳动的产出弹性系数。因此，相对的 TFP 等于英国的对偶 TFP 除以印度的对偶 TFP，即为：

$$\frac{A}{A^*} = \frac{(W/W^*)^\alpha (C/C^*)^\beta (R/R^*)^{1-\alpha-\beta}}{(P/P^*)}$$

因此，可以根据前文工资、原棉价格和利率数据，计算出不同时间英国与印度的相对 TFP（表 17）。

表 17　英国和印度相对成本和价格（印度 =100）

	A 成本				B 价格和 TFP		
	工资 (W/W^*)	原棉价格 (C/C^*)	资本价格 (R/R^*)	TFI 价格	TFI 价格	FOB 价 格 (P/P^*)	TFP (A/A^*)
c.1680	400	182	137	206	206	200	103
c.1770	460	320	113	270	270	200	135
c.1790	663	480	106	357	357	147	243
c.1820	517	127	61	150	150	53	283

资料来源：Broadberry and Gupta（2009）

其中，TFI 指的是两国要素价格比；FOB 指的是两国产出价格比，记为离岸价格。

表 17 显示，在 1680 年，英国棉纺织品的价格要高于印度两倍之多，然而其劳动报酬率高出印度四倍之多。到了 1820 年，英国棉纺织品的价格仅是印度的一半，而劳动报酬率却是印度的五倍之多。英国资本价格和原棉价格的下降是造成上述现象的原因，但更为重要的原因是英国相对于印度的 TFP 从原来的 103 增长到了 283。这是因为工业革命正是发生在这一时期。工业革命给英国工业带来了技术创新和制度改革，这也极大地促进了英国 TFP 的高速提升。

3. 有关工业革命起源的阐述

Broadberry and Gupta（2008）的论文简洁明确地概述了工业革命

的量化计算规范。他们通过生产率的改变量化工业革命的影响，大多数人认为工业革命带来技术进步的关键是蒸汽机的发明和机器的使用。但是，为什么英国的棉纺织品行业的 TFP 得到了迅速提升，而不是其他地区呢？学术界对这些问题还存在很多争议。

（二）中国大陆和日本的工业化进程差异分析

为什么在东亚地区日本率先进入工业化？ Ma（2004）以核算生丝行业的 TFP 为视角，比较了中国大陆和日本的工业化进程差异。工业革命带来的技术创新首先在日本得到了广泛传播，而不是中国大陆。生丝产品是中国大陆和日本最为劳动密集型的出口商品。然而从 1873 年以来，日本生丝品的出口与中国大陆形成了鲜明的对比。

在 1873 年，中国大陆生丝的出口量是日本的 3 倍之多，然而到了 1905 年，日本的生丝出口量赶超了中国大陆。尤其是 1930 年以后，日本的生丝出口量是中国大陆的 3 倍之多，占据全球贸易总量的 80% 以上。在历史文化和地理位置相似的两国之间，为什么中国大陆的生丝出口出现相对停滞，甚至严重落后于日本呢？

在近现代时期，中国大陆生丝品等工业商品急剧下滑的主要因素包括两个方面。第一，内部因素。资本主义在中国大陆的发展处于停滞状态；没有细化的劳动分工；技术和制度的滞后等因素。第二，外部因素。外国资本商的垄断和控制；国际市场的价格控制和生丝市场的单一化；中国大陆近现代丧失了贸易的税收自主权以及各种贸易保护政策。

表 18 给出了日本和中国长江下游地区有关蚕茧（Cocoon）商品价格以及各种投入要素价格比较。选择 1901—1909 年各种要素价格及其蚕茧价格作为基期，分析后 20 年的各种要素、商品的价格变化。日本的劳动、土地价格上涨要显著地高于同期的中国长江下游地区。

表 18　日本和中国长江下游地区基于质量调整的全要素生产率比较

日本		中国长江下游地区	
1903—1909	105	1904—1909	68
1910—1919	119 (1.3%)	1910—1919	86 (2.35%)
1920—1928	157 (3.2%)	1920—1928	79 (−9%)
平均年增长率	2.05%	平均年增长率	.52%
1903—1928		1904—1928	

资料来源：Ma（2004）

采用对偶的 TFP，马德斌对中国大陆和日本的全要素生产率进行了计算比较。结果显示，日本的 TFP 上升幅度快于中国大陆，在 20 世纪前 30 年平均为 2.05。当然，我们通过对偶的 TFP 技术分析历史问题，更为重要的是要从分析问题当中学到什么，如何做到古为今用。

通过比较可以有以下启示。第一，技术革新的重要性。错失技术改革的大浪潮，必然会遭到历史的遗弃。第二，比较优势在国际贸易的重要性。第三，政策和制度创新在劳动密集型工业化进程当中起到了至关重要的影响。

四、石头、剪刀、布：传统中国政府的制度和量化新理解

为了重新理解传统中国政治疆域的变迁，马德斌（Ma，2011）利用最新重构的 2500 年间中国政治统一与分裂的数据，从制度经济学角度予以分析。马德斌构建了包括君主、官僚和民众三个主体的委托代理模型，证明一个政权统一、历史悠久和疆域广大的帝国能够引致如中国一样的国家走向低税、王朝周期稳定和全面发展。但是这种中央集权和科层制政治结构存在激励失调和信息不对称等根本问题，而这些问题将削弱推动朝向现代经济增长的制度和非制度变迁的财政和金

融能力。进而，使用可比较的财政收入数据，进行了清朝与西欧的同期比较，回答大分流的有关问题。

（一）专制主义的形成

美国历史社会学家查尔斯·蒂利（Charles Tilly）的名言"战争缔造国家，反之亦然"（how war made states, and vice versa）。回顾中国历史，也会发现国内战争对国家统一的推动作用。从春秋时期诸侯林立，到战国七雄，再到大秦一统，兵法家和法家相继崛起，都充满了战争！战争形成了国家，战争规模大导致国家规模越大，形成了中国中央集权道路。

图 15 按照以 100 年为单位，构建公元前 7 世纪—公元 19 世纪中国战争与统一数据。统一指数由 N_i 和 N_i 两个指标组成，即 $\sum_{T=0}^{100} N_i T_i$。其中 i 代表第 i 个世纪。第一个指数是根据葛剑雄《统一与分裂》（Ge, 2008）构建的葛剑雄指数（Ge Jianxiong Index）。如果中国（大致按照明代疆域）只有一个统治者，那么 N_i 等于 1，否则为 0；T_i 就是第 i 个世纪中 i 等于 1 的那一年的年份。第二个指数是统一的加权指数（Weighted Index of Unification），N_i 是政权数量的倒数；T_i 就是第 i 个世纪中统治中国政权存在的时间。葛剑雄指数是一个（0，1）变量，而统一加权指数是连续变量，可以展现更丰富的历史信息。

图 15 可以看出，中国统一时期主要有三个阶段，即秦汉（公元前 3 世纪—公元 3 世纪）、隋唐（公元 6—8 世纪）、元明清（公元 13—20 世纪）。分裂主要集中在东晋南北朝时期（公元 3—6 世纪）和五代十国时期（公元 8—9 世纪）。可以看出，中国真正统一的时间有 45%，更多时间是分裂的，不过中国统一的趋势不断强化。另外，图 16 还将中国统一与战争概率结合起来分析。可以发现，重要的王朝变迁意味着战争频率的上升，并且伴随着又一个世纪巩固新王朝的战争。除了

明朝和民国，中国统一都是由北往南推进的。

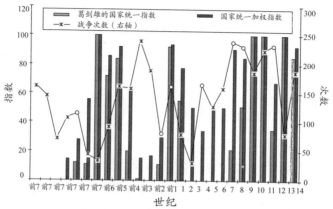

图 15　中国统一与分裂的三个阶段

资料来源：Ma（2011）

中国统一的另一个威胁是长城以北的北方少数民族。中国与游牧民族长期处于竞争与合作的关系。汉族与少数民族冲突影响了中国的统一。图16描述了少数民族与汉族战争在中国战争中的比率。事实上，除了公元前2世纪和公元前1世纪，汉族与少数民族的战争常常超过汉族内部的战争。以长城为标志的中国北方边界也见证了汉族与少数民族战争规模和战争动员能力的渐进提高，比如大运河提高了军队的机动性和粮食运输能力。同时需要说明的是，中国被非汉族统一与被汉族统一的概率接近。

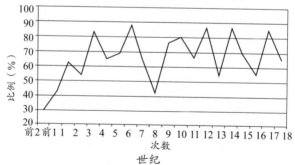

图16　汉族与少数民族战争在每个世纪战争中的比例

资料来源：Ma（2011）

类似对政权数量的研究还可以参考 Bosker, Buringh and van Zanden (2013)，他们研究了伊斯兰和基督教社会中的政权数量 (Number of Political Entities)，标准是拥有首都的政治体，可以看出伊斯兰社会统一程度大于基督教社会（图17）。同时，国会是对王权的抗衡力量，代表了地方的民间精英。国会活动频繁说明对王权的对抗激烈。地方精英越强大，就越不易于统一（图18）。中国比其他主要文明更容易在更大区域内统一。

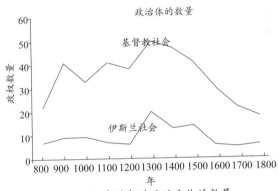

图 17　拥有首都的政治主体的数量

资料来源：Bosker，Buringh and van Zanden（2013）

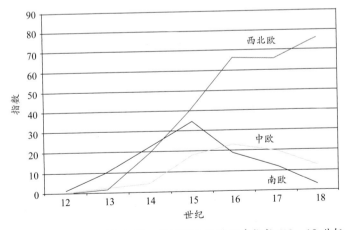

图 18　欧洲的代议制与分裂：欧洲国会活动程度指数 (12—18 世纪)

资料来源：Bosker，Buring and van Zanden（2013）

（二）政治制度的规模及其影响

中国被认为是典型的大一统国家。国家之间的竞争被认为是欧洲国家变迁的动力，但是内战和外部冲突的解释并不是完全充分的。因为西欧之外其他地区也普遍存在分裂和内战。所以有必要回顾中国的王朝统一历史。

1. 中国统一的模型

中国统治者如何统一中国的呢？秦国可以作为案例。秦国统一中国主要通过农战政策，实现农民军事化，用军事统治取代世袭贵族，推行郡县制，用直接行政单位取代自治区。秦国推行农本主义，推行户口和土地登记，征收直接税。秦国推行法治，构建了严格的纪律和规范的刑法典。秦国在公元前221年统一六国，建立了一个中央集权国家。

中国专制主义国家的模型可以概括为以下特点。"皇帝"（Emperor）是一个新创造的概念，取代"王"（King）成为了最高统治者。中国政治制度的三个主角形成了。第一个就是皇帝（The emperor）。皇帝既是主权的象征，"受命于天"，也代表了个人和皇室的利益。第二个是官僚（The Bureaucrats/Gentry）。官僚是皇帝的代理人，负责税权和行政。第三个是民众（The Masses）。民众是生产和消费的独立主体，服从政府官僚，缴纳税收。这三个主体关系宛如石头、剪刀、布。

2. 统治者的约束条件

中国皇帝受命于天，受到"天意"的影响，不过事实上没有正式或宪法性质的约束。但是，统治者却面临诸多约束。第一，起义的约束（The Insurrection Constraint），具体包括国内叛乱和外部威胁。正如唐太宗所言，"君，舟也；人，水也；水能载舟亦能覆舟"。第二，信息约束（Informational Constraint）。三个行为主体之间的双重委托代理问题（Double Principal-agent Problems），构成一种束缚统治者掠夺行为的消极方式。

3. 中央统治的政治均衡

在均衡状态，战争可能导致财政支出大增，甚至威胁政权。所以，低税负、高稳定性成为政权合法性的标准。所以，统治者的目标函数是最大化王朝的期限，而不是短期财税收入。政府掌控的资源规模不仅关乎社会稳定，而且有助于消除潜在竞争者。统一上升为政府理想，历代统治者都追求实现国家的统一。历史记载服从于政治，成为维护政权合法性的工具。跨朝代的竞争（Cross-dynastic Competition）取代了国家内部的竞争（Inter-state Competition），新的王朝统治者要达到和超过前王朝的成就。

4. 唐宋转型的经济结果

唐宋期间出现了一个转型。第一，财税制度。国家财税收入目标固定下来，政府成为固定地租"地主"。也就说，政府成为缺位地主，而不是剩余获取权持有者。农民从封建领主手中解放出来。第二，土地制度和要素市场。两税法的出现使征税对象从土地所有者转移到土地上，政府开始放弃土地产权的控制和管理，事实上正式承认了私人土地所有权和民间土地交易。于是，小型自耕农数量增加，人口和土地要素产权市场和使用权市场发展起来。第三，科举制构成了民众获得权力的途径，提高了社会政治参与和社会流动性。第四，中央集权的优点。中央集权消除了中央与诸侯王之间的权利冲突与妥协等委托代理问题，引致了公共利益的诞生。正如柳宗元《封建论》中所说，"秦之所以革之者，其为制，公之大者也；其情，私也，私其一己之威也，私其尽臣畜于我也。然而公天下之端自秦始"，专制政府让君王的大私成为天下大公。

（三）政府能力的财政和金融约束

1. 财政约束

根据香港科技大学刘光临教授（Liu，2005）研究，中国宋代之后人均税负不断下降，18世纪清代是最低的（表19）。不过，如图21所示，管汉晖和马德斌最新研究发现宋代之后财税收入基本稳定，清代基本维持在3000万左右的水平。在中国与其他国家税负比较（表20）中，中国税负水平显然低于西方国家很多。不过，这个数据解读有两点需要补充。第一，此处财税收入是中央财税，不包括中间成本和苛捐杂税。第二，中国税负低可能是受到政府征税能力限制导致的。如图21所见，战争与银库存银显著相关。战争兴起则存银下降，战争停滞则存银上升。这些现象比较符合"坐寇"和"流寇"理论。大一统政府就是一个"坐寇"，保持较低的税负。一旦政权受到威胁就从"坐寇"降为"流寇"，采取一些短期行为，提高税负，构成了王朝不稳定的一种可能原因。

表19　中国政府财税收入，1085—1776（单位：石）

	人均土地税	人均间接税	总税收	人均税收负担	指数 (1085=100)
宋 (1085)	0.26	0.54	72102000	0.8	100
明 (1407)	0.54−0.76	0.02−0.03	47657000	0.56−0.79	70−98
明 (1577)	0.21	0.03	42185000	0.24	30
清 (1685)	0.18	0.04	38044444	0.24	30
清 (1776)	0.09	0.03	36620000	0.12	15

资料来源：Liu（2005）

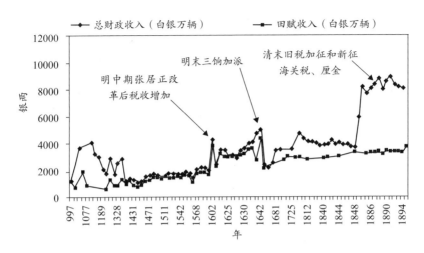

图 19　总税收收入

资料来源：Guan and Ma（2013）

表 20　人均税负的国际比较

以白银度量人均收入（克）						
	中国	土耳其	俄罗斯	法国	西班牙	英国	荷兰
1650—1699	7.0	11.8		46.0	35.8	45.1	
1700—1749	7.2	15.5	6.4	46.6	41.6	93.5	161.1
1750—1799	4.2	12.9	21	66.4	63.1	158.4	170.7
1800—1849	3.4					303.8	
1850—1899	7.0					344.1	

城市非熟练工人人均每日工资收入						
	中国	土耳其	俄罗斯	法国	西班牙	英国	荷兰
1650—1699		1.7		8.0	7.7	4.2	13.6
1700—1749	2.26	2.6		6.7	4.6	8.9	24.1
1750—1799	1.32	2.0		11.4	10.0	12.6	22.8
1800—1849	1.23					17.2	
1850—1899	1.99					19.4	

资料来源：Ma（2011）

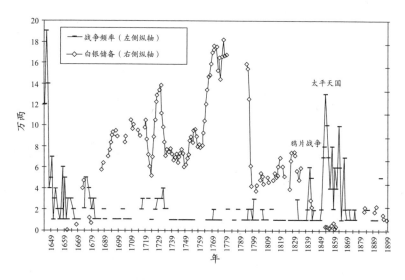

图 20　清代年均战争频率与政府白银余额 (1644—1911)

资料来源：Ma（2011）

中央集权下政府财政能力存在自我弱化的现象。第一，原则上，地方政府除了拥有留存外，不能拥有任何财政收入。第二，基层政府中腐败和非正式财税收入严峻。第三，腐败严峻，威胁了社会稳定。第四，政府对稳定的追求常常伴随着政府的低能。第五，只要没有外部威胁，国内稳定总是伴随政府低效率。

2.金融约束

公债市场是最重要的政府金融行为。政府公债被认为是西方世界兴起的一个重要原因，政府对财政需求是波动的，但是如果没有公债的话，财政收支就不能平滑。于是，政府就容易从"坐寇"转变为"流寇"。西欧各国公共债务市场发展为工业革命提供了资金支持。但是，中国政府公共债务没有发展起来，这是因为两方面的原因。第一，专制主义政府金融信誉缺位。民主国家政府行为受到约束，必须偿还债务；西方多个国家为了争取有限的资金，相互竞争，有必要强化信用。专制国家政府常常采取非市场行为，无法确立金融信誉。第二，市场供给主体缺乏议价能力。欧洲国家可以选择向国外的银行家借债，国外银行家不必要服从借贷国专制权力，有一定的议价能力；本国银行家也可以选择退出本国。但是，在中国专制主义社会内，资本方（银行家等借款方）都服从政治权力，也没有自己的政治势力，容易受到政府权力的打压，故而不会承购政府公债。最早的纸币出现在中国，但是政府一直无法很好地掌握纸币，出现高度通胀。于是基于稳定的目的，限制发行纸币。这两者都标志中西方出现了利息率上的差异。如图21所示北京、苏州和广州代表的中国城市利息率低于西欧市场。可能的原因是，政府在资本市场上发行公债会形成一种挤出效应。

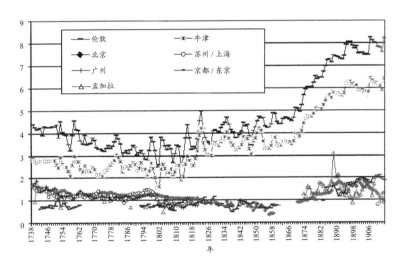

图21　中国和欧洲主要城市利率变动

资料来源：Allen etc.(2011)

（四）政治制度和大分流的起因

通过计算王朝期限和国家统一，传统中国并不是统一的模板。如

表 20 所见，19 世纪英国与中国的利率比率大于工资比率。相比之下，中国利息率相对高，实际工资率却相对更低。欧洲的高工资低利率被认为是大分流的原因。那么，西欧高工资低利率的原因是什么呢？

Ma（2011）认为西欧高工资低利率和政治制度是分不开的。中国 2000 年国家结构解释了中央集权和统一是内生过程。政府可以选择通过建立中央集权或其他制度消除国内的反抗。大一统政体会弱化区域自治，降低地方代议机构的话语权。专制主义政府下话语权和退出权的缺失共同导致了中国与西欧有不同的均衡状态和发展轨迹。

五、小　结

马德斌教授课程重点介绍了 8 篇相关论文[1]，重点围绕大分流研究涉及的国际生活水平比较、生产率比较以及政治制度史等一系列问题，构成了一个完整的体系。马德斌教授不仅介绍了一系列的研究方法，而且对每个方法都以详细论文予以说明，深入浅出，极大拓展了学员的学术视野。需要进一步了解有关研究的朋友，可以细细阅读有关文献。

授课老师简介

马德斌（Debin Ma）教授是伦敦政治经济学院（London School of Economics）经济史学系高级讲师，上海财经大学经济史学系主任，国际经济史学会（International Economic History Association，IEHA）秘书长和执行委员会成员，担任 *Economic History Review*，*Explorations in Economic History* 期刊编委和 *Economic History of Developing Regions*

---

[1] 主要是：Allen RC .(2001)，Allen C. etc.(2011)，Broadberry, S. and Gupta, B. (2009)，Baten, J., Ma, D, Morgan, S and Wang Q (2010)，Fukao, Ma and Yuan (2007)，Li Bozhong, and Jan Luiten van Zanden (2012)，Ma Debin (2004)，Ma Debin (2011)。

期刊推荐人。主要研究东亚长期经济增长、生活水平、人力资本和生产率的国际比较、比较法律和政治史等。

参考文献

[1] 葛剑雄:《统一与分裂:中国历史的启示》,北京:中华书局,2008年。

[2] 李伯重:《1823—1829年华亭—娄县地区的物价》,《清华大学学报》,2007年第1期,第46—61页。

[3] 彭泽益:《中国近代手工业史资料》,北京:生活·读书·新知 三联书店,1957年。

[4] Allen (2001). "The great divergence in European wages and prices from the Middle Ages to the First World War." *Explorations in economic history*, 38 (4): 411-447.

[5] Allen etc. (2011). "Wages, Prices, and Living Standards in China." *Economic History Review*, 64 (S1): 8-38.

[6] Baten, J., Ma D., S. Morgan, and Wang Q. (2010). "Evolution of living standards and human capital in China in the 18-20th centuries: Evidences from real wages, age-heaping, and anthropometrics." *Explorations in Economic History*, 47: 347-359.

[7] Bosker, Buringh, and van Zanden (2013) . "From Baghdad to London: Unraveling Urban Development in Europe, the Middle East, and North Africa, 800-1800." 95 (4): 1418-1437.

[8] Broadberry, S., and Gupta, B. (2009). "Lancashire, India and Shifting Competitive Advantage in Cotton Textiles." *Economic History Review*, 62 (2): 279-305.

[9] Broadberry, S., and Gupta, B. (2006). "The early modern great divergence: wages, prices and economic development in Europe and Asia, 1500-1800." *Economic History Review*, LIX: 2-31.

[10] Brown, P., and S. Hopkins (1955). "Seven Centuries of Building Wages." *Economica*, 22 (87): 195-206.

[11] Brown, E. H., Phelps, and Sheila V. Hopkins (1956). "Seven Centuries of the

Prices of Consumables, Compared with Builders' Wage-Rates." *Economica, New Series,* 23 (92): 296–314.

[12] Clark, G. (2005). "The Condition of the Working Class in England, 1209–2004." *Journal of Political Economy,* 113 (6): 1307-1340.

[13] Fukao, Ma, and Yuan (2007). "Real Gdp In Pre-War East Asia: A 1934-36 Benchmark Purchasing Power Parity Comparison With The U.S." *Review of Income and Wealth Volume,* 53 (3): 503–537.

[14] Fukao, Ma, and Yuan (2006). "International Comparison in Historical Perspective: Reconstructing the 1934–1936." *Explorations in Economic History,* 43 (2): 280–308.

[15] Gamble, S.D. (1943). "Daily wages of unskilled chinese laborers, 1807–1902." *The Far Eastern Quarterly,* 3 (1): 41–73.

[16] Kravis, Irving B., Alan Heston, and Robert Summers (1982). *World Product and Income, International Comparisons of Real Gross Product.*Baltimore, MD: Johns Hopkins University Press.

[17] Kravis, Irving B., Alan Heston, and Robert Summers (1975). *A System of International Comparisons of Gross Product and Purchasing Power.* Baltimore, MD: Johns Hopkins University Press.

[18] Leunig, T. (2006). "Time is money: a re-assessment of the passenger social savings from Victorian British railways." *The Journal of Economic History,* 66 (3): 635–667.

[19] Li, Bozhong, and Jan Luiten van Zanden (2012). "Before the Great Divergence? Comparing the Yangzi Delta and the Netherlands at the beginning of the nineteenth century." *The Journal of Economic History,* 72 (4): 956–989.

[20] Liu, Guanglin (2005). *Wrestling for Power, The State and the Economy in Later Imperial China,* 1000—1770.Cambridge: Harvard University Press.

[21] Ma, Debin (2004). "Why Japan, not China, Was the First to Develop in East Asia, Lessons from Sericulture 1850—1937." *Economic Development and Cultural Change,* 52 (2): 369–394.

[22] Ma, Debin (2011). "Rock, scissors, paper: the problem of incentives and information in traditional Chinese state and the origin of Great Divergence." Working Papers.

[23] Maddison (1995). *Monitoring the World Economy 1820—1992.*OECD, Paris.

[24] Maddison (1998). *Chinese Economic Performance in the Long Run.*OECD, Paris.

[25] Maddison (2003). *The World Economy: Historical Statistics*. OECD.

[26] Meng, T. -P. a, and S. D. Gamble (1926). "Wages, prices, and the standard of living in Peking, 1900－1924." *Chinese Social and Political Science Review*, (20): 1－113.

[27] Nordhaus, WD. (1998). "Quality change in price indexes." *The Journal of Economic Perspectives*, 12 (1): 59－68.

[28] Özmucur, S., and S. Pamuk (2002). " Real wages and standards of living in the Ottoman empire, 1489－1914." *Journal of Economic History*, 62 (2): 293－321.

[29] Pak, S., D. Schwekendiek, and H.K. Kim (2011). "Height and living standards in North Korea, 1930s－1980s." *Economic History Review*, 64 (s1): 142－158.

[30] Pilat, Dirk (1994). *The Economics of Rapid Growth: The Experience of Japan and Korea*. Edward Elgar, Aldershot, U.K. and Brookfield, U.S..

[31] Parthasarathi, P. (1998). "Rethinking wages and competitiveness in the eighteenth century: Britain and south India." *Past and Present*, 158: 79－109.

[32] Pomeranz, K. (2000). *The great divergence: China, Europe, and the making of the modern world economy*, Princeton.

[33] Smith, A. (1937). *An inquiry into the nature and causes of the wealth of nations*. NewYork.

[34] Tilly, Charles (1990). *Coercion, Capital, and European States, AD 990-1992*. Oxford: Blackwell Publishing Ltd.

[35] Watanabe, Tsunehiko, and Ryutaro Komiya (1958). "Findings from Price Comparisons Principally Japan vs. the United States ." Zeitschrift des Instituts für Weltwirtschaft an der Universität Kiel, 81 (1): 81－96.

[36] Wong, R. B. (1997). *China transformed: historical change and the limits of European experience*. Ithaca.

整理人：熊金武，中国政法大学商学院
范庆泉，清华大学经济管理学院

长分流

——西方与中东世界的制度歧途

Timur Kuran

引 言

在近代西方崛起的历史大背景下，以中国为代表的东方世界的相对衰落已被彭慕兰形象地称为"大分流"。因为从西方视角看来，历史上的中国一度遥远而神秘，所以当工业革命使得观察的视线遽然拉近的时候，这一"分流"就产生了一种戏剧性的强烈对比。东西方的自然人文条件和发展道路如此不同，而且二者的内部差异也非常明显，以至于在制度、文化的比较上甚至缺乏可通约的话语模式。尽管论者并没有忘记东西方在制度、文化上的巨大差异，但似乎难以建立二者之间的可比性，有时还对"制度主义"的论证抱有怀疑态度（彭慕兰，2003，pp. 11—13），因此他们多从自然资源、生产力发展等物质条件的层面立论。

同样充满戏剧性对比的是西方文明与伊斯兰文明。这两种文明在历史和现实中充满了矛盾，但在制度和文化上却有着密不可分的历史联系和亲缘关系，其中最突出的是它们都是以闪米特一神宗教为基础，在中世纪建立起基本的制度和文化认同的，而宗教（二者之间最具相似性和可比性的要素）则恰恰是它们之间最关键的差异和矛盾的焦点。由于两种文明自古以来互动频繁，历史发展的道路也曾经相互交缠，所以对它们之间兴衰消长的观察就像一个延续上千年的"长镜头"。二者之间并非因为突然遭遇而形成强烈的对比，相反，在历史的"长镜头"和"慢动作"下，西方世界和中东世界的类同和差异、竞争与交往在历史的检视下可谓纤毫毕现。因此，杜克大学经济学和政治学教授 Timur Kuran 提出的西方文明与中东文明在中世纪以后所出现的"长分流"（Kuran，2012）就具有了进行制度比较研究的可比性和可行性。在本次量化历史讲习班和年会上，Kuran 教授进行了四场讲座，分别涉及了传统伊斯兰文明中的司法制度、经济制度、政治制度和社会制度。

一、歧视性司法制度的表征与影响

Kuran 教授的第一场讲座的题目是"无权者的金融权力：歧视性司法制度下的社会经济地位与利率"。现代金融市场形成于 17 世纪以荷兰、英国为代表的西欧资本主义国家，这些国家在此之前已经确立了以保护私有财产为重点的法律制度，而且国家本身的税收和债务行为也受到法治的严格规范。较为完善的法治为金融资本准备了一个低风险的生存环境，随着资本的积累和汇聚，在 18 世纪英国继荷兰之后成为跨国资本洼地和国际金融中心，英国政府的支出总额和债务总额分别飙升到原来的 4 倍和 78 倍，与此同时，以政府公债为标杆的英国市场无风险利率却从 1688 年的 14% 左右下降到 1750 年的 3%（North and Weingast，1989）。

19 世纪的奥斯曼土耳其帝国也在很大程度上融入了这一资本主义金融市场体系。在 19 世纪 70 年代以后，奥斯曼帝国公债利率与英国公债利率的利差由 6% 左右下降到 3% 以下（图 1），这表明奥斯曼帝国公债的信用与英国公债已经相差不远。

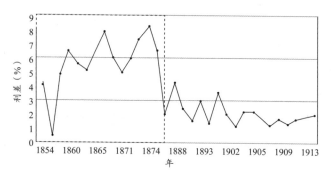

图 1　英国 – 奥斯曼帝国债券利差，1854—1914
资料来源：Birdal, Political Economy of Ottoman
Public Debt(2010), Tables 3.5, 3.6.

　　然而，政府的金融信用只是一个国家法治水平的一个方面而已。即便政府对自身在国际金融市场上的债务十分负责任，它仍然有可能对国内并不遵循法治原则，例如，对不同的社会群体实行歧视性的司法制度。尽管在 19 世纪末以英国为首的欧洲债权国对已经衰朽的奥斯曼帝国强加了财政改革之后，奥斯曼帝国公债的利率在短时间内实现了快速的下降（图 1），但法治水平的上升不可能发生得这样迅速，正如 North，Wallis and Weingast（2009）所论证的那样。事实上，直到今天，中东国家的法治指数仍然远远落后于西方国家（表 1）。

表 1　中东国家和 OECD 国家的法治指数

国家或组织	法治指数
中东	3.8
伊朗	3.2
阿拉伯联盟	3.6
土耳其	5.1
OECD（除土耳其）	7.4
英国	8.4
荷兰	8.7

　　在国内法治方面，存在着与国际金融市场上同样的规律：法治水

平（合约执行效率）越高，平均利率水平越低；在较无偏袒的法律体系下，财富越多，借贷利率越低。反过来说，如果法律体系对强势社会群体（统治阶级、多数族群、政府官员、宗教领袖等）有所偏袒，强势个体可以在与弱势个体的合约中破坏法治原则，那么风险效应就将超过财富效应，使得强势群体（通常也是财富较多的群体）的借贷利率反而高于弱势群体，以弥补贷方收不回本金的风险。因此，私人借贷利率的差异在一定程度上可以反映出司法制度的歧视程度（图2）。

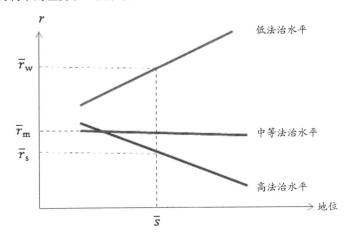

图 2　利率模式与法治水平

Kuran 教授研究了 17 世纪伊斯坦布尔两个区 Galata, Central Istanbul 法庭记录中的 2282 条案例（Kuran and Lustig, 2012）。在讲座上所介绍的最近研究（Kuran and Rubin, 2014）中，他又纳入了 Bab 区。他发现，受歧视族群在伊斯兰法庭上作为原告时，反而得到了异常偏高的胜诉率，显著高于平均胜诉率（表2）。这是因为这些群体只有当具备非常强的法律证据的情况下才会与强势阶层和群体打官司，否则他们宁可采取其他方式解决问题（表3）。此外，根据伊斯兰教法，非穆斯林证人不得做出不利于穆斯林的证词，所以非穆斯林证人多半只能在族群内部的诉讼中起到重要作用（图3）。而且，在涉及政府官员的诉讼中，普通臣民的胜诉率也显著高于官员的胜诉率，这同样说明了司法制度对官员的偏袒（表4）。由此他证明了哪怕是在奥斯曼帝国首都的司法实践中，都存在着对基督教徒和犹太人的系统性歧视和对政府官员及穆斯林的偏袒。

表2　胜诉率分布

以宗教分类的原告胜诉率			
原告	被告		
	穆斯林	基督徒	犹太人	总计
穆斯林	59.0	57.6	65.9	
基督徒	71.9	59.4	57.1	
犹太人	65.0	55.2	70.0	
总计				59.7

表3　案例数分布

原告	被告		
	穆斯林	基督徒	犹太人	总计
穆斯林	1413	224	41	
基督徒	96	377	7	
犹太人	20	29	20	
总计				2227

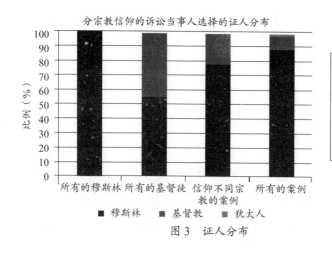

图3　证人分布

表4　官员与普通人之间的诉讼胜诉率分布

	被告		
	普通人	官员	总计
普通人	59.5	86.3	
官员	30.9	73.3	
总计			59.6

在借贷市场上，由于强势阶层和人群更容易发生违约，他们的贷款利率反而更高。通过与英国及荷兰同期法治和利率进行的比较（图4），Kuran教授认为：在非歧视的法治环境下，私人合约的执行效率更高、政府债务的信用度更高，导致金融市场的利率降低，同时，政府和富人的借贷利率与弱势群体相比将较为接近，甚至更低。在法治与利率的关系中，我们清楚地看到了制度的执行特征对经济变量的显著影响，利率差别成为歧视性司法制度的表征。Kuran教授发现，在1602—1775年的伊斯坦布尔，私人借贷市场的年利率平均高达19%，而且强势群体要支付更高的借贷利率（表5—表8）。其中，男性借贷年利率高出女性3.4—4.6个百分点，穆斯林高出非穆斯林（基督教徒和犹太人）1.7—2.2个百分点，社会精英（官员、宗教领袖等）高出普通人2.2—4.4个百分点。这背后的原因在于缺乏司法独立、组内偏见（ingroup bias）和法庭竞争原告"案源"等。

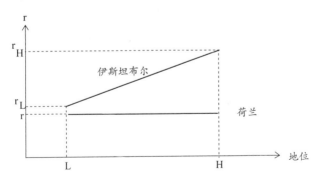

图4　17世纪伊斯坦布尔与荷兰的利率与社会地位关系比较

资料来源：van Zanden（EREH, 2012）

表 5　16—18 世纪世界各地平均名义利率

区域	时间	平均税率（%）	利息限额	区域	时间	平均税率（%）	利息限额
荷兰	1514	5.7	是	伊斯坦布尔	1661—1664	16%	是
荷兰	1563	5.6	是	伊斯坦布尔	1661—1664	23.5	是
安特卫普	1530—1550	4–13	N/A	英格兰	1688	4–6	是
安特卫普	1550—1562	7–12	N/A	荷兰	1650—1657	3–4.5	是
英格兰	16 世纪	10–14	是	英格兰	1600—1625	10	是
加拉达	1602—1604	10.3	是	英格兰	1665	4–6	是
加拉达	1602—1604	17.3	是	英格兰	1670	4	是
伊斯坦布尔	1612—1619	12.0	是	伊斯坦布尔	1695	14.1	是
伊斯坦布尔	1612—1619	17.2	是	伊斯坦布尔	1695	14.6	是
英格兰	1630	6–7	是	英格兰	1696	5–6	是
英格兰	1640	8	是	安特卫普	1690—1789	2.9–3.5	N/A

表 6　借贷利率与社会身份的回归结果

	因变量：真实利率		
	（1）	（2）	（3）
男性借贷者	0.046**		
	[0.017]		
穆斯林借贷者		0.022*	
		[0.012]	
权贵借贷者			0.022
			[0.015]
实际贷款本金的对数值	0.004	0.006	0.005
	[0.05]	[0.006]	[0.006]
抵押	−0.047	−0.050	−0.046

因变量：真实利率		
（1）	（2）	（3）
[0.041]	[0.038]	[0.037]
典当 −0.007	−0.015	−0.012
[0.047]	[0.045]	[0.049]
有担保人 0.009	0.012	0.005
[0.013]	[0.014]	[0.011]
借款人为瓦克夫 −0.009	−0.015	−0.008
[0.013]	[0.012]	[0.013]
债务登记 −0.016	−0.001	−0.002
[0.027]	[0.017]	[0.016]
契约 0.0105**	0113**	0.121**
[0.050]	[0.047]	[0.044]
登记的修正效应 有	有	有
观测数 518	544	534
R^2 0.525	0.510	0.528
男性借贷者，女性领导者 −0.024		
[0.043]		
女性借贷者，男性领导者 −0.045**		
[0.019]		
女性借贷者，女性领导者 −0.066***		
[0.022]		
穆斯林借贷者，非穆斯林领导者	−0.081	
	[0.108]	
非穆斯林借贷者，穆斯林领导者	−0.024*	
	[0.012]	
非穆斯林借贷者，非穆斯林领导者	−0.017	

	因变量：真实利率		
	（1）	（2）	（3）
		[0.036]	
权贵借贷者， 非权贵领导者			0.006
			[0.026]
非权贵借贷者， 权贵领导者			−0.026
			[0.017]
非权贵借贷者， 非权贵领导者			−0.008
			[0.020]

标准差（方括号内的标准误系根据注册情况进行聚类）

***p<0.01, **p<0.05, *p<0.1

二、中东经济制度的发展与停滞

Kuran 教授的第二场讲座的题目是"中东经济的不发展：伊斯兰经济制度所扮演的角色"。在中东与欧洲文明的数千年的经济交往中，中东文明长期处于世界市场的要冲和中心，创造了十分繁荣的商品经济（在图 5 中，15 世纪伊斯坦布尔集市的繁华程度比今天有过之而无不及），这一优势直到 16 世纪欧洲发现新航路之后才被打破。但在繁荣的商品经济基础之上，却未能产生以现代企业制度和资本市场为标志的成熟的市场经济，这成了中东经济发展的一个"未解之谜"。Kuran 教授认为，司法制度的不公正只是伊斯兰教法律对近代中东经济发展造成阻碍的因素之一。伊斯兰教法中与合同、企业、继承等相关的经济制度系统性地阻碍和延缓了现代资本主义经济制度在中东国家的产生和引进，这就是上述经济之谜在制度经济学中的一种答案。历史证明，有形的技术容易传播，而无形的组织能力则不然（图 6）。与西方文明交流密切的中东地区欠缺的不是新技术的传播和引进，而是缺乏与新的生产方式相适应的组织能力以利用新技术。

图 5　建于 15 世纪 60—70 年代的伊斯坦布尔大巴扎（Grand Bazaar）*
*注：右图是 2005 年时的景象，当时这里有 4400 余家店铺

图 6　瓦特蒸汽机和伦敦证券交易所

中世纪早期中东就已经产生了十分发达的传统商业文明。伊斯兰教文化从一开始就与商业有着千丝万缕的联系，对商业活动抱有极为开放的态度，这在当时的世界相当领先。在中世纪的中东，商人是一个受人尊敬的职业（图 7）。在长达数百年的历史中，伊斯兰世界的商品市场十分繁荣（图 8）；中东商业群体，包括穆斯林在内，在许多贸易中心扮演了领导者的角色。

图 7　《一千零一夜》中的　　图 8　埃及开罗 Al-Balah 市场
《辛巴达航海记》

资料来源：Chaudhuri, *Trade and Civilization* (1985)

伊斯兰教本质上并不敌视商业和企业。中东地区对创新本身并不反对，例如，当商业组织停滞之时，政府组织和税收制度却在演化发展着。伊斯兰教法本质上并不是静止不变的，历代教法学家都或多或少地改变了对教义和法律的阐释以适应新的社会经济现实带来的复杂情况。Kuran 教授认为，中东商业文明后来的停滞与伊斯兰教对商业和创新的态度并无多少关系，实际上，它是伊斯兰企业制度、继承制度等在无意中导致的结果。

（一）合伙制度

事实上，与高度繁荣的商品经济相适应，中东文明也创造出了许多在现代资本主义经济制度中能够找到对应物的经济制度形态。阿拉伯帝国建立之后，伴随着欧亚商路的繁荣（图 9），合约可以在极为广阔的地理范围内得到执行，伊斯兰世界的商业合伙人制度 Mudaraba 应运而生（图12）。它属于一种有限合伙人制度（limited partnership），可以实现商人或工匠的劳动力与投资人的资本的结合。在这种传统的穆斯林合伙制度中，合伙人之间的利润分成方案是事先商定的（其分配可能是不平等的，而且也是无一定之规的），并且在一定金额内进行损失分担。此外，投资人只有有限责任（limited liability），换言之，他所承担的债务责任只以他所投入的资本数额为限，免于承担超额损失。中世纪在西欧也出现过一种与此类似的有限合伙人制度：commenda。可见，作为已经预示着现代企业制度的法律基础之一，有限责任的制度创新并非天才的突发奇想，而是与当时的商业发展水平相适应的。

图 9　阿拉伯商队所用的骆驼

图 10　伊斯坦布尔加拉塔区（Galata）关于合伙制企业的法庭判决文件（1682）

　　虽然有着古老的发展历史，但合伙制远不是一种被淘汰的过时制度。在现代企业制度中，合伙制企业也是一种重要的形式。一些行业非常强调管理者个人才能和人力资本，并需要赋予他们较多的独立决策权限，如会计、法律、咨询乃至资产管理等，都仍旧采用合伙制作为主要的企业组织形式。合伙制企业对成员范围（scale）和组织寿命（longevity）并没有预先进行规定，在现代的大型合伙制企业中，合伙人数量可多达数百名（如麦肯锡咨询公司），企业存续时间可长达上百年（如老牌的高盛公司、雷曼兄弟公司直到很晚近的时期都曾是合伙制企业）。

　　然而，尽管合伙制企业的基本性质古今皆同，但在一些关键的方面，中世纪中东国家的合伙制企业显示出了一些与现代合伙制企业不同的特点，反映出前者的发展程度仍然较低。在中世纪中东国家的实际操作中，合伙制企业一般由两人组成（图13），而且通常仅限于从事一次性的贸易或生产任务，生意一旦完成，合伙关系往往就解散了。Kuran教授指出，合伙制企业的规模和寿命可以解释为一种理性选择：由于合伙制企业的规模越大、存续时间越长，解体的风险就越大。所以穆斯林商人们往往选择保持较小的合伙企业规模，并在生意完成之后迅速解散。中世纪中东合伙制企业具有一定的经营灵活性，合伙人可以重新订约，但由于中世纪伊斯兰教法中没有法人概念（下文将详细分析），所以合伙制企业不能享受实体保护（entity shielding），由合伙人自身原因导致的债务问题往往会殃及整个合伙制企业；不仅如此，由于没有法人观念，合伙人死亡即导致合伙制企业自动终结，其财产将被移交给继承人。

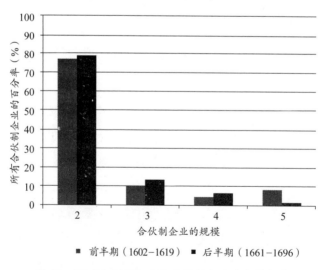

图 11　17 世纪伊斯坦布尔合伙制企业的成员数量

合伙制企业是现代企业制度的重要组成成分，也是现代股份制企业的制度源头之一。然而，尽管有数百年悠久的历史，中东的合伙制企业制度仍然未能发展出现代股份制企业制度，既是由于下文中将要论及的法人概念的缺失，也是伊斯兰教法中继承制度所无意中导致的后果。

（二）继承制度

中东企业制度不发展的原因之一在于伊斯兰教法中的继承制度。在中世纪，中东国家至少有 2/3 的财产由大家族共有，所以大家族的财产继承与分割在很大程度上影响着这些国家商业资本集聚的进程。由于在历史上阿拉伯游牧社会盛行一夫多妻制，显贵和富裕的家族一般是多妻多子的，其中妇女的遗产继承权是同等继承级别的男人的一半。越是成功的商人，其家产在身后分崩离析的可能性越大，因为多妻制大家庭会有很多子嗣，财富越多，往往继承人也越多。另一方面，伊斯兰继承制度产生于财产容易分割、流动的畜牧业社会，所以在进入农耕文明阶段时，诸子均分制在伊斯兰世界业已牢固确立。这两方面历史文化上的路径依赖效应，导致伊斯兰继承制度倾向于在大家族家长死亡之后，将大额遗产分割为细碎的部分。而且，由于上文已经论述的原因，伊斯兰继承法不支持合伙制企业股份的继承，因此阻断了企业在合伙人死亡之后的继续存在。

欧洲在继承制度上与伊斯兰世界有什么不同（图 14）？西欧企业同样面临着企业所有者死亡之后的延续性问题，但西欧社会存在着多种可供选择的继承法，其中长子继承制（primogeniture）确保了企业可以完整地传承给长子。此外，先进的企业法人组织形式保护了企业在其所有者进行继承时不会受到影响，这一点下文还要论及。

伊斯兰继承法阻碍了大额商业资本的跨代传承。一方面，伊斯兰教法是穆斯林人群唯一的法理来源，它本质上否定了其他法源的权威，因此规避伊斯兰继承法，企图采用其他类型继承法律几乎是不可能的；另一方面，对于合伙制企业而言，继承人虽可以重组因合伙人死亡而解散的企业，但重组成本随合伙人数量的增加而上升，所以这种方法只适用于规模较小的合伙制企业。

图 12   中东与欧洲产生不同继承法律的不同自然人文环境

（三）企业组织

中东国家经济组织能力的不发展集中体现在其企业组织发展的滞后上。如上文所述，穆斯林商人发展出了有限合伙人制度，这是有限责任企业的雏形。但是，这种合伙制企业在伊斯兰教法中并不具有现代企业式的法人地位（legal personhood），也不具有股权可交易的现代股份制企业的特征，因而很容易受到合伙人的债务和死亡的影响而解体，以致穆斯林合伙制企业的寿命都不长，更像是一个临时组合的"项目小组"。

Kuran教授指出，现代企业制度的核心在于它超出作为自然人的创建者和股东生理寿命的延续性（图13），即法人属性，以及股份的可让渡性。从合伙制度产生出可让渡股份的合伙制企业，进而演变为现代企业制度的基本组织形式之一：股份公司（joint-stock company），它降低了因合伙人死亡而带来的解散风险，使企业有可能实现独立于所有者的法律生命，并且，企业财产的可分割性和可让渡性成为了法人企业所受到的实体保护的前提。法人（legal person）指的是依法设立和终止、可以起诉和被起诉的非自然人主体。法人企业（incorporation）的产生，是经济现代化的自然结果，它实现了企业与企业所有者在债务关系上的隔离，既保护了企业不因所有者的债务而受到影响（即实体保护，entity shielding），又保护了所有者的其他个人资产不受企业经营失败的波及（即所有者保护，owner shielding）。

在现代公司法中，实体保护有三种形式（Hansmann，Kraakman and Squire，2006）：弱的形式——企业的债权人相对企业股东的债权人对企业资产具有优先清偿权；强的形式——在上条之外，无论企业的股东个人还是股东的债权人都不能将企业强制清盘；完全形式——股东的债权人对企业资产一概没有追索权。实体保护的优点是：由于不用担心股东个人的债权人任意处置企业剩余资产，债权人的监督成本较低，破产管理成本较低。此外，强形式的实体保护还具有能够保护企业完整性价值、提高股份可让渡性的作用。但实体保护也要付出一定的代价，例如诱发债务人的机会主义、增加破产清算的执行成本等。同样，所有者保护既有利又有弊。所有企业组织形式都表现出对制度成本和收益的权衡取舍（tradeoff），因此实体保护和所有者保护将在多种不同的组合形式中观察到，从而呈现出企业组织形式的多样性（表7、图13）。

图 13　成立于 1851 年并存在至今的 Singer 公司

表 7　企业基本组织形式

组织形式	定义	所有者保护	实体保护
普通合伙制	所有合伙人都负有无限责任	无	无
有限合伙制	负有无限责任的有管理权的合伙人和仅负有有限责任的非执行合伙人（财务投资者）	对部分合伙人有	无
股份有限合伙制	股份可自由交易的有限合伙制	对部分合伙人有	无
有限责任公司	所有合伙人都只负有有限责任，但股份不可交易	有	无
法人企业	所有合伙人都只负有有限责任，股份可以自由交易	有	有

资料来源：Lamoreaux and Rosenthal（2005）

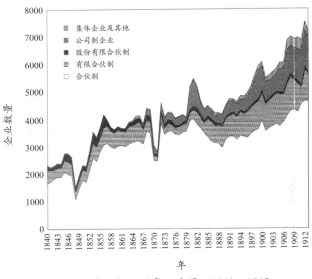

图 14　企业组织形式：法国，1840—1912

资料来源：Lamoreaux and Rosenthal（2005）

（四）企业组织在中东发展的停滞

中东商业文明未能自发产生出现代企业制度，而且在与西方的长期经济交往中也未能在第一时间引进吸收后者的制度创新成果。关于其原因，其一，由于上文提到的合伙制度的缺陷，中东国家企业规模的增长陷入了长期的停滞；其二，伊斯兰教法迟迟没有接纳法人概念和股份公司制度，商业组织的制度创新不足；其三，中东国家缺乏发展组织技巧和新职业的需要、动力和互补制度：没有标准化的会计制度，没有证券市场，商业和金融的劳动分工发展停滞。从中世纪前半期（701—1100）到后半期（1101—1500），阿拉伯国家商业和金融领域的劳动分工不但没有深化，反而有所萎缩，宗教和政治领域的各种职业却如雨后春笋般发展起来（表8—表9）。中东国家在吸收西方资本主义国家先进的商业组织能力方面，也非常落后。直到1851年，与欧洲资本主义国家近水楼台、对资本主义经济制度早有接触的奥斯曼土耳其帝国才成立了第一个主要由穆斯林组成的股份公司——Şirket-i Hayriye（"Auspicious Company"，图 15）。它发行了 1500 股股份，其最大股东正是帝国的苏丹 Abdülmecit（图 16）。组建该公司的动机是促进土耳其穆斯林公司资本的联营。该公司成为奥斯曼帝国首家在市场上公开交易的新型公司。进入 20 世纪以后，由穆斯林商人成立的奥斯曼帝国上市公司数量有所增长（图 17），但在数量和规模上仍然远远不及外国在奥斯曼帝国设立的公司。

表 8　阿拉伯国家不同种类职业的数量

部门	701—1100	1101—1500
商业	233	220
官员、军队	97	303
教育、法律、宗教	33	180

资料来源：Shatzmiller, *Labor in the Medieval Islamic World* (1994)

表 9　1101—1500 年间阿拉伯国家既有职业和新增职业的比例

部门	原有	新增
商业 ***	50.9 %	49.1%
官员、军队 ***	10.9%	89.1%
教育、法律、宗教	16.1%	83.9%
总计	24.7%	75.3%

***: 在 0.1% 水平上与平均数显著不同

资料来源：Shatzmiller, *Labor in the Medieval Islamic World* (1994)

图 15　一艘 Sirket-i Hayriye 的客运轮船

图 16　奥斯曼帝国苏
丹 Abdülmecit（1823—
1861 ）

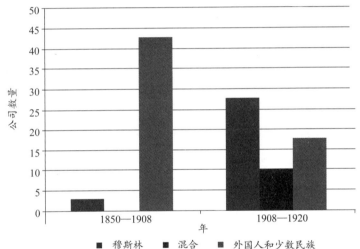

图 17　公司法通过前后奥斯曼帝国新成立的上市公司数量

资料来源：Akyıldız，*Ottoman Securities*

　　中东国家商业组织发展停滞的原因主要是伊斯兰教法与西方法人公司和股份公司概念的不协调。一方面，部分是由于伊斯兰教法没有抽象的企业法人观念，所以造成企业股份的可让渡性违背了伊斯兰传统的"合约"概念：合伙人必须亲自认可合约条款。由于通过购买股份成为企业所有者的新合伙人不需要认可前任合伙人在此之前代表企业所认可的一切合约，所以前任合伙人亲自认可而新任合伙人没有认可的合约就变成无效的了。而且，如果合伙人可以变化的话，伊斯兰传统中所重视的"君子一诺千金"的口头合约也变成无意义的了，因为这时合约一方随着合伙人的变化，已经不是和原来一样的法律主体了。这也就是为什么在传统伊斯兰教法思想下，伊斯兰合伙制企业的股份是不能交易的。另一方面，更关键的是，伊斯兰教法中没有法人（legal person）的概念，即只承认"个体自然人"，而不承认"个体法人"。因此当欧洲由人格化交易转向非人格化交易时，中东则保持了人格化交易的形态。当然现在中东法庭已经承认了股份公司（joint-stock company）和法人公司（corporation）。

在制度史上有很多例子可以说明，缺失的组织形式不能被很快地引进，因为在接受嫁接的母体制度中，缺少相应的前提条件或互补制度（complementary institutions）。具体到中东国家残缺不全的企业制度，Kuran 教授同样发现了一些关键的互补制度缺失，它们阻碍了西方商业组织方法引进中东国家。其中最主要的有两个：现代簿记方法和现代金融体系（包括证券市场和银行体系）。这种制度停滞的长期后果是，中东地区在世界市场中日益失去竞争力，从而无法利用规模化生产技术。

三、治外法权与制度迁移

Kuran 教授第三场讲座的题目是："中东非穆斯林与外国人族群的经济崛起：制度原因"。中东与西方的长分流不仅体现在经济制度发展水平的宏观分化上，也具体而微地反映在中东国家内部的族群与阶层分化上。在历史上，侨居一个国家的少数族群和外国人虽然在本地居民中只占很小的比例，但却是国际贸易的桥梁和制度互动的关键。在外来族群和本土族群经济政治势力的此消彼长和制度文化的碰撞交融中，为什么中东国家的非穆斯林少数族群和外国商人在19世纪取得了经济上的优越地位？中东国家与外国的贸易协定如何导致了冲突，又带来了什么长期的好处？伊斯兰法律制度在这一过程中是否起到了负面的作用？

　　正如前面所提到的那样，伊斯兰教法的不灵活性和非世俗性拖累了中东国家的经济发展。但是少数族群因为遵守不同的制度规则，所以有机会逃脱停滞的命运。尽管在18世纪以前，少数族群和本土穆斯林族群之间并没有明显的经济上的差异，但在18世纪以后，少数族群通过转向西方司法机构在商业上明显居于优越地位。这一转变给予他们相对优势：欧洲法庭承认股份公司、法人公司等现代企业组织形式；它们理解并善于处理会计制度、保险合约、银行制度等现代市场制度方面的问题。从18世纪开始，少数族群与穆斯林族群在金融与商业上开始拉开了巨大的差距。到1912年，在中东国家中，非穆斯林人口占比低于20%，但在大商人中占比可达到85%。少数族群在中东国家引领了可公开交易股份的上市公司制度的形成。

图18　16世纪土耳其的犹太人

图 19　Franciscan 教堂，叙利亚大马士革

图 20　Ortaköy 犹太会堂，
伊斯坦布尔

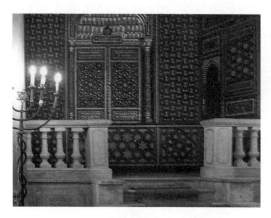

图 21　开罗犹太会堂

图 22　格鲁吉亚、亚美尼
亚人的教堂，叙利亚阿勒颇

（一）少数族群的法律选择与伊斯兰教法的僵化

为什么会有这种重大的分流？Kuran 教授认为，这主要是二者遵循不同的制度规范造成的长期结果。根据伊斯兰教的要求，穆斯林被要求在做生意时也必须遵守伊斯兰教法，而基督徒和犹太人则可以选

择适用的法律制度，包括自己和其他民族的各种世俗与宗教法律。正因为少数族群可以理性选择最适合自己需要的法律制度来维护自身权益，所以他们的实际法律选择就可以提供关于各种法律制度相对效率的信息。

在中世纪，少数族群的法律实践体现了当时伊斯兰商业文明相对发达的形势：基督徒和犹太人都倾向于运用伊斯兰商业合同来从事交易。在埃及开罗的犹太会堂储藏室发现的 11 世纪档案文献 Geniza papers 中，就记载了很多采用伊斯兰商业合同的例子。12 世纪西班牙的著名犹太学者麦蒙尼德（Maimonides）对此也有类似的记载。16 世纪在奥斯曼土耳其侨居的犹太人和希腊人也经常求助于伊斯兰法庭，因为虽然穆斯林统治者允许少数族群在自己的法庭上起诉，但相对于少数族群法庭，伊斯兰法庭具有更强的强制执行能力，在有些地区，它也更有效率。

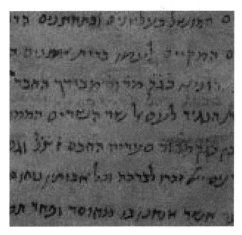
图 23　开罗犹太会堂档案残片（11 世纪）

图 24　摩西·麦蒙尼德（Moses Maimonides, 1135-1204）

非穆斯林族群没有运用长子继承制的法律和文化障碍。但是在中世纪的中东国家，与商业合同的情况一样，少数族群与穆斯林的财产继承实践也没有明显的区别。这是因为，法律的可选择性让任何人都可以向伊斯兰法官起诉，而一家人里面总是有些继承人受伊斯兰继承法的引诱，想在伊斯兰法庭起诉，以便分到更多的财产。因此，威胁到所有成功的家族企业的资产细碎化，同等地抑制了所有族群的企业发展。

这两种情况似乎与后来中东与西方的制度大分流不相一致。Kuran教授对此提出了一种一般性的解释：一种制度综合体的表现，以及维持和再生产这种制度的动力，依赖于影响行动者可以选择的其他制度的状况。在西方的经济现代化之前，伊斯兰教法并不是一种阻碍进步的力量，相反却表现出很多的进步性；只是因为后来西方经济制度日益发展，伊斯兰教法才渐渐显出颓势。换言之，在中世纪，少数族群选择伊斯兰教法，只是因为它曾经是各种选择之中"最不坏"的一种。

那么，进入近代，西方商业制度后来居上，在中东国家日益占据重要位置，穆斯林商人和他们所在的国家为什么不转向西方司法制度以寻求竞争力呢？Kuran教授认为，这是因为伊斯兰教法的排他性。伊斯兰教法具有绝对不容置疑的权威，并统治社会生活的方方面面——哪怕是尚未有明确规定的新兴领域，这样就难以迅速地自我调整以吸收制度创新的先进成果，并阻止了穆斯林商人转向其他的法律制度，因为他们无权选择伊斯兰教法以外的其他世俗法律主张自己的权利。这样，一种一度有益的制度由于被推向绝对和僵化，就成为了继续进步的障碍。

面对这种僵化，穆斯林商人的可行选项有两种：（1）要求有一个与宗教分离的法律制度；（2）要求改革伊斯兰教法。不幸的是，这两种要求都等待了很久才得以实现。直到19世纪50年代，中东国家才出现了第一家世俗的商业法庭。差不多同时，也出现了重新解释伊斯兰商业法律的努力：19世纪土耳其著名学者和改革家艾哈迈德·捷乌德特帕夏（Ahmet Cevdet Pasha，1822—1895，图25）领导土耳其最高法院编纂了伊斯兰商业法典Mecelle。

图 25　艾哈迈德·捷乌德特帕夏

（二）外国商业特权的逻辑

在 Geniza papers 产生的时代（10—11 世纪），地中海贸易已经由被称为"治外法权"（capitulations）的贸易特权来掌管。在数百年的历史中，这种贸易协定也协调了西方（开始是意大利城邦，后来是西欧各国）与中东的贸易关系。在这里研究的是穆斯林统治者给予西欧商人的治外法权。这些特权一直存在到第一次世界大战。在数百年的漫长历史时期中，少数族群通过变成受外国法律制度保护的特殊国民，从治外法权中获益良多。治外法权是外国法律制度在当时中东地区的存在形式。到了近代，它已经变成一个带有负面的"外来压迫"含义的术语。

治外法权本身也有一个演进的过程。在一开始的时候，它完全是中性的含义，指的是贸易协定中记载的特别给予外来商人商业特权的章节（capitula）。在 12—13 世纪，奥斯曼帝国开始给予意大利城邦商人各种特殊权利，包括：

(a) 保障人身安全（外国人被安置在一个特定区域，旅行受到限制）；

(b) 在处理内部事务时以自己的法律实行自治；

(c) 关税从原来的 10% 减少到 2.5%，与穆斯林的关税水平一样。

到 16 世纪，奥斯曼帝国与法国、威尼斯和英格兰都签订了带有治外法权的贸易协定。这些协定最显著的共同点是：对协议的双方没有提供对等待遇（reciprocity），而只关注西方商人在中东经商的需要，并给予西欧商人司法和关税特权。尽管许多其他的贸易协定也对西方国家规定了一些义务，也有形式上的对等条款；然而，这些协定无疑仍然是为解决外国商人的问题而量身定做的。

奥斯曼帝国统治者所慷慨给予外国商人的特权，是他们从未给予自己臣民的，这是为什么？许多现代批评家认为，奥斯曼帝国没有坚持对等原则是一个重大的失误，使得本国公民在自己的国土上沦为二等公民，导致了奥斯曼帝国经济的不发展和政治的受压迫，并且使人们形成了希望推翻帝国的共识；与外国列强相互勾结、共同压迫人民的奥斯曼帝国在第一次世界大战后的灭亡之日是一个值得庆祝的节日，是一个独立和解放的日子，是历史的新篇章。

治外法权得以在中东国家长期存在的真正原因究竟是什么？研究文献给出了至少四种政治与经济的解释，但这些解释都有一些逻辑上的问题。

1. 国际政治因素。穆斯林统治者选择性地给予西方国家治外法权，是为了将西欧国家分而治之，以减小它们联合的危险（带有十字军入侵的历史记忆）。这是真的，但无助于解释治外法权的内容和发展。为什么 17 世纪会给予更多的治外法权，而在 12 世纪则较少妥协？

2. 国内政治因素。给予外来商人治外法权是为了节制本土商人的资本流通，因为只有本土商人会威胁统治者，而外来商人参与国内政治的危险性较小。这有些道理，但原则上，抑制本土商人并不一定需要让外国人拥有自己的法庭和司法特权，还可以对本土商人征收重税，苏丹是有这个权力的；而且为什么国内商人会对给予外国商人特权袖手旁观，毫不反对（尽管这不是故事的焦点）。

3. 税收因素。帝国政府更容易从外国商人身上征收更高的税收，因为他们的可见度更高，难以隐藏。可是这种解释与历史记载相违背。首先，在历史记载中，存在着对与外国商人一起使用同一个港口的国内商人征税的例子，而且更关键的是，给予治外法权之后，对外国商人的关税实际上降低了。因为关税收入依赖于外国商品的供给弹性，所以虽然苏丹可以试图通过提高关税来增加收入，但这实际上不可行，也并没有发生。

4. 市场竞争因素。在欧洲人开辟了绕行非洲、通往印度的新航路之后，奥斯曼帝国需要作出回应，以激励欧洲商人继续通过中东进行贸易。但这种理论无法解释 1498 年达伽马抵达印度以前帝国给予西方国家的治外法权；而且它也无法解释为什么外国人要被单独优待，为什么不是去补贴所有的贸易。

5. 特殊因素。给予西方商人贸易特权是为了激励外国供应商，以便从欧洲获得战略性商品（锡、银、火药等）。但这同样无法解释为什么要单独优待外国人，而不是一视同仁地激励包括本国商人在内的一切商人。

（三）缺失的制度维度

以上观点都没有弄清治外法权如何影响地中海贸易的机制。它们没有理解治外法权如何改变交易的激励，没有考虑全球经济制度框架的改变。当治外法权变得对外国人越来越慷慨之时（15—19 世纪），西方世界正在经历其经济制度及商业实践的现代化过程。其制度创新包括：可以无限期存在下去的商业组织（股份公司、法人公司）、股票市场、银行（汇集储蓄进行大规模的贷款）、保险市场、复式簿记及适应了上述新兴制度、市场和商业技术的法庭。

这些制度的发展并没有在中东发生，或者在推迟了几个世纪之后才逐渐展开，并导致了中东与西方制度的大分流。然而，中东国家统治者和外国商人在扩展外国新兴经济制度上具有共同利益。治外法权在一定时期为中东提供了对于商业发展来说十分关键的制度，吸收了欧洲制度发展的成果。由于中东地区的制度改革滞后，治外法权创造了一个经济飞地（enclave），外国人可以在他们的先进制度下进行商业运作。不用说，这对外国商人来说是一种十足的优势，也是强加于本地族群的隐性成本（尤其在 19 世纪），但治外法权对取得贸易的发展是必须的。从观察治外法权所解决的问题，并参照欧洲制度变迁的背景，我们可以看出为什么是这样。

1. 对合约可信性的追求

在商业活动中，合约是不可或缺的，而合约隐含着违约的可能性，并必然产生纠纷。因此，商业法律制度就成了商业活动能否有效运作的关键。在穆斯林统治区，任何人都可以使用伊斯兰法庭。例如，一个法国人可以在伊斯兰法庭起诉另一个法国人，以谋求某些在法国的法律制度中得不到的结果，尽管法官并不熟悉法国日新月异的商业制度，他听审的案子是他在他的国家过去从未遇到过的。穆斯林法官也不可能调查清楚法国商人和奥斯曼帝国臣民之间在商业习惯上的重要区别，即使被伊斯兰法庭传唤的法国商人会要求他这么做。

这些司法风险令法国人感到困扰。在 1536 年法国获得奥斯曼帝国的治外法权之后，解决了这个问题。治外法权使得在法国法律下签订的合同更加可信，不再受到在伊斯兰法庭提起的机会主义诉讼的影响了。

但这时的治外法权还没有扩大到法国人与奥斯曼帝国臣民之间的司法权力上，不能解决这二者之间的合同可信性问题。因此在 16—17 世纪出现了一系列争取将所有涉及法国人的案件审判权交给在法国司法实践中很熟悉的"特别法庭"（tribunal）的斗争。在此之前，在个案的层面上，穆斯林统治者已经向由帝国高级官员和法国官员共同组成的特别法庭移交了一些重要的涉外案件，但并没有全面给予法国公民免于受到伊斯兰法庭起诉的权利。1675 年，法国的治外法权被一份外交文件确认为一项更广泛的特权：它可以让法国商人在所有与本地人之间的诉讼中，免于受到伊斯兰法庭的审判，除非这个案件并没有涉及重大的利益。据统计，在奥斯曼帝国时代，至少有超过 4000 起案件是由特别法庭审判的。

从法国人的观点看，高级特别法庭的优势有二。

（1）对国际压力比较敏感，可以牵涉进其他内容的政治交易，因此可以通过在其他方面暗中施压，换取更好的审判结果。

（2）高级行政官员的任期比伊斯兰法官长（多于 2 年），任职的确定性也比较高。通过与同样的行政官员多次打交道，法国人可以逐渐"教育"他们，使他们较易接受法国的影响。

随着采用特别法庭的案件越来越多，门槛也越来越低（表 10），选择变更案件管辖权（forum transfer option）、让伊斯兰法庭将案子移交特别法庭的案件范围也扩大到几乎无所不包的程度。

表 10　选择变更法庭的案值门槛

年份	选择变更法庭的案值门槛 （以熟练建筑工人日工资的倍数计算）
1675	152
1775	56
1838	4

2．对文件使用的要求

在司法制度的历史中，书面文件的使用是一个更大的话题。欧洲商业制度本来和伊斯兰商业传统一样，都承认口头合约的有效性。在早期，治外法权条款允许欧洲商人订立的口头合约在他们自己的法庭审理。进入 16 世纪（请注意此时欧洲国家还没有获得对欧洲人与本地人之间所有案件的管辖权），为了避免欧洲商人过多地遭到没有根据的指控，治外法权要求针对外国人的诉讼必须出具书面文件方可立案。1536 年，奥斯曼帝国与法国的贸易条约规定，与法国商人的交易不一定需要订立书面合约，但针对法国人的诉讼需要提交书面文件：

"在针对土耳其、附庸国或其他（苏莱曼大帝的）臣民的本国案例中，法国国王的商人和臣民不能被传唤、骚扰或审判，除非奥斯曼帝国的臣民……提供被告亲笔签名的文件，或者穆斯林法官的判决书……"

该条约的另一个条款旨在让法国商人不会受到虚假文件的诈骗：

"（一位法官）在没有翻译在场的情况下不能听审或判决法国的臣民……"

为什么欧洲人坚持要求穆斯林原告提供合同的书面文件？我们需要分辨两种因素：本土法庭的排外偏见；欧洲的制度转变。

（1）本土法庭的排外偏见

在这一时期，伊斯兰法庭对外国人有着随处可见的偏见。格雷夫（Greif, 2006）关于中世纪欧洲商业史的著作主题就包括这一点。而且不光是伊斯兰法庭如此，这种偏见世界各国也都有过，例如在英国法律史上，曾几何时，非本地居民被控罪，被无罪释放的可能性会低于本地居民。所以当时的伊斯兰法庭对外国人存在偏见并不奇怪，而外国人寻求司法保护也合情合理。

对外国人的排外偏见被认为深植于传统证据规则中：在同等的个人声誉、可信度的情况下，穆斯林证人比非穆斯林证人在法官眼里有更大的权重，这一点从证人的种族分布就可以看到（穆斯林证人的比例远远超过人口比例，而且甚至在基督徒与穆斯林的诉讼中，基督徒当事人都更喜欢邀请穆斯林证人出庭举证，图 3）。这一规则并没有被系统地或一贯地运用，但它足以影响判决，因此成为外国人和本地人之间相互不满的引爆点。

在异国他乡打官司，外国人天生处于劣势，因为他们对当地语言、法律程序、文化等不熟悉，而且因为地方上的伊斯兰法庭的口头合约审理程序的乌烟瘴气是出了名的。和其他地方一样，在中东，证人是可以被买通的。由于本地人可以更容易也更便宜地找到有利于自己的证人，外国人相信他们很容易在伊斯兰法庭上受到巨大的损害。

外国商人认为他们受到了伊斯兰法庭的歧视，我们有证据认为这不是他们想象出来的障碍。我们能在数据中发现什么？在 17 世纪大量的伊斯兰法庭判决中，只有很小比例的案例涉及外国人。这并不令人惊讶，因为 17 世纪后期的伊斯坦布尔可能仅有 500 个外国商人，而伊斯坦布尔的人口是 50 万。有人认为伊斯兰法庭并没有表现出排外的偏见，而有人则认为事实恰恰相反。究竟哪一种看法是对的？法庭变更选择（forum transfer option）可以提供一些线索。如上文所述，在 17 世纪，欧洲商人越来越多地将重要的案件提交给一个由高级官员组成的特别法庭来审理，这一权利由 1675 年奥斯曼—法国条约所确认。只有当外国人有信心赢得官司，或者案件金额不大时，才会使用普通的伊斯兰法庭。如果他们没有书面证据，或者很可能会输掉，他们就会放弃打官司，这使数据中产生了大量选择偏误（selection bias）。根据前文中论司法歧视一节的方法论，这种偏高的胜诉比率正好说明了歧视的存在（表 11）。

表 11 　奥斯曼帝国臣民与外国人之间的诉讼统计

年份	奥斯曼帝国臣民与外国人之间的案件总数	外国人胜诉的案件数
1602—1697	21	18

针对外国人的司法偏见不仅仅出现在伊斯兰国家，即使在西方国家也有，因此在西方也有一些应对策略。例如，英国就曾经坚持在意大利法庭对英国人的审判中加入陪审团制度。但这种变通在伊斯兰教法下就不可能，因此治外法权就成为了唯一的选择。

（2）欧洲从人格化交易向非人格化交易的制度转型

在从人格化交易向非人格化交易转变的历史潮流中，口头合约逐渐失去其法律地位，书面合约越来越成为商业活动必要的组成部分。显然欧洲的制度转变是欧洲人要求穆斯林原告提供书面证据的另一个重要因素。尽管有种种缺点，口头合约还是在人格化交易的地方盛行，其中包括奥斯曼帝国。当治外法权开始在中东国家扩展的时候，西欧正在迈向非人格化交易，而非人格化交易，依赖于书面文件（North，1987）。在16—17世纪，英国对书面文件的使用和口头证言的作用进行了长期的法学争论。直到1650年，英国人仍然可以在没有书面证据的情况下在王座法庭上起诉。只要有证人的证言，就可以起诉索取未偿还的债务。但这种情况在接下来的年代变得越来越少见了，同时基于书面文件的案件增加了。1677年，支持书面文件的一派力量在争论中赢得了决定性的胜利，非书面的合约不再可以强制执行了（英格兰欺诈法，Statute of Frauds，1677）。

因此，17世纪以后，欧洲商人越来越依赖于书面文件，在与穆斯林商人打交道时会要求签订书面的商业合同。不仅是欧洲商人，那些浸淫于西方商业文化的本土商人和识字的本地居民在欧洲治外法权下也在商业竞争中占尽了优势。通过治外法权，欧洲商人将这种书面合约的制度文化移植到了中东国家。

在文件使用方面，欧洲商人所面对的穆斯林商业环境究竟是怎么样的呢？Kuran教授从他多年收集的法庭数据中找到了答案（表12）。将文件使用率作为非人格化交易的指标，我们可以发现一些相关的信息。注意后三列。

表12　16—17世纪伊斯兰法庭记录中的文件使用

记录总数	使用文件证据的判决	仅基于口头证言的判决	判决总数
6494	351（15.3%）	1940（84.7%）	2291

资料来源：Kuran教授收集的法庭数据

（1）大多数得到审理的案件都是只基于原告或证人的口头证言来判决的，导致了商业活动中较低的文件使用率。这部分反映了当时土耳其穆斯林的高文盲率。外国商人需要面对这种口头的法律文化，这是人格化交易的特征。

（2）即使是中东国家的少数族群，文件使用率也是很低的。在许多涉及少数族群的案件中，案件的一方或双方提交书面合同，或者过去的法庭判决书。原告有时会请求政府颁发书面命令来确认其权利。但总的来说，在17世纪的穆斯林和非穆斯林之间，文件的使用率没有显著区别，穆斯林甚至还要高一些（图26）。因此，欧洲人不能通过主要与少数族群打交道避开书面文件的低使用率问题。但在16—17世纪，无论是穆斯林还是少数族群，都向着非人格化交易的方向发展，并反映在书面文件的使用率上。

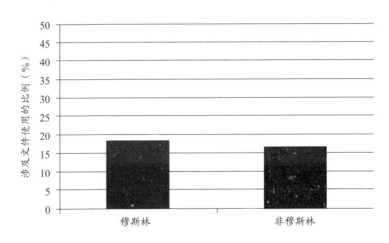

图26　17世纪穆斯林和非穆斯林的文件使用率

文件使用率在不同的商业场合是不一样的。从图27可以看到，在瓦克夫（waqf，下文中会详细分析）、合伙和征税这三种情况下，文件的使用率各不相同。

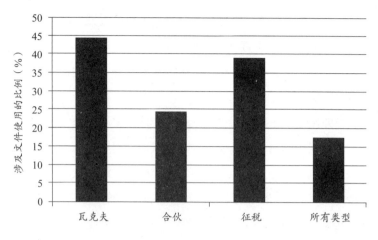

图 27　不同合约类型的文件使用率

其中，伊斯兰版本的信托组织瓦克夫是必须依法在法庭注册的，所以在涉及瓦克夫的诉讼中，书面证据的使用率最高。

其次，针对税务官员的诉讼具有相对高的文件使用率。在 17 世纪，人们普遍害怕官员过度征税。为了保护自己不受政府官员和包税人的侵害，人们保存税收的书面凭据。这一点在司法判决资料中也表现得很明显。

但是在合伙案件中，只有不到 1/4 涉及文件使用。因为商人和投资人害怕向政府泄露信息，所以很少记录他们的协议内容。

在债务关系中，文件使用率是最低的（在图 27 中未直接体现）。在信贷市场上，人们与熟人打交道，减少了对书面文件的需求。处于债务与合伙关系中的商人在私人生意中采用了一种口头法律文化：3/4 的合同都是口头的。

除了合约的口头属性之外，17 世纪中东的外国商人还抱怨他们总是被卷入一些涉及虚构的合伙关系的虚假指控之中，而穆斯林法官却完全接受这些口头的权利声明作为立案的依据。在口头合约具有法律地位的地方，誓言（oath）也会占据一定地位。Kuran 教授发现，差不多有 1/5 的判决确实是基于誓言作出的（表 13）。

表 13　民事判决中对誓言的采用

	通过宣誓作出的判决		判决总数
总计	428	18.7%	2291

不过，与外国人的记载所带来的印象相反，穆斯林法官并不是不分青红皂白地采纳当事人的誓言。他们只是在无法基于证人证词进行判决的情况下才采纳誓言。通常是被告请求进行宣誓，但有时是法官要求原告进行宣誓。

尽管有上面这些问题，在 19 世纪以前治外法权发展的整个历史中，文件使用的增加确实是一大长期的趋势。穆罕默德诉英国大使 Heneage Finch 案（1665）就是一例。居住于巴格达的原告穆罕默德·本·马赫穆特（Mehmet bin Mahmut）声称他借给一个英国商人一笔钱，对方却没有还给他，为此他向伊斯兰法庭起诉英国大使，要求大使赔偿他的损失。英国大使表示对自己卷入这起诉讼并不感到忧虑，无论案件的是非曲直如何。因为该案不具备所需的程序性要件：治外法权要求针对外国人的案件要有书面证据，而穆罕默德提不出书面的借条（只是口头约定）。不出英国大使的预料，法官驳回了原告的立案请求。

3. 对可预见回报的诉求

对于在海外经商的外国商人来说，另一个制约商业扩展的障碍就是专横的税收盘剥。在 17 世纪的奥斯曼帝国，欧洲人已经在事实上获得了关税上的最惠国待遇。这一待遇得到了 1838 年英国—奥斯曼帝国商业协定的确认，并一直持续到 1914 年。

但欧洲商人还有更多值得关切的问题。其一是任意专断、机会主义的税收政策。在奥斯曼帝国逐渐衰落的这一时期，财政危机频频发生。苏丹在危机时期可能会加添新税。当时的英语中甚至有一个词语 avanias 来自土耳其语 avârız，表示"横征暴敛"，由此可见一斑。苏丹在任何能发现好处的地方寻租和设租，因此外国商人不得不寻求规避这种机会主义的征敛，以使自己的商业回报更加可以预测。另一个对回报可预测性的威胁是：集体惩罚。例如，伊斯坦布尔的一位法国债务人逃债，可能会导致穆斯林法庭对在那里的所有法国商人的惩罚。无论是哪一种风险，对外国商人都是一种不可预测的威胁。通过治外法权禁止这些任意妄为的做法显然可以使个人回报与个人努力更加一致，从而促进经济的发展。

4. 在跨代传承中保全财富

欧洲商人对伊斯兰司法制度最后一种常见的抱怨涉及前文讨论过的伊斯兰继承制度，也牵涉到伊斯兰法庭对外国人的排外歧视问题。

欧洲商人很多是来自于长子继承制盛行的社会，子承父业（一般是长子）是天经地义的事情。家族的长子将接受长期训练，以便最终接手企业。因此，我们在中东国家的历史文献中也可以观察到许多长期存续的外国企业。然而在外国商人去世时，穆斯林法官有权接管死者的不动产，并按照伊斯兰教法处置，有时还会没收财产。前文曾经提到，在伊斯兰继承制度下，遗产会在所有有继承权的父母、配偶和子女之间分配，并且自动终止所有与死者有关的合伙关系。这往往会导致财产的碎片化和成功企业的分崩离析，从而解释了中东企业的资本薄弱和寿命短暂的特征。在伊斯兰教法管辖下，长子继承制不可能实行，因为家族的其他继承人为了得到更多遗产，有向伊斯兰法庭起诉瓜分遗产的激励。

治外法权解决了外国商人对伊斯兰继承制度的担忧，它规定遗产的处置由死者所属国家的领事负责。这样就解除了外国商人在身后家产被抄没的恐惧。

（四）治外法权制度的后果与成就

到 19 世纪中叶的时候，治外法权已经在中东国家牢固地确立了。它发挥了重要的制度功能，不仅增加了商业回报的可预测性，保护了外国商人免于受到证据不足的诉讼，还保护了他们的不动产不受伊斯兰继承法的损害。但是与此同时，治外法权成了外国特权的来源，因为中东国家的政治、军事和经济弱势地位使外国列强能够充分利用他们的特权攫取商业利益。在这段时期，中东国家的当地人对外国人产生了深刻的憎恶感，使他们认为治外法权就是偏袒外国人、歧视本国人的恶法，是令伊斯兰国家和人民贫穷落后的万恶之源。中东国家亲西方而反向歧视本国人民的治外法权制度成为了民族主义者谴责和痛恨的焦点，似乎特权形成的动因就是少数穆斯林统治者的自私的卖国行为。但他们的特权形成的动因如上文所述，并不仅仅是歧视，更多地是一种制度本身的必然逻辑。

有人可能会怀疑，在 19 世纪究竟有没有亲外国的反向歧视存在，因为即使到这时，外国人仍然对中东国家的法律制度不满。Kuran 教授认为，这种不满并不完全是西方观察家的成见造成的。因为统治者并不能完全控制所有地区，治外法权也不是到处都得到执行的。有许多案例说明治外法权仅得到了很马虎的执行，这通常发生在远离首都的地区。19 世纪中期的伊拉克摩苏尔地方政府就征收了渡船税，对本地人收 20 帕拉（para，当地货币单位），对外国人收 80 帕拉，与伊斯坦布尔照顾外国人、歧视本国人的情况正好相反。

执行水平的多样性为我们提供了一个研究机会，因为在变化发生的地方，我们就可以检验一些基本的假设。

1. 如果治外法权是重要的，那么外国人在治外法权薄弱的地方做得就会比治外法权执行好的地方要差（有许多支持这一观点的例子，但还没有系统的研究）。

2．如果治外法权会伤害本地人，而且本地人有能力发动改革来改善本国法治水平（较差的法治水平是治外法权成为必需的条件），本地人会废除治外法权，实行法律改革。例如摆脱了奥斯曼帝国控制的一些国家废除了治外法权，它们都是致力于制度改革的国家。

3．如果治外法权对商业发展是必需的，而所在国家中央政府比较弱势，外国政府会与当地统治者协商。在19世纪后期，欧洲政府就这么做了。奥斯曼帝国在第一次世界大战后崩溃时，英法早已侵入帝国的各个地区——他们已经有数十年与地方统治者打交道的经验了。许多证据可以在案例研究中找到，但尚未有人从这一角度系统地研究其模式。

通过治外法权，外国人究竟取得了哪些形式的特权？又造成了哪些恶劣的后果？

我们已经提到过，治外法权首先包括了税收特权。在当地人要支付大量的税费的同时，外国人却可以减税甚至免税。而且外国人上缴税款和罚款的时间可以经大使协商作出特别的安排。政府受贸易条约的限制不能对外国商人任意加税，但对本国居民却有任意增税的权力，因而间接地加重了本国人的税收负担，导致了本国民众的不满。

外国人享有司法特权。一般情况下，他们的案件由领事或者特别法庭负责审理，有时甚至可以要求在母国法庭受审。领事判决的上诉管辖权也在母国，而非由所在国的高等级法院受理。外国司法特权的后果之一是让很大一部分本地人不愿意与外国人做生意。在19世纪，本地人都害怕加入外国人的企业，尤其是穆斯林，当然也包括一些非穆斯林，因为他们不愿与外国当局打交道（没有语言能力、社会关系和西方法律知识等）。但外国司法特权的优势并不一定只对外国商人有利，一些具有西方社会文化背景的非穆斯林愿意和西方商人打交道，因为他们可以托庇于外国司法制度的保护，这样做有优势也有劣势（Kuran，2004）。他们可以通过购买受外国领事保护的权利成为欧洲国家保护下的臣民，所以非穆斯林受保护人不介意与外国人打交道，甚至成为他们的合伙人。这就是为什么外国特权没有伤害他们的缘故。

事实上，在西方与中东经贸交往中，拥有被保护身份的少数族群在西方商人和中东穆斯林之间发挥了中介的作用。他们在两个世界之间游刃有余，能够将多种法律制度为己所用。必须承认，治外法权充分地服务于中东国家少数族群的商人，使他们得以发展为一个本土的特权阶级。

外国特权造成的不利后果已经被认识得很多了。英法等西方国家为了寻求经济上的优势地位，不惜压迫中东国家的人民，以维护治外法权制度。但是我们也必须认识到，治外法权制度作为西方先进制度文明的渗透和移植，对中东国家的制度变迁产生了积极的影响。

首先，外国人赢得的税收特权，源自试图捆住任意聚敛的政府之手的努力。它在局部范围内造就了本土没有自发形成的政治制衡。此外，虽然这一税收特权是出于外国商人自己的利益诉求，但也降低了外国商品的价格，有利于新产品、新技术的引进。

其次，外国人的司法特权将非人格化交易的法律特点带进了中东地区，就像他们在世界其他地区所做的一样。在17世纪中叶的中东地区，向非人格化交易转变的趋势还没有显现。治外法权引导和推动了伊斯兰法律制度的完善和创新，以适应这一趋势。

不愿意看到外国人享有特权是一种可以理解的国民心理。但是外国人通过治外法权所争取到的权利对于经济的现代化来说是必须的，其中大部分内容是本地人闻所未闻的。本来就没有的权利又何谈失去？事实上，在后来的2—3个世纪中，欧洲人所享有的治外法权逐步扩及本土的少数族群，到今天已经让大部分的本土人民逐步争取到了这些权利。这种制度创新的迁移效应，就是治外法权制度产生的最好成果。

将治外法权置于历史的视野中总结，我们可以看到之一制度的主观结果和未预料到的客观后果。治外法权的初衷是双赢的，使外国人和当地统治者都从中受益。外国人得到了人身安全的保证，并能够在不断改善的制度环境下从事交易，提高了合约的可执行性；当地统治者除了通过与外国进行政治交易推进其政治目标之外，还促进了可靠的贸易，而无须付出显著的制度成本来创造所需的制度——事实上，治外法权取代了本来必须进行的制度改革。但它也带来了两个未预料到的后果。

一是消极后果，它导致外国商人及受外国保护的本地少数族群与未受外国制度保护的臣民之间越来越严重的不平等。随着治外法权制度的发展，外国人及其本地附庸越来越成功，并运用自己不断增长的势力来固化自己的特权。

二是积极后果，治外法权加快了，甚至可能是启动了中东的经济现代化进程。它促进了国际贸易，引进了新的法律程序、新的组织（法人企业、股份公司）、新的技术（会计制度）。随着全球经济的发展，治外法权所促进的国际贸易让中东国家熟悉了非人格化交易制度。最初为了满足外国商人的需求而改进的法律制度最终引发了 19 世纪晚期到 20 世纪的制度改革，促进了中东国家法律制度的现代化。

需要指出的是，早在中世纪，治外法权已经成为国际贸易的一种常规，当时的统治者完全无法预见这些后果。如果从那时起西方制度保持停滞不前，这些后果也不会出现。

这些历史的回顾与现实的政策选择是有关的。现在在中东国家出现了一场关于是否应该重新采用伊斯兰教法（sharia）的争论，如果不懂得伊斯兰商业法律的本质和治外法权的历史，我们就不能真正懂得恢复伊斯兰教法意味着什么。举例来说，如果重新采用传统的伊斯兰证据法，由于无法正确地认定今天纷纭浩繁的商业文件的有效性，国际贸易将会立即停顿。

（五）殖民地：治外法权制度的社会基础

在提到治外法权制度的"非对等性"时没有提及的一点是，治外法权只被用于接受外交领事管辖的海外侨民。换言之，这种非对等性可能不是因为歧视和压迫，而是因为伊斯兰国家在西方国家缺乏"对等的"侨民社会的缘故。既然当时的中东国家在西方国家确实没有自己的侨民社会或"殖民地"（它的本意就是侨民居住地），那么即使有了对等的治外法权，对中东国家也毫无意义。

与中国 西方的关系类似，中东国家与西方的贸易主要是由远道而来的西方商人进行的。17世纪时，实际上没有穆斯林商人在西欧建立殖民地。个中原因可能是：因为没有重商主义的政府来保护和指导他们，个体很容易受到劫掠；因为缺乏充分发展的企业组织，所以也缺乏足够多的穆斯林贸易商从事海外贸易，反过来又造成穆斯林企业组织的不发展，如此这般，恶性循环。

除此之外，对穆斯林没有在欧洲建立殖民地的解释一般还有如下几种。

1. 欧洲的教皇和国王禁止穆斯林在欧洲城市建立殖民地，以限制伊斯兰教的传播。但是欧洲同样对穆斯林颁布了一些贸易禁令和武器采购禁令，仍然屡屡被穆斯林商人突破，那又是怎么做到的？

2. 西方的国内贸易商受到穆斯林商人竞争的威胁，反对他们进入。西方买家和卖家并不是联合为一体的，而且同业之间存在相互竞争。贸易保护主义确实存在，但如果穆斯林贸易商可以提供一种独一无二的服务，那就总有一些地方、一些商人会欢迎他们。

3. 出于某些宗教或安全的考虑，穆斯林商人往往避免经过非穆斯林地区。穆斯林也曾旅行到本来是非穆斯林统治的世界其他地方（南亚、东亚、非洲）。他们在亚洲、非洲定居，形成了当地的少数族群。他们建立了贸易殖民地，并且传播伊斯兰教。为什么西欧会成为一个例外？

在以上解释中，一些基本点被漏掉了。解释这个谜团的关键与西方商人所用的组织形式有关，这些组织形式与中东商人的组织形式具有根本性的差异。西方商人在中东国家的组织是类似的，每个西方国家的商人社群都有一个以领事为首的管理机构。领事提供了多种公共物品，有效地降低了行商的交易成本：收集当地商人信誉、所在国政策、投资机会的信息；帮助处理行政事务，在货物通关上协助社区成员；帮助保护侨民的不动产；促进社会网络的建立，与供应商、顾客、官员、海盗、法官等建立社会联系；促进合约执行，进行跨国籍的诉讼；提高个体回报的可预测性——对损害本国成员的人组织集体报复行动，保护商人免于被征收横暴的税收。领事服务是付费的，包括2%的签证手续费和其他费用。

由于有这种组织良好的殖民地管理机构，15世纪时，西方国家就已经在中东建立了自己的贸易站和侨居地，为治外法权制度奠定了一定的社会基础。

（六）西方的优势与中东的障碍

在详细研究了治外法权制度的方方面面之后，我们难免会提出一个由来已久的问题：西方国家为什么具备了超越中东国家的商业优势并延续至今？中东国家为什么不能很快实现制度的现代化，迅速赶上西方国家？除了我们已经反复强调的商业组织方面的原因外，可能的答案有很多，这里略举几种。

先发优势（incumbency advantage）：因为西方国家是最先在地中海范围内设立贸易殖民地的，所以它们可以在不同地区之间从事成本更低廉的中介贸易。

规模经济与范围经济：建立一个殖民地和相应的领事组织的固定

成本，平均成本随着贸易额的增加而下降。由于西方国家已经占据了较大的国际贸易份额，它们建立殖民地的成本较低。

合约的路径依赖：欧洲和中东的本地商人都习惯和欧洲中介商打交道，后者熟悉常见的合同纠纷，也知道如何化解纠纷。

人脉网络：贸易伙伴们发展了信任的纽带，如果切换到其他社会网络，就需要付出转换成本，新的网络在便利性上至少应该超过原有的，否则就不值得。而欧洲人已经建立的贸易网络是无可匹敌的。

反观中东国家，伊斯兰教法在继承制度、企业制度等方面的制度障碍一直没有解除。到了 19 世纪，面对西方列强的竞争，情况变得尤为严重——中东地区没有一种组织形式可以转变为大规模的商业组织（没有股份公司、法人公司），处于一盘散沙状态的中东企业无法与西方大企业竞争。

不仅如此，穆斯林统治者的搭便车行为（free riding）使本来有可能实现的制度模仿和赶超也被放弃了。统治者可以看到本国商人所遇到的障碍。但出于自身利益，他们没有实施改革来重振竞争力，而只是满足于继续与西方人做生意，间接从西方制度中受益。

如果追溯西方商业优势的起源的话，我们可以找到西方商业组织的早期形态。地中海贸易因西方人而兴起，因为他们发展了所需的组织技巧。商人们在中世纪的商业和政治环境下组织了起来，建立了商人控制的城邦（意大利）和行会组织（遍布全欧）。这些组织培育了远程贸易所需的必要条件，否则孤立无援的欧洲商人是很难在异国他乡找到司法公正、保护自己的人身和财产安全的。随着时间的流逝，他们将这些组织经验传播到中东和世界其他地方，因而有能力组织起集体的谈判和报复行动。

反观伊斯兰世界，那里虽然有"马格里布商帮"那样的非中心化声誉联盟（Greif，2006），却没有中心化的商人行会组织。强大的国家政权和相对统一的伊斯兰法律制度减少了建立行会组织和集体行动能力的激励。从最根本上来说，伊斯兰世界的相对衰落或许可以归结为国家过度强大导致的民间商业组织失活的缘故。

四、传统信托与政治制度

Kuran 教授的第四场讲座的题目是："中东政治的不发展：伊斯兰瓦克夫（waqf）制度的影响"。无论是出于何种原因，世界各国的经济、政治发展轨迹之间是有联系的（表 14）。经济发展水平和政治发展水平一般是正向相关关系。现代以前的中东缺少能够控制大量资本的永久性私人机构，它的企业组织非常不适应于现代商业和金融发展的需要，这导致了长期的经济和政治后果。

表 14　2013 年世界各国经济和政治发展指标对比

（后三项指数为 0–10 分，标准化并按人口加权）

国家或国家集团	出生时的预期寿命	购买力平价人均收入（美元）	政府清廉指数	法治指数	公民自由指数
非洲（非阿拉伯世界）	57.6	5160	3.1	3.5	4.2
印度	66.2	5410	3.6	4.8	7.0
中东	70.3	14837	3.1	3.8	3.4
阿拉伯联盟	68.7	13806	3.0	3.6	3.1
伊朗	73.8	15586	2.8	3.2	2.5
土耳其	74.9	18975	4.9	5.1	5.5
OECD（除土耳其）	79.8	38045	6.7	7.4	9.6

资料来源：Transparency International, World Bank, Freedom House (2012-2013)

前文已经讨论过伊斯兰世界的传统商业组织，而在这一讲中，Kuran 教授转向另一种伊斯兰传统制度——瓦克夫（Waqf），它的作用是永久性地为社会提供公共物品。瓦克夫，阿拉伯语意为"保留"、"留置"，是以奉献给真主安拉的名义将产业的所有权永久冻结，明确限定了用益权专门用于符合伊斯兰教法规定的宗教与社会慈善事业。它由一个委托人设立，以托管委托人捐献给公益事业的财产（多包含不动产），该项财产的收益用于委托人所规定的目的，不得改变用途。大到清真寺、医院、学校，小到一口水井，瓦克夫制度融入了伊斯兰社会生活的方方面面，它的本质是以私人投资为社会可持续地提供公共物品。

瓦克夫有两种形式。一种是原所有人从一开始就明确宣布，将其部分土地或产业的收益捐赠给宗教慈善事业（如用于兴建清真寺、学校、医院、浴池等），称为公益瓦克夫。另一种是原所有人宣布，将其部分或全部土地或产业首先留归自己的子孙后代享用，直到没有合法受益人时，再用以赈济贫民和需求者，称为家庭瓦克夫或私人瓦克夫。

瓦克夫是一种没有法人地位的信托组织，设立者将不动产捐赠出来用以永久资助一项指定的公益服务。在中东国家，瓦克夫是社会公共服务的主要提供者，包括那些在西方通常是由公司来运营的公共事业。瓦克夫提供的社会服务包括任何伊斯兰教法允许的公共事务，如清真寺、学校、医院、灯塔

图 28　驿站 Saruhan caravanserai（1249），土耳其 Avanos

等。这种制度安排允许公共物品的私人供给，在今天这一般是由政府来提供的。

图 29　爱资哈尔大学和牛津大学

图注：左图是埃及开罗的爱资哈尔（Al-Azhar）学院和大清真寺（975），右图是英国牛津大学（1096）万灵学院（All Souls College）

图 30　Al-Mustansiriyya 学院 (1236)，伊拉克

图 31　古兰经学校 Sabil-kuttab Nafisa Al-Bayda（1796），埃及开罗

图 32　马其顿 Tetova 的 Alaca ("彩绘") 清真寺（1438）

图 33　一处公共饮水泉（18 世纪），土耳其 Safranbolu

图 34　Seyit Battal Gazi 慈善中心 (1208，重建于 1511)，土耳其 Eskisehir

（一）瓦克夫制度的起源

在古兰经中并没有提到瓦克夫制度，但有一条圣训指出"伊默·伊本·凯希塔伯在开伯尔拥有土地，他向先知穆罕默德征求土地的处置意见，穆罕默德认为如果凯希塔伯愿意的话就把土地的利益拨作慈善用途"。瓦克夫最早的可靠证据来自8世纪，它被设立用来为富有的官员提供物质上的保障。其制度规定包括：捐赠的财产中必须包括不动产；除非有特别许可，其设立者必须是穆斯林，但受益人的宗教信仰不限；所提供的社会服务必须符合伊斯兰教法的规定，尤其是不能反对伊斯兰国家政权。

中东国家的瓦克夫制度与西方国家的法人企业具有一定的相似性，但也存在着根本的不同：瓦克夫组织不具备法人地位。西方国家法人企业的法律源头可以追溯至罗马法中的信托法人（trust corporation）。公元560年，东罗马帝国皇帝查士丁尼一世完成了罗马法的成文化（图35）。在此前后，罗马法已经长期影响着罗马帝国境内的各地区，包括地中海东岸地区。公元622年，伊斯兰教开始在阿拉伯半岛兴起。在一开始，犹太教和基督教曾给伊斯兰信仰打上了深刻的烙印。当伊斯兰教随着阿拉伯帝国的扩张进入地中海沿岸地区时，罗马文化的成分也融入进来。可是随着帝国的进一步扩张和中央集权的巩固（700—900），中东国家走上了一条与西方不同的"强国家、弱法治"的发展道路，两个文明的制度大分流由此开始（图36）。

图35　查士丁尼推动的罗马法的成文化（560）
（图为美国内布拉斯加州议会外墙浮雕）

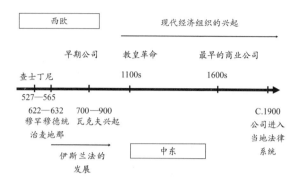

图 36　中东与西方在组织上的大分流

如果说西方的法人企业是为了在弱政府下提供秩序，那么中东的瓦克夫则是为了在强政府下保护资产，是对中东国家脆弱的产权制度的创造性适应。

（二）瓦克夫制度的优缺点

瓦克夫制度是最接近于现代信托制度和非营利组织的伊斯兰传统制度，它的公益性和生存寿命令人称奇，并且是一种自我执行的制度。这些特点在中世纪的"黑暗"时代显得十分突出，反映了穆斯林的高尚品格和契约精神。瓦克夫制度在缺乏政府责任意识的前现代社会为民众提供了大部分的公共物品，可谓功德无量。不仅如此，它还是一种对有关各方都比较有利的"多赢"制度。对国家来说，瓦克夫避免了让政府提供社会服务的要求；对教士阶层（Ulama）来说，作为绝大部分清真寺、学校、医院瓦克夫的管理者，他们可以合法地分享瓦克夫收益所产生的租金；对土地所有者来说，通过设立家庭瓦克夫，让自己的子女成为受益人，就可以在继承过程中保全地产、减免遗产税；而一般群众则可以从瓦克夫得到从摇篮到坟墓的充分的社会服务。

瓦克夫制度也有一些制度上的缺陷。由于瓦克夫的目的在于保护公共资产不受专制政府的侵占，因而有意设计了僵硬的制度，使任何人都不可能改变资产的用途和产权。由于公益瓦克夫留置财产的方式永久性地冻结了所有权，禁止了处分权，限定了用益权，加之经营管理不善，逐渐会丧失财产的使用价值。而禁止买卖、转让瓦克夫的规定，使公益瓦克夫转变为清真寺的宗教公产，又使这部分财富不能进入流通领域，不利于社会经济的发展。据1925年土耳其政府的调查，清真寺占有的土地，在土耳其占全部可耕地3/4，在阿尔及利亚占1/2，在突尼斯和埃及，分别占1/3和1/8。家庭瓦克夫实际上是对伊斯兰教继承法的某些缺陷和分配制度的不合理所作的一种习惯调整。它的弊端是，有的被继承人以慈善捐赠的方式，将大量财产转让给非亲非故的外人（瓦克夫赠予数额不受限制，可赠予任何人），或者排除部分亲属的受益权，从而损害了部分合法继承人的权益。瓦克夫制度的消极性和混乱性，早已引起广大穆斯林民众的不满，但在中世纪，他们所能做的只限于习惯调整，各地都出现了变相租赁和买卖"义地"的现象。

瓦克夫是伊斯兰教法中与永久性法人组织最接近的制度，有点类似于现代的信托基金，看似也有可能发展为管理大量资本的、类似于现代公司的组织，甚至还类似于现代的非营利组织、有潜力成为构成现代公民社会的细胞和基石，但它却不可能承担现代企业或非营利组织在市场经济和民主政治中所承担的角色。正好相反，瓦克夫从私人商业中抽离了大量资本，固化于受到严格限制的职能，而且由于它不是利润最大化的，也不需要争取资助者的支持，所以有逐渐失灵的自然倾向。

1000多年来，瓦克夫并没有帮助伊斯兰世界实现它的经济和政治现代化，这是为什么呢？Kuran（2013）教授认为，与罗马法律中出现的信托公司制度旨在调节委托人和代理人之间的利益关系不同，伊斯兰法律中的瓦克夫制度是为了对抗强大的国家政权对公共财富的掠夺。为此，瓦克夫制度为财产的管理和使用规定了严格的要求，使其缺乏灵活性，不能成为一般商业经营的制度工具。在瓦克夫制度中，财富无法灵活地流转和重组，也就不能成为追逐利润最大化的经营资本，大量社会财富陷入僵化和沉睡状态。另一方面，瓦克夫组织亦无法像现代的 NGO 或 NPO（非政府组织／非营利组织）一样促进社会的民主化，因为它的章程严格地限制了设立者、管理者、受益者的行为只能紧紧围绕其最初的提供公共服务的目的，无法为公民政治参与提供制度保障。因此，瓦克夫在经济和政治两方面都不能起到现代社会组织如公司和非营利机构所起到的作用。相反，它助长了财富的固化、权贵的腐败、政府的不作为，贬低了法人组织的自治能力。现代的瓦克夫制度已经针对这些缺点进行修正，从而在公众参与度和管理灵活性上更接近于现代公司和非营利组织。这个例子说明，哪怕是看上去相近的制度，由于一些微妙的原因，对经济和政治发展所起到的效果也不一定相同。

瓦克夫的不灵活性表现在它无法为 19 世纪的中东城市提供像街灯、自来水管道、马路、人行道那样的新型市政服务的事例上。工业革命开始之后，欧洲城市生活水平逐步提高，而外国侨民和富有的本地居民对这些新型市政服务的需求也在中东国家兴起。在西欧，市政服务是由市政厅提供的。市政厅是一种非营利的法人企业，具有以下特点：它是自治（self-governing）的法人，由可替换的市长来管理；有征税权，可以制订自己的预算；有立法权和行政权。可以说，市政厅是现代民主政府和股份公司的混合体。然而，由于瓦克夫制度非常不灵活，也不是自治的、有独立司法权的法人实体，所以市政服务不能由瓦克夫来提供。

为了将瓦克夫制度与现代企业制度和信托制度进行比较，Kuran 教授提出了下图所示的二维模型，接受比较的几种制度都被根据两个维度来分析：管理灵活性（managerial flexibility）和决策参与度（participation in decision making）。如图所示，瓦克夫制度的管理灵活性和决策参与度在几种制度中都是最低的，而法人企业（市政厅就是其中的一种）的管理灵活性与决策参与度都是最高。此外，信托[1]和限定继承（entail）[2]的管理灵活性和决策参与度都介于前面二者之间，它们的决策参与度相当，而信托的管理灵活性比限定继承要低一些。需要指出的是，图中的字母所在的位置不是各种制度的两个维度属性所在的唯一可能位置，两个维度属性的高低程度都可以在一定范围内变动，但基本遵循上面的规律。两个维度中，"管理灵活性"接近于"经营权"，"决策参与度"接近于"所有权"。可以看出，瓦克夫无论在所有权还是在经营权上，都极其不灵活，资产进入瓦克夫形态就犹如捆住了手脚、掉入了黑洞一般缓缓下沉、无法挣脱，这就是瓦克夫制度最致命的缺陷。

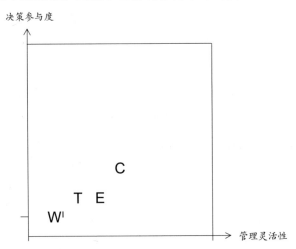

图 37　伊斯兰瓦克夫与法人企业的对比

图注：W^I——伊斯兰瓦克夫，C——法人企业，T——西欧信托法人，E——
　　　限定继承

---

[1] 信托在这里指的是以财产为基础成立一个独立法人，在章程规定的年限内交由第三方托管。设立人可以指定信托法人的受益人，但受益人一般无资产管理权，所以他的决策参与度较低（信托的受益人不由自己决定），管理灵活性也较低（无管理权）。
[2] 限定继承（entail）在这里指的是限定遗产（尤指地产）的继承顺序，各继承人按顺位依次继承。继承人在继承遗产后，对财产具有较高的管理灵活性，也就是说，除去一些特殊的损毁财产的情况外，继承人对财产是可以按自己的意愿经营的；继承人对限定继承财产具有较低的决策参与度，这是因为继承人不能参与继承顺位的决定，即使已经继承，也无法更改它。

（三）瓦克夫制度的经济重要性

瓦克夫组织在中东国家经济中的地位一度十分重要。它占有了大量的土地和不动产，享有巨大的收入和减税特权，为公众提供了持续的公共服务和就业机会。关于它在经济上的重要性，可以从下表所列的资料中略见一斑。

表 15 瓦克夫组织在经济上的重要性

文献来源	地点	年份	返还给瓦克夫的税收占比	瓦克夫资产	估计方法
Ubicini, 1853	土耳其	1800		3/4 的地产	统计政府意见书、公报等
Behrens-Abouseif, 2002	埃及	1517		半数土地	奥斯曼帝国土地调查
Berque, 1974	阿尔及尔	1830		市区的半数建筑	法国土地调查
Deguilhem, 2004	大马士革及其周边	1922		超过半数的不动产	历史学家的印象
Barkan and Ayverdi, 1970	安纳托利亚（土耳其）	1530	27%		抽样统计
Yediyıldız, 1984	安纳托利亚	1601—1700	26.8%		抽样统计
Öztürk, 1995	安纳托利亚	1801—1900	15.8%		抽样统计

瓦克夫被认为是神圣的，统治者不太可能会没收瓦克夫的资产，所以它对瓦克夫设立者会带来物质上和精神上的双重利益。设立者可

以指定他自己作为瓦克夫的终身管理者，他有权设定报酬、任命下属和指定继承人。在奥斯曼帝国，瓦克夫的设立者可以是一位政府官员，甚至可以是皇室统治家族的成员。统治王朝的皇室成员可以通过设立瓦克夫来让自己的名字流芳百世，因为瓦克夫的预算不会被后来的统治者削减。历代统治者建立了以自己名字命名的大学、医院和清真寺等公共服务设施，这些设施都以瓦克夫的方式运作了数百年，没有中断。

图 38　许蕾姆皇后（Haseki Sultan）瓦克夫建筑群入口，耶路撒冷（1552）

图 39　艾哈迈德一世学院（1610），伊斯坦布尔图注：后为艾哈迈德一世学院（1610），前为许蕾姆皇后浴场（16 世纪 40 年代）

图 40　苏莱曼二世（1520—1566）瓦克夫建筑群，伊斯坦布尔

图 41　拜伯尔斯（Baybars）学院及陵墓 (1277)，叙利亚大马士革

（四）瓦克夫制度的政治影响

在前文中对中东与西方制度大分流的原因已经有所讨论，但多是从经济制度方面考虑。这里要提出的是政治制度方面的原因，也是这一制度大分流的近因或直接原因：受外国力量支持的独裁统治者的抑制性政策。现在的问题是：为什么这种政策一直持续？

是因为宗教？文献认为它应该为此承担责任，但到底是什么具体的因素阻碍了变革？许多学者认为伊斯兰教国家是其中一种因素。例如 Chaney（2012）对阿拉伯帝国早期征服的论述和 Blaydes and Chaney（2013）对马穆鲁克国家的论述都可以提供一些线索。这里 Kuran 教授要强调的是另一方面的因素：非国家行动者的角色。

Kuran 教授认为，非国家行动者通过参与政治权力制衡影响国家能力和民主化进程。尽管民主化具有多样性——通向民主的道路是多种多样的，但无论哪种民主化道路，都包含着有组织的社会集团之间的斗争。瓦克夫是在伊斯兰教法中与永久性私人自治组织最接近的制度，除它以外再别的非国家行动者能够成为民主化的推动者。然而，尽管瓦克夫与现代企业和非营利组织如此相像，但它却未能成为穆斯林公民社会的基石和表达意见的管道。这就产生了一个重大的谜团：瓦克夫为广大群众提供了公共物品、就业机会和收入，控制了大量资源，但在政治上却无足轻重，为什么呢？

Kuran 教授认为，在政治上保持着无权地位的瓦克夫从 4 个方面阻碍了民主化，产生了病态的政治生态。这四个方面是：对自治能力的局限、对公众参与的障碍、对形成政治联盟的障碍、司法腐败。

1．对自治能力的局限

瓦克夫制度最大的特点就是不得改变财产用途和产权。一方面，管理者必须遵守瓦克夫的行为规范，专注于管理资产，提供服务，但却不能对变化的机会、需求和相对价格作出反应，也不用对组织的成员（包括投资人和员工）负责。这些都降低了他发挥企业家才能，改善管理的正面和负面激励。另一方面，受益人无权要求瓦克夫变更和改善其服务职能，而只能被动地接受服务，这使得作为需求方的服务消费者也不能为瓦克夫的改善提供激励。因此，如此僵硬的瓦克夫制度限制了穆斯林民众的社会自治能力，也就不足为怪了。

2．对公众参与的障碍

同样由于瓦克夫制度本身的局限，其管理者没有披露信息的义务；受益人也无权获得管理层的信息披露，而且缺乏低成本的渠道来对管理层及其服务质量表达不满；从治理结构的角度来看，也缺乏理事会之类的公共的平台来讨论瓦克夫的管理事务。所有类型的民主制度都强调公众参与，这是通过持续的政治行动，而非偶然的群体抗议活动实现的。显然传统瓦克夫制度不能胜任促进公众参与的任务。不仅如此，传统瓦克夫制度对民主化还具有长期的负面影响：它无法培养民主政治领导人、政治磋商机制、政治联盟技巧等，并使公共话语变得贫乏无力。

3．对形成政治联盟的障碍

瓦克夫被要求独立于公共事务的讨论，有组织的政治游说活动是不合法的，会违背瓦克夫不得参政的禁令。所以瓦克夫中没有持续存在的政治联盟。

4．司法腐败

瓦克夫制度的僵化低效给穆斯林民众的生活带来了许多痛苦和不便。为了规避这一制度的不利影响，人们不得不采取不合法的手段（如贿赂）来达到目的，从而引起了合理却不合法的司法腐败现象。腐败风气既开，甚至有法官利用自己对瓦克夫变更功能申请的否决权索取贿赂。尽管如此，瓦克夫受益人进行贿赂所获得的净收益仍然可能大于 0，这使得与瓦克夫有关的司法腐败现象蔓延不绝。

瓦克夫制度给合法的调整留下的空间十分有限。一些中东学者说，对瓦克夫规则的规避取代了合法的变更，而且这成了瓦克夫制度调整的主要形式。虽然同样能够达到变更瓦克夫经营方针的目的，但这两种方法的长期影响不同。如果总是通过规避对现存规则的遵守实现灵活的管理，那么新的规则就不能正式确立，久而久之，人们就会对现存的规则和新的规则都失去敬畏，从而阻碍现代法治社会的发展。如下图所示，非法获得的管理灵活性被视为一种越出瓦克夫本分和界限的"腐败"，事实上，鉴于瓦克夫组织内裙带关系的普遍性（反映了从人格化交易向非人格化交易转变的不完全），一个通过规避规则而获得更多收益的瓦克夫领导家族成员将很可能从瓦克夫得到与贡献不成比例的利益。

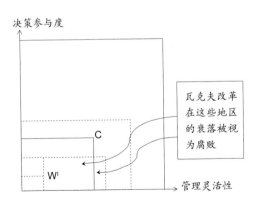

图 42　瓦克夫的腐败

进入 19 世纪，随着工业革命和新战争技术的发展，西方和中东国家之间的实力均衡被破坏了。欧洲的军事威胁越来越迫在眉睫，对政府提供公共物品的需求出现了。要回应这些挑战需要大量的财政资源。于是改革者转向沉积了大量固定资产的瓦克夫来获取金钱

在 19 和 20 世纪的一波又一波改革风潮中，改革者将大部分现存的瓦克夫国有化。而公共物品开始更多地由市政厅等官方机构提供，一般以法人企业为组织形式。在这个制度变迁的过程中，瓦克夫制度的基础削弱了，因为中东国家已经有了更强的私有产权，其他的投资渠道，并且已经认识到瓦克夫制度的无效率。

（五）瓦克夫制度的政治遗产

瓦克夫制度的政治遗产包括两方面。

在制度上，瓦克夫留下了一个弱法治的弱公民社会，在这个社会中，私营企业仍然像瓦克夫制度形成和发展的时期那样容易受到政府的剥夺。

在行为上，存在顽固的裙带主义和腐败，对制度的信任度低。

现代瓦克夫制度是在继承传统瓦克夫制度好的一方面、修改不好的一方面的基础之上，根据现实的情况设计的。在下图中，我们看到现代瓦克夫在管理灵活性和决策参与度两方面都有了较大的提高，越来越接近于今天的企业或社团法人。这种制度的跃迁说明，传统的制度在改变其内涵后，是可以与现代制度相互融合的，不过这种翻新的传统制度实际上也只有名字和部分精神是与过去真正的传统制度一脉相承的，而其他很多本质性的方面其实已经变了。

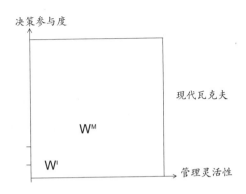

图 43　现代瓦克夫制度与传统形式的比较

在一些地方（如土耳其和伊朗，但没有埃及），新的瓦克夫法律已经通过。新瓦克夫法律的特征是：1. 新的瓦克夫也被定义为法人组织；2. 可以通过资源池（pooling of resources）的形式来组建，而不一定要求必须以一处不动产为基础；3. 建立了自治而较为开放的治理结构，由理事会管理；4. 解除了"非政治化禁令"，可以参与游说活动，但不能支持特定政党。

中东国家的瓦克夫发展路线和历史不是完全一样的。19 世纪以前，唯一持续鼓吹放松瓦克夫规则限制的公众运动发生于土耳其（16 世纪），它争取到"货币瓦克夫"（cash waqf）的合法化，使得组建瓦克夫的权利扩展到了商人和放贷人。货币瓦克夫在巴尔干半岛和土耳其得到了传播，但在阿拉伯世界却没有（叙利亚西北部例外）。但是进入现代土耳其共和国之后不久，瓦克夫制度就被共和国政府废除了，传统瓦克夫制度的破坏在土耳其是进行得最快，也是完成得最早的。可能这是因为土耳其的改革早已动摇了瓦克夫的制度根基。

在整个系列讲座中，Kuran 教授的基本观点非常明确，一言以蔽之：传统伊斯兰教法律阻碍了中东国家的经济和政治制度发展。他从若干方面阐述了自己的观点，对现代经济政治制度与伊斯兰教传统制度进行了多方面的比较。

　　Kuran 教授所分享的他的最新研究，从比较制度的层面深入剖析了西方世界与伊斯兰世界之间长达上千年的"长分流"的原因，为我们认识和研究不同制度文化下的政治经济发展提供了借鉴。然而，正如一些论者所指出的，和罗马法由查士丁尼皇帝编纂颁布的情况相反，学派纷纭、没有中央权威的伊斯兰教法律或许更具有灵活性和可调整性（Ghazzal，2012），只是因为缺乏经济发展的压力，所以没能产生足够的制度变迁的需求（Ibrahim，2011），这些传统的制度未能完成它适应于现代经济的自发转化。制度对经济史的影响问题没有简单的答案，Kuran 教授为比较制度研究做出的努力在今后必将激发出更多的深入探讨和真知灼见。

授课老师简介

　　第默尔·库兰（Timur Kuran）是杜克大学经济学教授，研究领域包括经济学、政治学、历史、法律等。代表作有 *Drivate Tiuths, Dublic Lies* 和 *The Long Divergence* 等。

参考文献

[1] 〔美〕彭慕兰：《大分流：欧洲、中国及现代世界经济的发展》，史建云译，南京：江苏人民出版社，2003 年。

[2] Blaydes, L., and E. Chaney (2013). "The Feudal Revolution and Europe's Rise: Political Divergence of the Christian West and the Muslim World Before 1500 Ce." *American Political Science Review*, 107 (1): 16−34.

[3] Ghazzal, Z. (2012). "The Long Divergence: How Islamic Law Held Back the Middle East (review)." *Journal of World History*, 23 (2): 422−426.

[4] Greif, A. (2006). *Institutions and the path to the modern economy: Lessons from*

medieval trade, Cambridge: Cambridge University Press.

[5] Hansmann, H., and R. Kraakman, et al. (2006). "Law and the Rise of the Firm." *Harvard Law Review: 1333–1403*.

[6] Ibrahim, A. F. (2011). "Review of Timur Kuran, The Long Divergence: How Islamic Law Held Back the Middle East (Princeton: Princeton University Press, 2010)." *New Middle Eastern Studies (1)*.

[7] Kuran, T. (2004). "Why the Middle East is Economically Underdeveloped: Historical Mechanisms of Institutional Stagnation." *Journal of Economic Perspectives*, 71–90.

[8] Kuran, T. (2012). "Association Lecture-The Economic Roots of Political Underdevelopment in the Middle East: A Historical Perspective." *Southern Economic Journal*, 78 (4): 1086–1095.

[9] Kuran, T. (2012). *The long divergence: How Islamic law held back the Middle East*.Princeton, NJ: Princeton University Press.

[10] Kuran, T. (2013). Institutional Roots of Authoritarian Rule in the Middle East: Political Legacies of the Islamic Waqf.Durham, Nc: Duke University.

[11] Kuran, T., and J. Rubin (2014). "The Financial Power of the Powerless: Socio-Economic Status and Interest Rates under Partial Rule of Law." Available at SSRN.

[12] Kuran, T., and S. Lustig (2012). "Judicial biases in Ottoman Istanbul: Islamic justice and its compatibility with modern economic life." *Journal of Law and Economics*, 55 (3): 631–666.

[13] Lamoreaux, N. R., and J. Rosenthal (2005). "Legal regime and contractual flexibility: A comparison of business' s organizational choices in France and the United States during the era of industrialization." *American law and economics review*, 7 (1): 28–61.

[14] North, D. C. (1987). "Institutions, Transaction Costs and Economic Growth." *Economic Inquiry*, 25 (3): 419–428.

[15] North, D. C., and B. R. Weingast (1989). "Constitutions and commitment: the evolution of institutions governing public choice in seventeenth-century England." *The journal of economic history*, 49 (4): 803–832.

[16] North, D. C., and J. J. Wallis, et al. (2009). *Violence and social order: A*

conceptual framework for interpreting recorded human history. New York: Cambridge University Press.

整理人：何国卿，清华大学社会科学学院

走出"马尔萨斯陷阱"

——早期欧洲经济崛起与国家能力形成 [1]

Joachim Voth

引 言

马尔萨斯在第二届量化历史讲习班上，Joachim Voth 教授做了三场分别题为"马尔萨斯机制 I：死亡与欧洲早期分流的起源"（Malthusian Dynamism I: Death and the Origins of Early European Exceptionalism），"马尔萨斯机制 II：生育与欧洲早期分流的起源"（Malthusian Dynamism II: Fertility and the Origins of Early European Exceptionalism）[2] 和"战争与国家能力"（State Capacity and Military Conflict）的讲座。

在前两场讲座中，Voth 教授从欧洲独特的政治、地理因素的角度对早期欧洲走出马尔萨斯陷阱给出了解释：为什么是欧亚大陆板块上的一隅——西欧，成功实现了经济增长，而不是东欧或者亚洲的其他部分？东西方同样都遭受过瘟疫的外部冲击，为什么对欧洲人口死亡率的影响

---

[1] 本文根据 Voth 教授在第二届清华大学量化历史讲习班上所做的讲座录音、课件、涉及文献整理。其中图片表格来自 Voth 教授随堂使用的课件。文中出现的误读及其他不当之处均由笔者负责。

[2] 这里的 Early European 可译作"早期欧洲"，指从 14 世纪黑死病大爆发之后至 18 世纪工业革命前的一段时期。

是持续的？欧洲哪些特殊的因素与瘟疫的外部冲击结合在了一起，最终引发了持续性的影响？这两场讲座中，Voth 教授分别用"三驾马车效应"和"欧洲婚姻模式"来作出解释，认为早期欧洲死亡率的持续提高和出生率的不断下降，并不是来自黑死病随机性的外部冲击，而是欧洲独特的政治、地理因素与瘟疫的外生冲击相互作用的结果，因为早期欧洲有这些独特的政治、地理因素存在，所以当外生的瘟疫冲击袭来的时候，欧洲社会才会出现不一样的变化。在这些因素的作用下欧洲人口总量的持续性减少，在需要太多技术进步的条件下增加了人均收入水平，使西欧逃出"马尔萨斯陷阱"，实现了早期的现代增长，将世界其他部分远远甩在了后面，实现了欧洲的"早期分流"。

这三场讲座进一步关注了"早期分流"中的欧洲内部分化问题，也就是"战争"在国家能力分化过程中的重要作用和适用条件：为什么说战争会造成 16 世纪之后欧洲国家能力的强弱分化；内部的机制和条件是什么；对于 16 世纪之后欧洲国家能力形成的过程中，战争的作用被一再强调，但为什么有些国家在战争的推动作用下国家能力逐步增强进一步通过发动战争蚕食其他国家，而有些国家在战争中逐步丧失国家能力最终退出了历史舞台。Voth 教授通过模型分析并通过历史数据的验证，说明了战争对欧洲国家能力强弱分化过程中的重要作用，其中财政能力在战争胜负中的重要性的程度和一个国家初始的同质化程度是两个重要的因素，Voth 教授的结论概括来说，在军事技术革新（火器的大规模运用）之后，财政能力的强弱开始主导战争的胜负，同质化程度高的国家更有利于统治者控制税收和进一步加税，通过加强国家能力建设进一步获得更强的财政能力，更倾向于发动战争和进一步加强国家能力建设。

除了课上的三次讲座，通过课下交流[1]，Voth 教授还与同学们分

---

[1] 这部分的观点主要来自课下与 Voth 教授的提问和一次专门采访。

享了许多对经济史和经济增长的观点。

一、马尔萨斯机制 I：死亡与欧洲早期分流的起源 [1]

直到 1400 年，欧洲没有表现出任何领先于其他地区的迹象，亚洲的中国却拥有统一的国家、完备的官员选拔体系、更多的有用的发明创造，处于经济发展的领先地位（Mokyr，1990; Pomeranz，2000）。但是到了工业革命前的 1700 年左右，欧洲在人均收入和城市化率方面远远超过了世界其他国家和地区，即在工业革命带来的"大分流"之前东西方经济已经开始了经济发展的早期分化（Broadberry and Gupta，2006; Diamond，1997）。经济发展的早期分流本身就是一件意义重大的事情，比较高的人均收入水平被认为是欧洲全球殖民和之后工业革命爆发最终走出"马尔萨斯陷阱"的重要原因（Diamond，1997; Galor and Weil，2000; Hansen and Prescott，2002; Voigtlander and Voth，2006），而且有研究表明早期的经济发展与现在经济水平有很强的相关性（Comin，Easterly and Gong，2010）。Voth 教授强调，正是因为工业革命前早期经济分化现象的重要性，研究哪些因素造成了早期经济分化显得尤为必要。

在马尔萨斯经济中，工资率（生活水平）的任何上升都会被人口增长吞噬掉，如图 1 所示，当人口下降的时候实际工资率会上升，当

---

[1]　第一讲的主要内容来源自 Voth 教授的三篇文章 "Why England? Demographic Factors, Structural Change and Physical Accumulation during the Industrial Revolution." *Journal of Economic Growth*,2006; "Three Horsemen of Riches: Plague, War and Urbanization in Early Modern Europe." *Review of Economic Studies*, 2013; "How the West Invented Fertility Restriction." *American Economic Review*, 2013。本部分的数据和观点来自 Voth 教授课上的 PPT，如有其他未注明出处的数据和图标，均来自 "Three Horsemen of Riches: Plague, War and Urbanization in Early Modern Europe."*Review of Economic Studies*, 2013。

工资率上升的时候人口开始增长，这时工资率紧接着出现下降。按照马尔萨斯"工资铁律"的描述，马尔萨斯经济中的人均收入将会一直处于维持最低生存的水平上。但是根据 Maddison（2007）的数据，西欧的人均收入在 1500—1700 年间增长了 30%，城市化率也有大幅的提升，最成功的经济体在收入和城市化率方面都涨了一倍以上（图 2）。这些违反马尔萨斯规则的客观事实应该引起大家的思考，Voth 教授向同学们提出了一个核心的问题，是什么原因促使早期欧洲国家走出了"马尔萨斯陷阱"，实现了人均收入的持续增长？

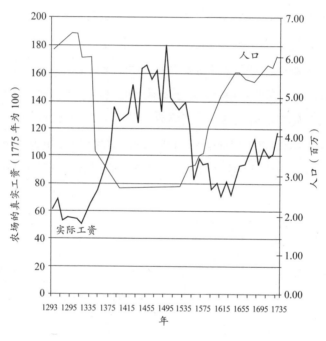

图 1　英国人口与实际工资变动趋势（1250—1750）
资料来源：Clark(2001，2002)

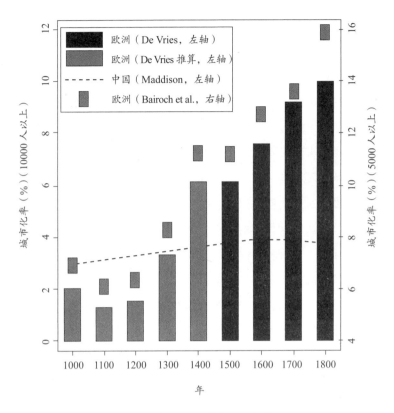

图 2　中国和欧洲的城市化率

　　Voth 教授向同学们介绍，对于早期经济分流原因的问题，学术界已经有很多解释，例如，Kremer（1993）和 Galor and Weil（2000）认为人口数量和质量的禀赋优势所造成的思想和技术的创新优势是重要的原因；Diamond（1997）认为早期欧洲特殊的地理因素，使欧洲比美洲和非洲拥有更优良的谷物作物和家畜品种，曲折的海岸线促成了政治上的分裂竞争等，这些禀赋的优势是经济分流的重要原因；Acemoglu et al.（2002，2005）分别从大西洋贸易和拿破仑两个角度描述了欧洲早期较好的制度是导致早期经济分流的主要原因。

　　Voth 教授认为，这些研究能够在一定程度上解释早期经济分流的原因，但他认为最重要的原因还是人口学上的变化——即死亡率的持续上升和出生率的持续下降。Voth 教授提到，最早提出死亡率上升的冲击造成了人均收入增长这一观点的并不是他，而是 Lagerlof（2003），Brainard and Siegler（2003），Young（2005），Clark（2007）等人。但他认为，黑死病的外生冲击当然是关键的，但这种冲击是随机的，世界上其他许多地区也曾经频繁遭受瘟疫侵袭，大量人口死于流行病，从这个意义上来说黑死病只是一种常见冲击，所以我们需要一个故事，来说明为何黑死病的冲击在欧洲带来了与众不同的作用。Voth 教授认为，这是欧洲独特的政治因素、地理因素与瘟疫外生冲击之间相互作用的结果，这种相互作用的机制非常关键，能够把瘟疫带来的死亡率下降持续下去，以一种不同于其他地区的方式造就了欧洲经济与其他地区之间的分流。

欧洲独特的政治、地理因素，具体包括政治上的分裂、更多的宗教断层、更多的山脉和河流阻隔等，这些都是引发欧洲持续频繁战争和死亡率居高不下的原因，再加上发达的贸易和极不卫生健康的城市，加剧了疾病的传播和死亡率的高位持续。如果不存在这些独特的因素，黑死病对欧洲的影响也应该和瘟疫对其他地区的影响一样——死亡率不会持续维持在高位，也不会走出"马尔萨斯陷阱"。

表 1　16—19 世纪欧洲的战争数量及下一年战争的比例

世纪	数量	下一年战争的比例
16	34	95
17	29	94
18	17	78
19	20	40

资料来源：Tilly(1990)

Voth 教授根据 Tilly(1990) 的数据给出了欧洲 16—19 世纪的战争，可以看到 16—19 世纪的大多数年份里欧洲都处于战争之中，而且大部分战争都会牵涉到 3 个或更多的国家。如图 3 所示，随着火器技术的不断提升，战争的残酷性和对人群的波及都被提升到了前所未有的程度。战争本身会直接杀伤士兵，但由战争引起的瘟疫对平民人口的冲击更为重要，15 世纪后的战争最重要的影响是对平民的影响：1580—1600 年法国因为战争损失了 20% 的人口，三十年战争期间德国损失了近三分之一的人口（大多死于鼠疫、伤寒或天花），拿破仑战争期间伤寒是最高的致死原因。疾病和战争两个因素结合到一起，使欧洲人口的死亡率一直居高不下。如图 4 所示，这一时期，欧洲的预期寿命从 16 世纪末的 40 岁左右，下降到 18 世纪中期的不足 30 岁。

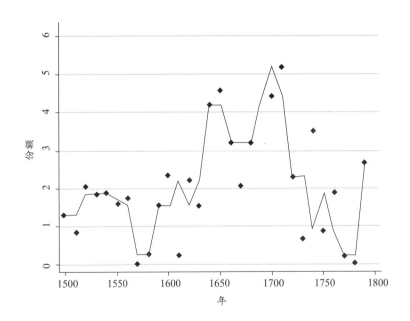

图 3　战争波及的欧洲人口百分比

资料来源：战争数据来自 Levy（1983）；人口数据来自 Maddison（2007）。数据点代表十年平均。实线是每个数据点和其两个相邻点的中位数值。

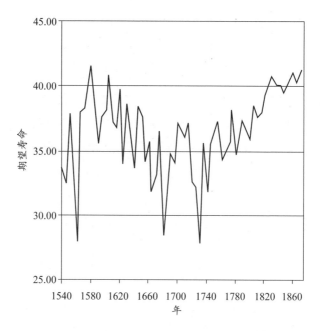

图 4 期望寿命的下降

资料来源：Wrigley and Schofield (1981)

　　欧洲的城市化和繁荣的贸易也是将死亡率推向高位的重要推手。由于战争频繁发生，城市化提升一方面有利于扩大税收等战争基础，另一方面城市在战争中通常能为市民提供更好的保护，早期欧洲在频繁战争的推动下城市化率不断提高。但是早期欧洲城市的卫生条件极差，不像东方的日本和中国的城市那样拥有污水排放系统和粪便归集系统，城市疾病肆意传播，死亡率高于农村很多，再加之欧洲城邦之间频繁的贸易往来，更加剧了致死疾病的传播。Voth 教授用城市化率作为疾病通过贸易和战争传播的代理变量，说明了贸易和战争引发的疾病传播对死亡率的贡献（表 2）。

表 2 城市化率与死亡率的相关性

	欧洲	荷兰	意大利	英格兰
年			城市化率（^nM）	
1300	3.0	6.6	12.7	2.2
1700	9.2	33.6	13.4	13.3
	城市"惩罚率"		死亡率与城市化率的 相关性（%）	
1300	Δd_M=50%	.05	.10	.10	.03
1300	Δd_M=80%	.07	.16	.30	.05
1700	Δd_M=50%	.14	.50	.20	.20
1700	Δd_M=80%	.22	.81	.32	.32

资料来源：1700 年城市化率来自 Vries（1984）。
1300 年的数据根据 Vries 的数据推算。

表 3 中国城市与农村死亡率对比

	q_0	$_4q_1$	e_0	e_1	e_5	e_{15}	e_{15-35}
中国宗族，男性（1）							
城市	182	107	34.3	41.0	41.7	33.8	14.4
农村	206	120	35.5	43.6	45.4	37.8	14.1
北京精英 1701—1750（2）							
女性	104	281					
男性	144	271					
北京 1929—1933（3）							
男性	173	174	40.9	48.3	54.1	48.9	17.1
女性	170	180	36.1	42.4	47.1	42.1	11.4
中国农村 1929—1931（4）							
男性	162	230	34.9	40.3	47.6	43.9	13.4
女性	155	232	34.8	39.7	47.0	42.8	11.5

课上 Voth 教授特地就这些因素作了中国与欧洲的对比，数据显示中国在 14—18 世纪期间的 432 年中只有 91 年有战争，仅为 20%，远远低于欧洲 70%—90% 的水平，而且这些战争多是地区性的冲突。中国城市良好的城市管理、以蔬菜为主的饮食以及地区间分割性强的特点，造成中国城市人口与农村人口之间死亡率没有明显的差别（表 3）。

因此 Voth 教授总结，瘟疫、战争和城市化三者相互作用的机制——"三驾马车效应"[1] 是促使早期欧洲经济跨出"马尔萨斯陷阱"，走向经济发展分流的主要原因。从数据上来说，城市人口的死亡率是农村的 1.5—2 倍，战争的死亡率通常是 2.0%—3.5%，军队经过的地方由于瘟疫等传播，死亡率通常会提高 30%—50%，贸易带来的人员和物品的流动也会在不同程度上因为疾病的传播而提高死亡率。综合这些因素，城市化、战争和贸易三个因素合起来，可以将瘟疫之前欧洲总人口自 3.5% 的死亡率抬高并维持在 4.5% 的水平上。

紧接着 Voth 教授通过模型数据的校准，向同学们演示了上述机制发生作用的过程，通过数据模拟（图 5），在没有"三驾马车效应"下，单纯的瘟疫带来的外部冲击不足以引起人口的持续性变动，图 6 在存在"三驾马车效应"下，瘟疫、战争和城市化三者相互作用，最终引起了人口数量的持续性下降。在数据模拟之后，Voth 教授通过面板回归验证了模型模拟的部分结论。

––––––––––––––––––

[1] 原文中用的是 "The Three Horsemen Riches"，这里翻译成"三驾马车效应"更符合中国人在谈论对经济增长拉动因素时的习惯。

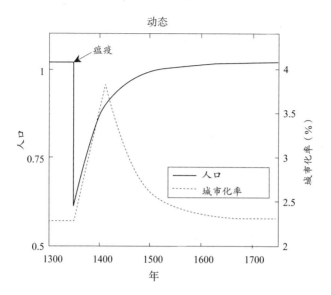

图 5 没有"三驾马车效应"下

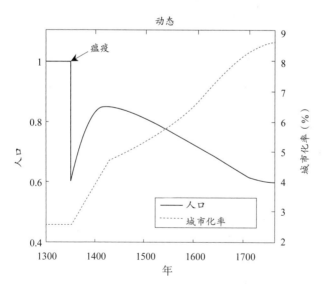

图 6 存在"三驾马车效应"下

Voth 教授强调他对该问题的研究有三个贡献：第一，分析中用马尔萨斯模型来解释永久性的高工资；第二，首次证明了欧洲自身特定的一些因素（政治的和地理的）是造成欧洲"早期分流"的关键性原因，而不是死亡率的外生冲击本身；第三，通过模型的校正和面板回归，量化地分析了"三驾马车效应"对早期欧洲经济崛起的影响，就贡献来讲死亡率持续上升的这条机制可以解释人均收入上升一半的原因（另一半可以用出生率的下降来解释），对死亡率为什么会在外生冲击下持续提高的解释中，认为外生瘟疫、频繁的战争和持续提高的城市化相互作用的机制，才是死亡率维持在高位的主要原因，而不是随机的外生瘟疫冲击本身。

二、马尔萨斯机制 II：生育与欧洲早期分流的起源 [1]

紧接着第一讲，这一讲中 Voth 教授给出了另一半的答案——生育率的持续下降也是欧洲"早期分流"的重要原因。从 16 世纪开始，欧洲妇女的初次婚姻年龄已经显著地高于世界其他国家和地区，英国为 25 岁，法国为 24.6 岁，德国为 26.4 岁[2]，导致所谓的"欧洲婚姻模式（European Marriage Pattern）"，这一婚姻模式的结果是欧洲生育率下降，人口增长速度放缓，生产剩余不断积累，从而使早期欧洲人均收入不断提高，从而得以最先拜托"马尔萨斯陷阱"的束缚。那么为什么欧洲社会会出现这种独特的"欧洲婚姻模式"呢？Voth 教授在这一讲详细进行了论述，认为瘟疫的外生冲击和欧洲特有因素的结合，是促成这种"欧洲婚姻模式"的重要因素，认为在瘟疫的外生冲击下，

---

[1]　本部分的观点和数据多来自 Voth 教授课上的 PPT，如有其他未注明的数据和图标则来自 Voth 教授的文章 "How the West Invented Fertility Restriction." *American Economic Review*, 2013。

[2]　这里的数字来源自 Voth 教授 PPT 中对欧洲 17 世纪结婚年龄的描述，源数据来自 Flinn(1981)。

人口减少带来的劳动力工资提高使畜牧业的生产效率相对于之前低效的谷物种植更高，农场主更愿意发展畜牧业。在发展畜牧业的过程中妇女在生产中的重要性有所提高，更多的妇女选择推迟婚育年龄。

Voth 教授先是梳理了"欧洲婚姻模式"的背景和起源，在欧洲的罗马时代是不存在 EMP[1] 的，罗马时代妇女通常 12—15 岁结婚，即使是基督徒也会在 18 岁结婚，最早期婚姻中妇女没有权力表达同意与否，到 9 世纪左右婚姻需要以双方同意为前提。6—14 世纪的欧洲低婚率的证据不多，但到 14 世纪黑死病之后，EMP 开始变得普遍，一方面妇女的结婚年龄平均要到 26 岁或者更大，另一方面约有 25% 比例的女性终生未婚。到 16 世纪，EMP 在欧洲大多数国家已经变得很普遍。

Voth 教授指出，EMP 普遍出现，长期以来欧洲谷物生产维持在低效率的水平上，如图 1 所示。在黑死病到来之前，欧洲人均收入水平几乎是停滞的（Campbell，2000; Broadberry et al.，2011）。黑死病使欧洲人口锐减了 1/3 以上的人口，由此带来了人均收入的激增，劳动力也变得相对稀缺，1350 年左右工资率大幅上涨。到 1450 年，英格兰的实际工资比黑死病初期上涨了 50% 以上（Clark，2005）。人均收入和工资率的上升使人民更愿意消费高热量的肉类，这种消费习惯的转变可以从很多数据得到验证（Campbell，2000; Dyer，1988）。消费习惯的变化也带来了生产结构的变化。根据 Broadberry et al.（2011）的估算，1348—1555 年间，畜牧业产出增长很快，而农耕业产出增长非常缓慢，畜牧业产出占比从开始的 47% 上涨到 70%。

---

[1] 文中将"欧洲婚姻模式（European Marriage Pattern）"用 EMP 代替。

表 4   黑死病之后农业生产效率

	人均产出						
	小麦 （蒲式耳）	牛奶 （加仑）	牛肉 （磅）	小牛肉 （磅）	羊肉 （磅）	猪肉 （磅）	羊毛 （磅）
1265	4.4	19	7	1	15	8	4
1348	3.8	18	7	1	32	4	8
1550	4.9	52	18	3	54	19	10
1770	4.9	53	17	3	36	19	8
比率 （1550/1348）	1.3	2.9	2.7	3.3	1.7	4.5	1.3

资料来源：Apostolides et al.（2008）

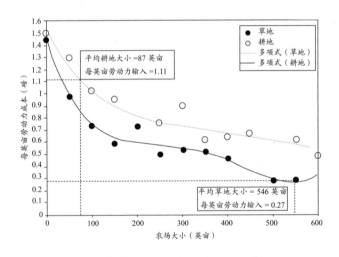

图 7   单位面积农产的劳动力需求

农场主之所欲倾向于畜牧业，有两个原因：第一，出于经济考虑，畜牧业比农耕生产能节约15%—25%的劳动力；第二，畜牧业生产中便宜的女性劳动力可以替代男性劳动力（Allen，1988）。如图7所示，在谷物产量没有有效提高之前，农场面积越大，畜牧业生产越节约劳动力。

从这个角度讲，黑死病的爆发后，女性劳动者的需求上升了。女性在参与劳动推迟婚姻和提前结婚照顾家庭之间"抉择"，最后的结果是相比于黑死病爆发之前，更多的女性参与到了生产中，选择推迟结婚，以获得更好的生活水平。推迟结婚这一件事又在客观上降低了生育率，人口增速放缓，使人均收入水平进一步提高。

接下来 Voth 教授引入了他发表在 *AER*（*American Economic Review*）上文章中的模型，通过模型推导证明了这种瘟疫的外生冲击造成的生育率的持续下降影响。紧接着 Voth 教授用开始于 1541—1837 年的英格兰26 个教区族谱中关于结婚年龄的数据[1]作为被解释变量，用草场生长天数和 DMVs（Deserted Medieval Villages）作为畜牧业生产的工具变量，实证了畜牧业生产与女性晚婚之间的相关性，认为畜牧业越是发达的地区，女性相对的经济地位就越高，早婚照顾家庭的机会成本就越高，因此畜牧业发达程度与女性晚婚呈正比例关系。并且从数量上看，认为这种影响机制是女性第一次结婚的年龄平均程度上提高了 4 岁。

早期关于女性推迟婚姻的"欧洲婚姻模式"的解释大多从女性权利的角度分析，Voth 教授使该问题的研究上升了一个高度，首先是第一次将对此问题的解释模型化，次之是强调了女性早结婚的经济机会成本的改变是女性选择晚婚的最主要原因，最后他的研究中用英国地区层级的数据实证检验了中世纪后期和近现代早期畜牧业机制对晚婚现象的影响机制。

三、战争与国家能力[2]

国家并不是天生就有的，直到 1500 年前后，才出现我们今天看到的具有强大国家能力的现代国家。Voth 教授介绍到，早期的欧洲统治

---

[1] 原始数据来自 Wrigley et al.（1997）的研究。

[2] 本部分的观点和数据多来自 Voth 教授课上的 PPT，如有其他未注明的数据和图标，则来自 Voth 教授的文章 "State Capacity and Military Conflict." *Review of Economic Studies*, 2013。

者对政权的控制力很弱：没有专门的税务机关，军队也多是由雇佣军组成，贵族常常凌驾于法律之上（Tilly，1990）。但是在接下来短短的三个世纪里，欧洲出现了强大的现代国家，这些现代国家的"国家能力"[1] 远远超过了同时代世界上的其他国家和地区。

对于这一现象的主流的解释是战争的作用。Tilly（1990）认为"国家发动战争，同时战争进一步强化了国家的存在和能力"。因为在财政能力在战争胜负中起到了关键性的作用，迫使君主不得不想方设地为了赢得战争而需要建立高效的财政体系。实证方面，Besley and Persson（2009）发现国家过去的好战程度与今天财政能力强弱之间存在相关性。为了解释这种现象，他们建立了一个模型，将战争内生为一种公共物品，这种公共物品的获得需要不断对国家能力的建立进行投资（Besley and Persson，2011）。

Voth 教授认为，这种观点的确可以解释为什么战争越频繁的地方国家能力增长得越快，但是还有四个重要问题悬而未决：第一，在1600 年之前战争也曾频繁发生，但是为什么那时国家能力没有建立起来；第二，战争对欧洲国家能力增长的推动作用是非常不平衡的，英国和法国建立了强大的国家，西班牙和奥地利落在了后面，而波兰这样的国家则完全退出了强国的行列（图 8 和图 9），现有文献中没有涉及到底是哪些原因造成战争的结果不同；第三，事实上在 1600—1800 年最初现代国家的国际能力建立过程中，绝大多数战争并不是前人分析中的好的公共物品，而仅仅是君主着眼于王位争夺等私欲而发动的；第四，战争决策本身也并不是外生的，军事实力的情况在决策过程中起到了关键作用，也就是说战争的发动可能是因为强大国家的存在（国家能力有可能并不是战争的结果，而是战争的原因）。

---

[1] 翻译自"State Capacity"。

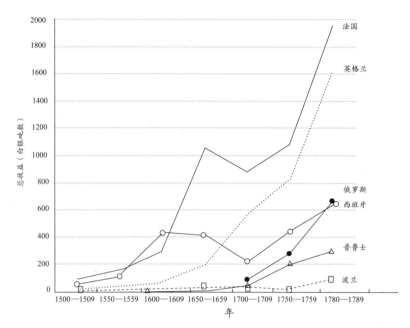

图 8 税收规模衡量的国家能力

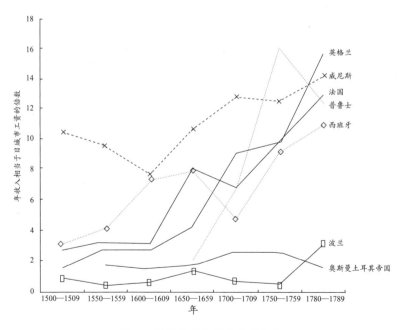

图 9 税收强度衡量的国家能力

Voth 教授首先建立了一个模型来解释这些悬而未决的问题，模型中有两个相互竞争的统治者，他们都因为有战争威胁的存在而希望加强自己的国家能力。模型中国家能力体现在集权化的税收体系和国内权力集团的不干预。这些有助于统治者控制税收和未来增加税收，但是这些也是有成本的（例如需要贿赂和收买地方王公）。模型中战争的费用需要由税收提供，战争的结果将重新分配财政收入——战败者的收入将归战胜者所有。

模型中，战争对国家能力建立的影响取决于两个因素——财政力量的重要性程度和政治分化的禀赋。如果财政对于战争胜负的影响程度不大，则模型的结果与 Tilly (1990)，以及 Besley and Persson (2009) 的模型结果相反——即战争抑制了国家能力的形成。在这种情况下，如果忽略了财政能力对战争胜负的重要影响，双方取得胜利的概率是相当的，这时战争的期望收益是比较穷的统治者大于比较富的统治者，结果是穷的统治者更倾向于发动战争。战争频发的国家，提高财政能力的动机也不会提高。

当财政对于战争胜负起决定性作用的时候，战争才真正起到了国家能力分化的作用。这时比较富的国家更有可能取得战争的胜利。同时比较分裂的国家因为集权化的成本太高而退出了竞争，国家能力得到提升的通道关闭了。好战的国家通过进一步提升国家能力增强了战争胜利的几率，进而变得更加倾向于发动战争供给那些分裂了的国家。如此这样发展下去，初始分裂化程度低的国家进一步加强了本来就相对较强的国家能力，有了更强的税收能力和更强的军事实力，而开始分裂化程度高、国家能力相对弱的国家逐渐被蚕食。

进一步，Voth 教授用 1500 年后欧洲 374 次战争的历史数据进行了经验验证。发现财政能力确实是影响军事实力强弱的重要因素。为什么财政能力在 16 世纪之后的战争中才开始变得重要了？ Voth 教授认为随着火枪和火炮大规模地用于装备部队，原来已有的城堡式城防体系变得非常脆弱，取而代之的是新型的星形防御体系，新型城市防御体系建立和火器装备部队与训练都需要强有力的财政能力作为支撑。

进一步，Voth 验证了国家政治分化禀赋与财政重要性的交叉效应，发现越是同质化的国家越是能超乎寻常地提高其税收能力，越是异质化的国家税收能力越弱。这种现象有助于解释为什么战争引起国家能力分化的典型事实。

Voth 教授的研究丰富了欧洲 1500 年以后对于税收、国家能力和经济增长之间关系文献体系（Besley and Persson，2009，2011；Dincecco，2009）。Voth 教授称自己的观点与 Karman and Pamuk（2013）的观点非常接近，相比较之前的文献，他的研究的主要贡献有：第一，建立了一个模型用来分析战争对国家能力建立的影响，这有助于我们来分析战争对国家能力建立的正向影响所需要的条件，核心结论之一是当条件不满足时，战争对国家能力有可能是负向的影响；第二，量化地分析了财政能力对于战争胜利的重要性程度，并证明了内部分裂化成对在其中的交叉性作用。

四、经济史的价值与中国经济史的研究 [1]

近些年来，由于 Daron Acemoglu，Nathan Nunn 和 Voth 教授等一大批优秀学者的努力，经济史这个领域得到了飞速的发展。但与此同时，批评之声也不绝于耳。有人认为，埋首于故纸堆中，无助于我们理解今天的世界。果真是这样吗？

在 Voth 教授看来，经济史研究所有的数据都来自过去。经济史和当代经济分析的唯一区别，就是经济史研究用的数据更老一些，所有

---

[1]　该部分内容来自对 Voth 教授的一次访谈。

的事情都发生在过去，也正是因为这样，经济史研究会有更多的思考。对于经济研究的现实意义，Voth 教授认为正如瑞士艺术史学家布克哈特（Jakob Burckhardt）曾经说过的，历史的经验对于我们在下一次变得聪明并无用处，但它能让我们永久性地变得更加明智。所以他认为，由于历史帮助我们思考大的问题，它对于考察政策的含义必然是非常有用处的。

历史数据中的信息总比我们能想象到的要更多。如果我们考虑的问题足够长、研究得足够认真，那么我们就总能够得出惊人的东西。每个人都说"没有关于这个的数据"，但我们必须顺其自然地想一想，然后发掘一些别的东西。

关于中国问题的研究如何同已有的诸多理论相适应，Voth 教授认为科学世界在等待人们提供一种更好的理解。每个人脑海中都有一个参照点，但是关于这些（中国问题和理论相适应）还没有太多有重大意义的工作等待着我们去做。正如我们看到的，事实上已经有人做了一些有趣的事情。Voth 教授相信中国经济史研究的前景是光明的，前提是我们拥有面向更广泛的观众且和中国历史有关的东西。

授课老师简介

Hans-Joachim Voth，苏黎世大学经济系教授，主要的研究领域是经济史和经济增长，目前是 *Explorations in Economic History* 的编审，从 2015 年开始出任 *Economic Journal* 的编审，同时还是 *QJE* 的审稿人。曾在 *AER, QJE, RESTUD, RESTAT, EJ, Journal of Economic History, Journal of Economic Growth, European Economic Review, Explorations in Economic History* 期刊上发表过多篇关于长期经济增长、主权债务历史、纳粹兴起的原因和影响、工业革命、早期经济分流的文章。

参考文献

[1] Acemoglu, D., S. Johnson, and J. A. Robinson (2002). "The Rise of Europe: Atlantic Trade, Institutional Change and Economic Growth." National Bureau of Economic Research Working Paper 9378.

[2] Acemoglu, D. (2005). "Politics and Economics in Weak and Strong States. " *Journal of Monetary Economics*, 52: 1199−1226.

[3] Allen, R. C. (1988). "The Growth of Labor Productivity in Early Modern English Agriculture." *Explorations in Economic History*, 25: 117−146.

[4] Besley, T., and T. Persson (2009). "The Origins of State Capacity: Property Rights, Taxation, and Politics." *American Economic Review*, 99 (4): 1218−1244.

[5] Brainerd, E., and M. Siegler (2003). "The Economic Effects of the 1918 Influenza Epidemic." CEPR Discussion Papers (3791).

[6] Broadberry, S., and B. Gupta (2006). "The Early Modern Great Divergence: Wages, Prices and Economic Development in Europe and Asia, 1500−1800." *Economic History Review*, 59: 2−31.

[7] Broadberry, S., B. M. S. Campbell, and B. van Leeuwen (2011). " Arable Acreage in England, 1270-1871." Working Paper.

[8] Clark, G. (2007). *A Farewell to Alms: A Brief Economic History of the World*. Princeton, N.J.: Princeton University Press.

[9] Comin, D., W. Easterly, and E. Gong (2010). "Was theWealth of Nations Determined in 1000 BC? " *American Economic Journal: Macroeconomics*, 2 (3): 65−97.

[10] Diamond, J. (1997). *Guns, Germs, and Steel: The Fates of Human Society*. Norton: New York.

[11] Dincecco, M. (2009). "Fiscal Centralization, Limited Government, and Public Revenues in Europe, 1650-1913." *Journal of Economic History*, 69 (1): 48−103.

[12] Dyer, C. (1988). "Changes in Diet in the Late Middle Ages: The Case of Harvest Workers." *Agricultural History Review*, 36 (1): 21−37.

[13] Galor, O., and D. N. Weil (2000). "Population, Technology and Growth: From the Malthusian Regime to the Demographic Transition and Beyond." *American Economic Review*, 90 (4): 806−828.

[14] Hansen, G., and E. Prescott (2002). "Malthus to Solow." *American Economic Review*, 92 (4): 1205-1217.

[15] Kremer, M. (1993). "Population Growth and Technological Change: One Million B.C. to 1990." *Quarterly Journal of Economics*, 108 (3): 681-716.

[16] Lagerlöf, N.-P. (2003). "From Malthus to Modern Growth: Can Epidemics Explain the Three Regimes?" *International Economic Review*, 44 (2): 755-777.

[17] Maddison, A. (2007). *Historical Statistics*. Groningen: University of Groningen.

[18] Mokyr, J. (1990). *The Lever of Riches*. Oxford: Oxford University Press.

[19] Pomeranz, K. (2000). *The Great Divergence: China, Europe, and the Making of the modern World Economy*. Princeton, N.J.: Princeton University Press.

[20] Tilly, C. (1990). *Coercion, Capital, and European States, AD 990-1990 (Studies in Social Discontinuity)*. Cambridge: Blackwell.

[21] Voigtländer, N., and H.-J. Voth (2006). "Why England? Demographic Factors, Structural Change and Physical Capital Accumulation during the Industrial Revolution." *Journal of Economic Growth*, 11: 319-361.

[22] Voigtländer, N., and H.-J. Voth (2009). "Malthusian Dynamism and the Rise of Europe: Make War, not Love. " *American Economic Review, Papers and Proceedings*, 99 (2): 248-254.

[23] Voigtländer, N., and H.-J. Voth (2013). "How the West Invented Fertility Restriction." *American Economic Review*, 103: 2227-2264.

[24] Voigtländer, N., and H.-J. Voth (2013). "The Three Horsemen of Riches: Plague, War and Urbanization in Early Modern Europe." *Review of Economic Studies*, 80 (2): 774-811.

[25] Voth, H.-J., and N. Gennaioli (2013). "State Capacity and Military Conflict. " *Review of Economic Studies. Forthcoming.*

[26] Young, A. (2005). "The Gift of the Dying: The Tragedy of AIDS and the Welfare of Future African Generations." *Quarterly Journal of Economics*, 120 (2): 423-466.

整理人：伏霖，中央财经大学经济学院

二、制度与经济发展

案例比较与制度生成 [1]

Philip Hoffman

摘要：在第二届量化历史讲习班上，Hoffman 教授做了三场分别题为"早期近代征服的政治经济：一个经济模型"（The Political Economy of Early Modern Conquest: An Economic Model），"早期近代征服的政治经济：历史可以解释模型之外（的外生条件）吗？"（The Political Economy of Early Modern Conquest: Can History Explain What is Outside the Model ？）[2]

---

[1] 本文根据 Hoffman 教授在第二届清华大学量化历史讲习班上所做的讲座录音、课件、涉及文献整理。其中图片表格来自 Hoffman 随堂使用的课件。文中出现的误读及其他不当之处均由笔者负责。

[2] Modern 可译作"近代"或者"现代"，然而 Early Modern 在经济史中有其特定含义。按照李伯重的看法，近代早期（early modern）是"一个主要用于西欧历史的名词，其时间范围大致为 1500—1800 年，与我国经济史学界中的'明清时期'（实际上主要是明代后半期和清代前半期）有相近之处。而"近代"的时期则在"近代早期"之后。参见李伯重：《中国的早期近代经济：1820 年华亭—娄县地区 GDP 研究》，北京：中华书局，2010 年，第 6 页。本文暂且译作"近代早期"或"早期近代"。Hoffman 教授所说的征服可以基本等同于"殖民扩张"，欧洲内部战争与"征服"的关系是其两场讲座的核心议题之一。有趣的是，1500—1800 时期亦包括军事史上"黑火药革命"（1500—1700）的时期。在这一时期黑火药使用、棱堡的修建、新战法的出现极大改变了战争的面貌。这亦是西欧霸权确立的时期。在 1450 年欧洲只占据世界的 15%，1800 年已经占据了 35%。从军事史的角度看，"1500—1800 年之间各国的兴衰，很大程度上取决于哪些国家利用了这

和"抵押市场的发展：法国与美国的案例"（The Development of Mortgage Markets: The Examples of France and the United States）的讲座。在前两场讲座中，Hoffman 教授要解决两个相关的问题：为什么是欧洲征服世界，而不是其他地区；为什么欧洲持续陷入分裂，而没有形成长期的霸权。第三场讲座中 Hoffman 教授关注法国抵押市场中公证人的兴起及解释。三场讲座均涉及历史案例的比较与制度的生成。

一、西欧军事进步的原因

到 1914 年，欧洲已经征服了 84% 的世界，为什么是欧洲而不是亚洲做到了这一切？对于这一近乎老生常谈的问题，Hoffman 教授又能提出怎样的新视角？在讲座中 Hoffman 教授首先在概念上进行了厘清。一国实行了征服（Conquest）并不等于该国实现了经济增长，他使用了三条证据支撑这一论点：首先，从外延上看西班牙、葡萄牙实行了征服，而没有实现经济增长；第二，征服也没有引起工业化；第三，即使到了 19 世纪，殖民地依然需要宗主国给予补助，如英国，尽管工业化确实加速了 19 世纪的欧洲征服。

在区分了征服与经济增长、工业化的概念之后，Hoffman 教授并不准备讨论 19 世纪欧洲实行工业化之后的历史，而是将关注时期放在了工业化发挥作用之前的近代早期。他力图考察欧洲在得到工业化助

些军事和航海革命的成果"，"单纯的国家大小和富裕与否不能决定战争的胜败"，如西班牙的无敌舰队战役，神圣罗马帝国的布莱腾菲尔德和吕岑战役，马拉塔联盟的阿萨耶战役均是更大更富的政治体被击败。战争的胜利取决于先进的武器和战术。参见 [美] 马克斯·布特：《战争改变历史：1500 年以来的军事技术、战争及历史进程》，石祥译，上海：上海科学技术文献出版社，2011 年，第 10、14、99—101 页。

力之前是否具有了强大的征服能力，以及其原因。

首先，他要说明这一近代早期征服现象（即 Early Modern Conquest，在讲座中指 19 世纪之前的欧洲对世界其他地区的征服）是存在的。这里有两条证据：一条证据是，从地理上 1800 年欧洲已经占领了世界的 35%；另一条证据是与此同时，欧洲正在亚洲掠夺商路（preying upon trade routes），这说明他们已经具有了远洋作战的能力。这一早期征服带来了帝国主义和奴隶贸易，影响后世甚深。近代早期征服的存在使以下两个问题成为真问题。第一，为什么近代早期欧洲具有远距离征服的能力？第二，为什么亚洲地区在近代早期不具有这种能力？

对于欧洲征服能力的解释来自历史、社会、生物等多学科，主要包括两个假说。第一个是疾病。这种观点的代表人物是戴蒙德[1]。在欧洲征服美洲的过程中，天花的传播起到了很大的作用。对此简单的反驳是大部分欧亚大陆人都有这一优势，征服美洲的优势不能用来说明征服亚洲。第二是工业革命。对此的回应是在 1800 前工业革命并无作用，另一个反驳是工业革命的作用在英国之外的欧洲很模糊（dubious）。到 1800 年，只有英国开始了工业革命，西、葡、法等国在工业方面的落后并不妨碍它们近代早期的殖民扩张。基于以上理由，Hoffman 教授认为上述解释都存在漏洞，因而提出一个替代性的假说，他认为征服能力的提升依靠军事技术的提升，军事技术的提升将给予欧洲人长途征服的能力。这里提到军事技术有着很广泛的定义，并不局限在枪炮的技术，也指新的战术和有关的组织方式等，但其中的关键是火药技术。Hoffman 教授同时指出，他并不否认其他因素起到的作用，如工业化与战争的联系；又如欧洲政府鼓励推动贸易和殖民，

---

[1] 参见 [美] 戴蒙德：《枪炮、病菌和钢铁》，谢延光译，上海：上海译文出版社，2000 年，第 56 页。

这使得私人性质的武装冒险变得更加容易。但是，火药技术在其中依然是非常关键的。他举了科尔特斯（Cortes）[1]只用十四艘小炮舰征服墨西哥的例子。此后，他详述了葡萄牙征服马六甲的案例。在葡萄牙征服马六甲的过程中，其战船和新式要塞的使用，扩大并保护了葡萄牙殖民者的利益，使得少数葡萄牙人可以抵御大量敌对武装。

图1　16世纪围攻前后的马六甲城墙

在图1中，左图展现了16世纪40年代的马六甲的情境，此时离1568年围攻（1568 Siege）前夕的改进过的城墙还有一些不同。在1568年围攻时，从右图可以看出，城墙已经增设了棱堡和火炮（Bastions and Artillery）[2]。

在1568年的一个典型案例中，葡萄牙人受到了亚齐人（Acehnese）

[1]　西班牙殖民者科尔特斯用800人和16匹马征服了人口估计在800—1000万之间的阿兹特克。参见《战争改变历史：1500年以来的军事技术、战争及历史进程》，第19页。
[2]　棱堡（Bastion）是一种城堡的延伸部分，用以加强城堡的防御能力。在本文中为军事技术的一种。在明清军备竞赛的背景之下，明朝也引进了这种技术，这一事实可作为本次讲座内容的旁证。参见郑诚：《守圉增壮——明末西洋筑城术之引进》，《自然科学史研究》，2011年第2期，第129—150页。多个棱堡可以组成星形要塞（Star Fort或者Trace Italienne），这种新式的筑城术在意大利兴起后成为抵御攻城炮的利器，参见http://en.wikipedia.org/wiki/Star_fort。星形要塞16世纪30年代开始在欧洲其他地方普及，导致进攻一方的优势被极大地削弱了。参见《战争改变历史：1500年以来的军事技术、战争及历史进程》，第18页。讲座提到的马六甲要塞即与此有关。

的进攻。进攻方动用了 346 艘快船（Galleys）[1]，15000 名士兵，200 多门大炮；葡萄牙人只有 200 人，以及 1300 名当地基督徒，双方军力对比超过 10 比 1。最终，葡萄牙人（及其盟友）得到胜利。其原因在于马六甲城此时已经增设了棱堡和火炮，这一战术使得马六甲城的防御能力大增。而面对城墙，亚齐人却缺乏相应的挖掘技术（Sapping Techniques）。

凭借技术的进步，马六甲抵挡了 10 次围攻。从中可以看到军事技术进步对于欧洲征服的作用。但是这个事实也引起了新的问题：为什么欧洲可以在火药技术上领先？如果考虑到以下背景这一问题更加突出：火药技术起源于中国，而且中国和日本首先使用了群射（Volley Fire）的技术。但是到了 17 世纪晚期，亚洲在火药技术上已经落后于欧洲。具体表现在欧洲已经出口军工产品和军事技术，而中国明朝的火炮铸造也有赖于耶稣会士的帮助。

对于亚洲和欧洲在火药技术上的地位更替，Kennedy 从竞争的角度予以解释。在他看来欧洲的军事竞争促进了军备竞赛，同时竞争的市场也有利于军事创新。Hoffman 教授承认这一假说的启发性，但同时也指出了其不足。竞争性市场并不必然产生创新，比如早期近代西欧竞争的农业市场就没有带来相应的技术进步。18 世纪印度的例子也表明军事竞赛不必然带来军事创新，当时印度战争频仍，但是作战方只是借用新技术，并没有自主产生技术创新。

Hoffman 教授将考虑火药技术领先的充分条件。他尝试通过构建一个经济模型补充已有研究中充分条件缺失的部分。在 Hoffman 教授

---

[1] Galley 在《西洋世界军事史》第一卷中译作"快船"（或"长船"，第二卷第 10 页）。"快船是一种单层甲板的船只"，"可以用帆和桨来推动"。16 世纪时已经可以加载重炮，用于毁灭地方舰船。参见 [英] 富勒：《西洋世界军事史》，钮先钟译，桂林：广西师范大学出版社，2004 年，第一卷，第 492—493 页；第二卷，第 9 页。Hoffman 教授则指出其适合于古典时代地中海的两栖作战。16 世纪早期装载火炮后可以轰击敌舰。但是其进化的极限亦很快到来。因承载量较小，易受重装帆船（Heavily Armed Sailing Ships）的攻击，后逐渐衰落。参见 Hoffman, P. T. (2012). "Why Was It Europeans Who Conquered the World?." *Journal of Economic History*, 72(3):601–633.

看来，这个模型应该从近代早期的欧洲现实入手进行提炼。以下考量将包括在内：基于新的火药技术是可以通过干中学来提升的，更多的资源投入火药技术将带来更多的创新。这种创新能力与技术本身的属性有关，火药具有这种可创新性，而旧技术（如游牧战术和快船）则很少能创新；从近代早期抽象的模型应能推广到 1800 年之后；模型应该可以解释欧洲的领先和亚洲的滞后。

近代早期的另一特点是持续的战争，建模时也应予以考虑。在近代早期欧洲高达 95% 的国家开支被投入了连年战争。在 18 世纪 80 年代，法国 7% 的 GDP，英国 12% 的 GDP 被投入战争（这已经高于冷战时期美苏的水平）。近代早期的战争决策权掌握在统治者手中，他们有充足的理由发动战争：他们从小接受战斗教育；身边的谋士也鼓动他们战斗；战斗既可以用于防御也可以进行侵略，但无论是哪种战斗的胜利都将为他们赢得荣耀、土地、报酬甚至涉及信仰。就这样早期近代的欧洲君主们陷入了不断重复的锦标赛，为了战争的胜利他们都调动资源，都使用火药技术，这些技术可以通过窃取、收买等手段互相"学习"。在 Hoffman 教授的模型中，持续战争作用并不充分，还应考虑到政治经济环境、敌方性质和学习障碍等关键因素。君主将在战争成本、胜利收益和概率三者之间进行权衡。统治者在第一期通过决策得出均衡解。

从模型中可以看出，以下四个条件如果都具备，则构成火药技术领先的充分条件。第一是持续的战争，这就意味着各国必须在强弱上长期保持势均力敌的关系。第二是大量的资源投入火药使用。第三是统治者必须都用火药技术，而不是其他可创新性较弱的技术。第四是学习新技术的障碍比较小，如学习者与创新来源距离接近，又如铸造的配套技术必须跟上等[1]。反过来，政治上的霸权（Hegemony）和投

---

[1] 根据彭南生、严鹏（2012）的观点，中国的火炮技术缺少了关键的西洋机床技术支撑，造成技术供给上的不足。参见彭南生、严鹏：《技术演化与中西"大分流"——重工业角度的重新审视》，《中国经济史研究》，2012 年第 3 期，第 95—103 页。

资于其他技术都将削弱火药技术的创新。

对于其模型的正确性，Hoffman 分两步予以支持。首先是通过这一模型对于近代早期的欧亚大陆各强国的军事技术发展程度进行预测。以上四个条件只有欧洲国家都符合，所以可以预见到 18 世纪欧洲在火药技术上将最终领先 [1]。而中国、日本、奥斯曼土耳其、印度等国都或多或少缺乏条件。以中国为例，大一统的帝国、与游牧民族接壤 [2]、18 世纪相对低的税收、与欧洲的距离和战争投入都限制了中国采用新的火药技术。昙花一现的创新出现在晚明、郑成功 [3] 和清朝前期的军队里 [4]。Hoffman 的模型也有助于解释印度和奥斯曼土耳其的持续战争并不足以带来技术创新。在印度，调动资源的高昂成本与欧洲的距离不利于火药的使用。而在土耳其，骑兵（Cavalry）、大战船以及同样

---

[1] 欧洲军事史也为之提供了例证，如 1465—1477 年法国与勃艮第之间的军备竞赛为可移动炮的出现提供了条件。当时设计出的可移动炮一直持续到 19 世纪 40 年代都少有改进。而且这种技术没有垄断很久，附近地区的统治者也很快获得了新式攻城炮。参见 [美] 麦尼尔：《竞逐富强：公元 1000 年以前的技术、军事与社会》，倪大昕、杨润殷译，上海：上海译文出版社，2013 年，第 77—78 页。

[2] 根据 Chase 的观点，"西欧和日本之所以能够集中精力发展火器，是因为与大多数亚洲和东欧国家不同，他们无须与掠夺性的游牧部落作战。早期火器太过笨重，不适用于对抗蒙古人的快速轻骑兵，因此在蒙古人主要威胁的地区内，火药不发达；但是在近代早期的西欧和日本处于主导地位的攻城战中，火药更效。"参见《战争改变历史：1500 年以来的军事技术、战争及历史进程》，第 17 页。清朝统治者也存有"骑射为满洲之根本"的观念。不过在一定条件下，火器的使用也有利于对游牧民族的作战。可作为例证的是清军使用火器击破噶尔丹"驼城"，明朝对瓦剌的"北京保卫战"等案例。参见《中国军事史》编写组：《中国历代军事装备》，北京：解放军出版社，2006 年。

[3] Hoffman 教授提到，郑成功用以包围荷兰港口的成功战术在四年后就被忘记。这说明了持续战争对于实用战术学习的重要性。

[4] 根据《中国科学技术史：军事技术卷》，清朝火炮的没落是在康熙征服噶尔丹之后，主要原因是国内和平。参见王兆春：《中国科学技术史：军事技术卷》，北京：科学出版社，1998 年。而根据彭南生、严鹏（2012）的观点，清代火炮制造工业的滑坡与南怀仁去世有很大的关系，亦指向康熙年间。然而早在 16 世纪末，中国古代火器已落后于西方。明清之际的技术进步与当时进口西洋技术有关，而终于缺少内生进步动力。清朝甚至"没有保持住明代已有的成果"。统治者轻视并压制了火药技术的发展，这在西欧是难以想象的。参见彭南生、严鹏：《技术演化与中西"大分流"——重工业角度的重新审视》，《中国经济史研究》，2012 年第 3 期，第 95—103 页；《中国历代军事装备》，第 182、220 页。

高昂的资源成本也限制了火药技术的创新。

　　预测之后，Hoffman 教授将对其进行实证检验，其中一套证据来自欧洲。在前工业化时期，西欧军工的生产力就有显著的增长。以 TFP 或者劳动生产力作为标准，可以发现，英国海军（军工）1588—1680 年每年 TFP 增长 0.4%，法国步兵（军工）劳动生产力 1600—1750 年年增 1.5%，中等武器 TFP（Median Weapons TFP，在 Hoffman 教授的定义中包括手枪、炮等）从 14 世纪开始年增 0.6%，而且这一增长持续超过 400 年。如果考虑到当时其他生产部门的 TFP 年增低于 0.1%，而且这一增长持续时间之长，似乎可以支持其模型。另一证据是图 2 所表示的手枪价格下降。

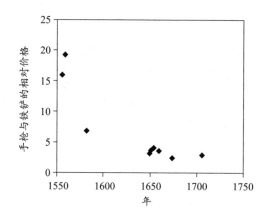

图 2　英格兰 1556—1706 年手枪相对铁铲的价格

　　欧洲这一初始状态的优势在 1800 年之后由于政治改革和工业革命时期的知识增长进一步扩大。欧洲内部的和平、调动资源的成本降低和先进的技术加速了欧洲的对外扩张。与此同时，传统的战争动力（如荣耀）则出现了下降，如图 3 所示。

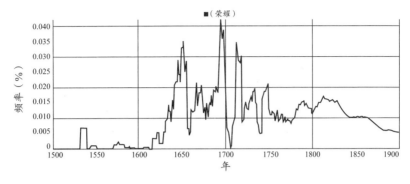

图 3　关于 glory 的词频

　　事实证明欧洲在火药技术上的进步对世界带来了巨大的影响。首先，它使得欧洲具有了远距离作战的能力，在如科尔特斯征服阿兹特克帝国的大小殖民扩张中起了关键作用。同时新式防御工事、炮火和战船等先进技术使得早期海洋帝国可以在征服过程中使用较少的人力。当然，从殖民地的角度来看，火药技术的影响则远不是完全正面的，因为欧洲的征服促进了奴隶贸易和殖民化。至于扩张和工业化的关系，Hoffman 教授认为英国占据的庞大贸易份额和较低的成本或许也有利于其工业化，这一优势是法国、中国、日本都不具备的，但即使如此，工业化最终的动力或许来自其他部门，如英国的制度。

　　在这一讲中，Hoffman 教授展示了经济学可以在很多方面给我们带来历史的洞见。经济学将使我们对于国家的兴衰有着更深刻的了解，同时也能够提供更有说服力的检测作为理论的证据。

二、中国统一与西欧分裂

　　在第一讲中，Hoffman 教授提出了导致欧洲和亚洲在军事技术上分流的四大条件：长期的分裂且战争状态、大量的战争投入、普遍使用火药技术和技术学习的无障碍。第二讲的目的在于探讨导致欧亚拥有不同条件的原因，也就是讨论导致欧亚火药技术不同的原因。第一讲中，长期的分裂战争状态是一个外生变量。在本讲中，Hoffman 教授尝试对其进行解释和分析。

首先 Hoffman 教授将欧亚军事技术分流的原因在四个条件中进一步定位。这里其实用到的是密尔的"求异法"，蕴含的假设是第一讲中的四大条件已经足以完全解释欧洲和亚洲在火药技术上的区别。通过欧洲和亚洲的对比可以发现，导致欧亚军事技术分流的因素不在于亚洲更穷、战争更少或者亚洲不会或不能使用火药（failed to use gunpowder）。于是条件一、条件三和条件四被排除。剩下的部分被认为是需要进一步解释的条件。具体又可以分成两个部分，一是要解释欧洲长期缺少霸权的战争分裂状态，二是要解释欧洲政府调动资源的强大能力。本讲主要面向是第一个部分，也就是解释中国怎样形成大一统帝国的问题，只是 Hoffman 换一种方式提出，主要考察欧洲分裂的动力，同时也加入了中西对比[1]。

于是我们就进入了本讲的第二部分：为什么欧洲能够保持长期的分裂状态。已有的研究一部分从地理的角度入手，代表人物是戴蒙德、Cosandey 和 Kennedy。他们指出欧洲更加多山，以及海岸线更加曲折的地理条件增加了进攻的难度，从而保护了欧洲的分裂状态。Hoffman 对此反驳，一方面的原因是中国较之欧洲高山更陡更多（图4）。

---

[1] 统一应该指中原王朝的统一。对整个历史中国而言，"分裂、分治的时间是主要的。"如果"把基本上恢复前代的疆域、维持中原地区的和平安定作为标准"，从秦灭六国至清亡，统一时间占总时间的45%。特别是明清这一"早期近代"时期保持了长期的统一。参见葛剑雄：《统一与分裂——中国历史的启示》，北京：生活·读书·新知三联书店，1994年，第79、100页。

图 4　欧洲与中国（局部）

左图是欧洲地理，深色部分表示坡度大于 25 度的地方，其中与国界重合部分用浅色显示。右图是部分中国地理，深色部分表示坡度大于 35 度的地方，与国界、省界重合部分用浅色显示。

另一方面的原因是欧洲的海岸线确实更加曲折，但是其作用大小值得怀疑：首先，两栖入侵（半岛地貌被认为可以减少此类入侵）在中世纪以及早期现代均很普遍，维京人和穆斯林武装均曾擅长此道。而英格兰在 1066—1485 年曾经被成功入侵 8 次之多。另外，不规则的海岸线也增加了防守的难度，守方必须在整个海岸线上布防。所以很难说半岛地貌在多大程度上保护了防守一方。

第二种假说关于统治者们的亲属关系（Kinship Ties）。在这种假说中，由于亲属关系（以及基督教的道德观），战争的胜利者会放过战败者，从而保护了长期的分裂。这一假说对于欧洲和中东的历史有一定的解释力。一个证据是"弑君率"（Rate of Regicide）在 7 世纪超过 23‰，而到了 16 世纪降到了 3‰。但是如果对比欧亚各强权，欧洲并非显著不同。在 1500—1789 年间含有一个"强权"（Big Power）的战争中，西方 7% 的强权战败方将被推翻，而在欧亚大陆的其他地方（指中国、日本、波斯等），相应的数字是 6%。两地并无显著区别。另一证据是一个实证，如表 1 所示。

表 1   一个统治者在军事失利后被推翻的 Probit 分析：
欧亚大陆，1500—1789

	系数（标准误）
战争失利	0.294（0.039）
战争失利 * 欧洲强权	−0.070（0.013）
战争失利 * 非欧洲强权	−0.058（0.014）
内战	0.053（0.025）
样本量	595
假设检验：欧洲强权与非欧洲强权的 生存率没有差别	p=0.49

Hoffman 教授在反驳了已有的假说后，尝试将欧洲长期分裂和欧洲国家强大的资源动员能力结合考虑，给出一个统一的解释。这一解释使用了路径依赖的概念，包括短期和长期两个层面。在短期，外生变量（包括政治改革、财政创新和霸权的偶然胜败）和政治能力的学习（Political Learning）起作用。而在长期则是通过文化定型和精英阶层的激励机制形成路径依赖。短期和长期两方面在现实中互相融合。

Hoffman 教授使用了中西的案例研究来说明自己的理论。秦朝统治者通过学习动员资源的能力，获得了其竞争者不能比拟的调动资源的优势，从而统一中国，建立霸权。秦朝以及承接统一格局的汉朝建立了早期的官僚制度。这些都是短期层面。而在长期，官僚制的出现改变了精英的激励机制[1]，同时庞大的国家直接与游牧民族接壤，从而阻碍了火药技术的进步。

在欧洲，英国 1688 年的光荣革命降低了动员资源的能力，一个证据是它使得长期债务从 0 涨到了占 1715 年的 45%。而在财政创新方面，Hoffman 教授举了英国的政府债券市场，西班牙的国家或有债

---

[1]   汉朝的统一维持了很长时间，这对于长期统一的作用很大。"如果从汉朝恢复了秦朝疆域的元封三年算起，统一维持了 130 年。""从建武二十六年基本恢复西汉主要疆域，到光和七年黄巾军起，东汉国内的统一时间是 134 年。"更不用说汉朝加强官僚制的种种举措。参见《统一与分裂——中国历史的启示》，第 49、51 页。

务（State Contingent Debt）[1]，法国的公证人流通债务（Notaries Float Debt）[2] 这些短期层面外生变化导致政府资源动员能力增强的具体案例。关于短期的政治能力的学习，Hoffman 教授借鉴了干中学模型予以刻画，只是增加了一个约束条件：由于搞学习成本和改革成本，不能学习前任敌人的经验。一个支持性的证据是 18 世纪的政治能力学习导致了欧洲的税收普遍上升，资源动员能力高于中国（表2）。

表2　18世纪各国收入

政府总收入（纯白银）							
	中国	奥斯曼土耳其	俄罗斯	法国	西班牙	英格兰	荷兰
1650—1699	940	248		851	243	239	
1700—1749	1340	294	155	932	312	632	310
1750—1799	1229	263	492	1612	618	1370	350
1800—1849	1367					6156	
1850—1899	2651					10941	
人均税收（克白银）							
	中国	奥斯曼土耳其	俄罗斯	法国	西班牙	英格兰	荷兰
1650—1699	7	11.8		46.0	35.8	45.1	
1700—1749	7.2	15.5	6.4	46.6	41.6	93.5	161.1
1750—1799	4.2	12.9	21.0	66.4	63.1	158.4	170.7
1800—1849	3.4					303.8	
1850—1899	7.0					344.1	
非熟练工人日工资表示的人均政府收入							
	中国	奥斯曼土耳其	俄罗斯	法国	西班牙	英格兰	荷兰
1650—1699		1.7		8.0	7.7	4.2	13.6
1700—1749	2.26	2.6	6.4	6.7	4.6	8.9	24.1
1750—1799	1.32	2.0	8.3	11.4	10.0	12.6	22.8
1800—1849	1.23					17.2	
1850—1899	1.99					19.4	

---

[1]　在 16 世纪，西班牙政府向银行短期借债，每年这些债务的偿付依赖于从拉美掠夺的白银。由于这种依赖性，所以这种债务的偿付是"或有的"。
[2]　参见 Hoffman 教授的第三讲。公证人是一种半律师半房地产经纪人的职业，亦有投资顾问和遗嘱执笔人的作用。

现在可以讨论长期影响了。在 Hoffman 意指的第一期中中国使用了官僚制度。而在第二期，中国的官僚制度将精英与官僚工作绑定，而官僚制有助于大一统。即使王朝倾覆，精英们也依然服务于官僚制度，从而保持了官僚制和建立在官僚制度上的大一统。与此相反，罗马的精英并不依赖于政治服务，也就没有保护统一的动力。文化演进（Cultural Evolution）是长期影响的另一路径。Hoffman 将文化定义为偏好和信仰（Preferences and Beliefs），文化的获得是通过模仿被证明有效的文化，具体路径是教育、移民和模仿主流文化[1]。中国长期的统一减少了领土内的文化差异[2]，如果考虑到土壤性质和海拔等增加文化差异的因素，这一影响作用更大[3]。而西欧进行的是另一条文化演进。在罗马覆灭之后，无国家（No State）状态持续超过 500 年，陷入了一种军阀（Warlords）混战的状态。其时，战争不需征税而是从"狭隘利他主义"（Parochial Altruism）[4] 中得到动力。这就解释了政治上的分裂局面和欧洲文化中尚武的价值，大量城堡成为这一分裂时期的标志。1300 年之后，欧洲人通过政治能力的学习得以创造国家，此时的军事力量是由国家支付的雇佣兵。

由此，我们可以看出 Hoffman 的整个框架。早期的政治能力学习（也就是官僚制的采用，国家机器的早熟）保持了中国的统一，同时由于统一的中国与游牧民族接壤，中国缺乏使用火药的动力。另一方面，早期欧洲的无国家状态导致了欧洲分化为尚武的武装集团。由于后代

---

[1] Hoffman 教授还提到这种模仿不一定满足最优化。

[2] 在分裂状况下，"中国"成为王朝法统的同义词，成为分裂各方争夺的目标。分裂的各方不但有着进攻对手的大义名分，也容易处于"不称霸即臣服"的选择约束，这种文化提供的激励或许保证了一种持续的统一动力。参见《统一与分裂——中国历史的启示》，第 37 页。

[3] 这里 Hoffman 教授提到了 Michalopoulos(2008) 的研究。参见 Michalopoulos, S. (2008). "The origins of ethnolinguistic diversity: Theory and evidence." Available at SSRN 1286893.

[4] 为小团体而战，仇恨其他军阀势力，参见 Choi, Jung-Kyoo and Samuel Bowles.(2007). "The Coevolution of Parochial Altruism and War." Science 318 (5850): 636–640。Hoffman 教授认为这种心理因素促进了文化的分化。

的政治能力学习建立在上一代的基础上（从而减少学习的成本），国家之间距离相近，又与亚洲距离遥远，终于导致了西欧独特的政治环境——长期战争且拥有强大的资源动员能力，进而满足第一讲中的条件，在军事技术上领先了亚洲。

基于以上分析，Hoffman 教授提出了以下两个问题。如果在查理大帝死去之后，其子嗣没有发动内战，查理曼帝国可以继续存在到改变精英的激励机制，欧洲的历史将会发生怎样的改变？如果没有蒙古入侵，当时中国的分裂是否会持续下去，南宋是否会改进税收和发展海军，是否会使工业革命提前？

三、公证人与法国抵押贷款市场[1]

在结束了对于"大历史"的关注之后，Hoffman 教授在第三讲中研究了抵押市场这个在他看来重要而缺乏研究的领域。在本讲中他对比了美国和法国的抵押市场，重点却在法国的公证人等传统中介机构起到的作用。美国作为一个反例出现。

从历史的经验看看，抵押市场一直规模庞大，如法国 1899 年的抵押债务（Mortgage Debt）高达其 GDP 的四分之一；另一方面抵押市场自古就问题不断，远有下文提到的美国抵押市场失衡，近有美国的次贷危机。抵押市场产生危机的原因五花八门：外生冲击带来的不可分散的风险（Undiversifiable Risk）、通胀、利率变化（Variation Interest Rate）、期限错置（Maturity Mismatch）以及异质化的（Heterogeneous）

---

[1]　本讲的主要内容来自 Hoffman 教授与 Gilles Postel-Vinay 、Jean-Laurent Rosenthal 的合作 *Priceless Markets*: *The Political Economy of Credit in Paris, 1660–1870* (University of Chicago, 2000) 和 *Surviving Large Losses*(Harvard, 2007)。后者已有中译本，译名为《金融危机求生之道》，已于 2013 年出版。

抵押财产。期限错配和异质化的原因在于信息不对称（Asymmetric Information），带来的结果是银行长期不愿发行和交易以抵押做担保的证券（Mortgage Backed Securities）。根据现代经验，次级市场（Secondary Market）和抵押品证券（Mortgage Backed Securities）市场一般需要政府予以介入，就如美国的房利美（Fannie Mae US）和法国的 Crédit Foncier 等。如果单靠私人抵押银行则难免失败，如在 19 世纪的法国，它们就成了逆向选择和政治风险的牺牲品。

在这一背景之下，以法国公证人为代表的传统中介组织对抵押市场的早期发展产生了重要的作用。公证人是律师、房地产代理和金融顾问的混合体。他们起草法律文件并且保存官方拷本（Official Copies）。当交易一方不识字时，他们是受托人（Mandatory）；当交易诉诸法律时，他们的拷本可以作为呈堂证物。他们还可以主持土地交易、贷款和房产等经营活动。他们的优势在于了解代理人信用，这使他们可以作为贷款时借方和贷方的中间人。传统中介组织很好地控制了信用风险（Credit Risks），从而得到发展，由于传统中介机构拥有信息上的优势，它们就代替了银行和债券市场来组织和管理抵押市场。传统中介组织 1840 年占抵押市场的 98%，1865 年占 80%，1899 年占 75%。从史料上看，这些传统中介组织的抵押市场规模是很大的，在法国 75% 的市场由公证人提供，在英国同样的角色是代理律师扮演。但是对这一传统中介机构主导的市场，由于缺少文献支持，如法国的传统中介机构没有报告抵押经营的要求，研究者很难知道其具体情况。

那么怎么研究传统中介组织呢？研究者设法找到了两套数据。研究者考察了 10 位 1660—1870 年巴黎公证人的账册，这一时期法国的公证人设置了进入门槛，必须购买其他公证人的资格才能进入这一阶层。公证人数量不变（超过 100 名），但是文件繁多，一名公证人一年的文件可以摞成 2 米高。由于数据太多，对账册进行全部统计的成本太高，于是这里就使用了选取样本的方法。账册不但包括贷款，还包括房地产交易、遗嘱等公证人经手的其他事项。不同的事项由编年指数（Chronological Indexes for Parisian Notaries）注明，所以可以使用这一指数对所需数据贷款进行择取。同时可以依靠指数，进行样本与总体的对比。另一套数据包括所有法国公证人 1740—1780 年的税收记录，这一套数据信息较少，使用成本也较少，但是总量仍然较大，所以按照市区大小分层抽样，分成巴黎、大小城市、镇。样本和总体的比较表 3。

表 3　法国公证人 1740—1780 年税收记录分层抽样情况

城市人口规模	巴黎	大于60000	10000—60000	5000—10000	小于5000	总计
法国						
城市数量	1	5	59	134	2498	2697
人口（千人）	576	421	1920	2205	19480	24602
样本						
城市数量	1	2	16	16	63	98
人口（千人）	576	198	571	263	491	2098

从以上数据我们可以了解当时法国的贷款市场具有以下两个特点。第一，这一市场有着广泛的参与性。大约 20% 的法国家庭涉入其间；贷款额相当可观，人均额度约等于这一段历史时期的人均 GDP；贷款存量也多。第二，这是一个"民主"的贷款市场，参与者来自社会各界：男人、女人、大多数的乡村农民、工业中心的技工、大城市里的有钱人，形形色色。

从来自巴黎的证据中，我们可以看到 1716—1729 年他们在处理关于偿付的官司。他们的中间人身份减少了交易成本，使得借贷市场超出了邻居、家庭和专业的限制。这也解释了 18 世纪借贷金额的爆炸式增长，这种增长是稳定的货币和高收入所无法解释的，如图 5 所示。

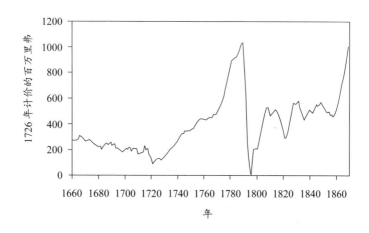

图 5　未清偿的私人债务存量：巴黎，1660—1870

　　同其他的委托—代理关系一样，公证人也面临着道德风险问题。Hoffman 从理论和定量定性的史实两方面得出结论，当时的公证人制度已经较好地解决了这个问题。在理论上，Hoffman 提供了一个博弈树模型（Game Tree），由于存在公证人之间的竞争，顾客可以根据公证人是否隐瞒信息判断是否更换公证人。在均衡状态下公证人将不对顾客隐瞒信息，转而提供高质量服务，同时顾客也保持对于公证人的信任和雇用。这也得到了定性史料的支持。

　　即使以公证人为代表的传统中介机构具有信息优势，银行也没有在这一领域完全出局。回归结果指出银行和公证人的业务是互相补充的，银行提供短期贷款，公证人提供长期贷款。到了 19 世纪，政府支持的抵押银行兴起，也主要是进行大额贷款。

　　传统中介机构也存在局限。传统中介在短距离的借贷上很有效，但当借贷方相隔很远，其有效性就下降。在 19 世纪的美国，这一情况很明显。储蓄者多在东部的大城市，这导致了东部和西部、南部之间的利率差距很大。即使考虑到风险的不同，差距也依然存在，甚至引起政治冲突。[1]

这一研究的启示在于，当我们没有时间精力去阅读所有的材料，我们应该考虑使用样本。这时我们可以通过系统抽样的方法保证数据有代表性。系统抽样需要已有的历史信息作为依据，本讲座中两套样本的抽取需要有公证人的编年指数和所有公证人的税收记录的相关信息。

对于抵押市场的研究很有价值。首先是因为从历史到现实中抵押市场都很重要，也存在很多问题。这些问题没有统一的解决方式，但至少在解决这些问题的过程中，传统的中介机构由于信息优势依然保持着作用。而从经济史的研究方法角度，也有可以借鉴的地方，例如将历史与经济学（经济学模型、计量经济学）结合，以及系统性的样本采集方法。

四、Hoffman 教授研究带给我们的启示

Hoffman 教授的三场讲座包含经济史研究的两个进路，即发现确证新事实和解释事实，这构成一个经济学与历史学结合的完整模式。在关于欧洲崛起的研究中，他首先定位到军事技术这一事实，然后解释西欧与其他地区在这一事实上的差异。在关于法国公证人的研究中，他首先展示了怎样利用量化方法揭示新的事实，特别是依据历史信息采用系统抽样，从而减少研究成本；然后他再通过建模和检验来完善对此现象的解释。纵观 Hoffman 教授的研究，他能将历史进行拆解，

---

[1] 19 世纪末美国有严重的资本市场分割。西部和南部的贷款利率显然更高，这对当时的农民构成了沉重的压力。这并不是由东部的资本垄断造成的，而是由于资金的地区流动成本和不平衡的金融创新。因为东部投资者强烈依赖其在西部的代理机构，这使得他们要付出比当地投资者更高的成本。参见 Snowden, K. A. (1987). "Mortgage rates and American capital market development in the late nineteenth century." *Journal of Economic History*, 47(3):671–691。

辨析出需要关注的特定变量，然后构建简单而有解释力的模型，再使用经济学手段对其理论模型予以支持。不同于一些新经济史学者对于内生性等问题的执着解决，Hoffman 教授的研究更加从大处着眼，使用的技术手段也相对简单。

从研究内容来看，Hoffman 教授对于征服和经济增长的区分将更有利于解释"大分流"现象[1]。欧亚分流现象并不简单地是人均产值的区别，我们完全可从更多的政治经济角度理解欧亚之间的差别。从这个意义上说，欧亚之间并不只是一种分流，我们可以根据角度的不同设定多次分流（如军事的分流、政治的分流、经济的分流、文化的分流），而这些分流又用一种互相影响的方式共同作用于欧亚大陆的演化。从这个意义上说，Hoffman 教授新视角的引入将有助于我们更完整地了解和把握欧亚分流的历史事实。

新制度经济学强调减少交易成本对于市场发展的重要性，第一代财政联邦主义者哈耶克等人也指出本地化管理对于处理琐碎信息的优势。法国公证人涉足抵押市场正体现了借由发掘信息优势，减少交易成本，进而促进市场的经验。这一历史事实展现了在缺少政府予以担保的时期，在各方利益诉求下，抵押品交易形成的"市场自发秩序"，涉及新制度经济学、信息经济学、金融学等诸多领域，对于今天的制度改革、金融发展都有借鉴作用。[2]

从研究方法来看，Hoffman 教授对经济学和历史学进行了精彩的结合。他的研究有丰富的经济学成分，对于现象的解释使用了"问题

---

[1] Hoffman 教授认为，在"大分流"的讨论中暴力因素被忽视了。参见 Hoffman, P. T. (2012). "Why Was It Europeans Who Conquered the World?" *Journal of Economic History*, 72(3): 601–633。"大分流"在彭慕兰的语境中，指向的是经济层面，也就是在《序》中出现的"经济命运的大分流"、"经济分流"。但是如同很多社会科学中的概念一样，可以进行泛化的理解。参见 [美] 彭慕兰：《大分流：欧洲、中国及现代世界经济的发展》，史建云译，南京：江苏人民出版社，2003 年。

[2] 比如在金融领域的小额信贷以及特定产业信贷方面，本地的民营银行很有可能较之大型国有商业银行有着更多的信息优势。

提出—模型构建—引出推论—推论检验"的经济学研究范式[1]，灵活运用了干中学、路径依赖、委托—代理、TFP 测算、回归分析等经济学理论和技术对于历史事实进行分析。Hoffman 教授研究的一个突出特点是较少地考虑内生性，如路径依赖问题难以避免内生性的怀疑；也不会过多考察稳健性等问题。这种研究取向使得他的研究与当下经济学主流范式保持距离。他牺牲了"识别"上的纯粹性和精致性，却获得了关于历史的深刻洞见。

Hoffman 教授将模型引入了跨国比较，较之原有的案例比较研究在公理化的方向上前进了一大步。对于国际关系、制度比较和所有其他涉及案例比较的研究都有借鉴作用。

授课老师简介

Philip T Hoffman，加州理工大学商业经济学 Rea A. 和 Lela G. Axline 教授以及历史学教授（Rea A. and Lela G. Axline Professor of Business Economics and Professor of History）。2013 年当选"新经济史协会成员"（Cliometric Society Fellow）。2013—2014 年度任经济史协会主席。主要研究领域包括经济史和社会科学史。他的主要作品包括：与 Gilles Postel-Vinay、Jean-Laurent Rosenthal 合作的《无价的市场：巴黎信用的政治经济，1660-1870》（*Priceless Markets: The Political Economy of Credit in Paris, 1660-1870*），《传统社会中的增长：法国的乡村，

---

[1] Hoffman 教授的研究方式让笔者联想到格雷夫在《大裂变》中对于西非商人的分析，尽管 Hoffman 教授不是那么公理化。如格雷夫提到"做研究需要一个分析框架，它有助于揭示一种制度在什么条件下能有效地促使某种特定行为产生，说明其中的因果关系，形成一些推断，并对相关的论点进行评价"，第 40 页。又如对于提炼模型的要求，"模型应该尽可能地建立在能用历史事实说明的假设上，而且它必须尽可能少地使用额外假设来说明我们所考虑的现象"，第 52 页。从历史中抽象模型，通过模型提出可证伪的推论，再用定性和定量的方法予以检验。这可能会成为量化历史的一种比较普遍的研究方式。参见 [美] 格雷夫：《大裂变：中世纪贸易制度比较和西方的兴起》，郑江淮等译，北京：中信出版社，2008 年。

1450–1815》（*Growth in a Traditional Society: The French Countryside, 1450–1815*）。

参考文献

[1]〔美〕戴蒙德：《枪炮、病菌和钢铁》，谢延光译，上海：上海译文出版社，2000 年。

[2]〔英〕富勒：《西洋世界军事史》，钮先钟译，桂林：广西师范大学出版社，2004 年。

[3] 葛剑雄：《统一与分裂——中国历史的启示》，北京：生活·读书·新知三联书店，1994 年。

[4]〔美〕格雷夫：《大裂变：中世纪贸易制度比较和西方的兴起》，郑江淮等译，北京：中信出版社，2008 年。

[5] 李伯重：《中国的早期近代经济：1820 年华亭—娄县地区 GDP 研究》，北京：中华书局，2010 年。

[6]〔美〕马克斯·布特：《战争改变历史：1500 年以来的军事技术、战争及历史进程》，石祥译，上海：上海科学技术文献出版社，2011 年。

[7]〔美〕麦尼尔：《竞逐富强：公元 1000 年以前的技术、军事与社会》，倪大昕、杨润殷译，上海：上海译文出版社，2013 年。

[8]〔美〕彭慕兰：《大分流：欧洲、中国及现代世界经济的发展》，史建云译，南京：江苏人民出版社，2003 年。

[9] 彭南生、严鹏：《技术演化与中西"大分流"——重工业角度的重新审视》，《中国经济史研究》，2012 年第 3 期，第 95—103 页。

[10] 王兆春：《中国科学技术史：军事技术卷》，北京：科学出版社，1998 年。

[11] 郑诚：《守圉增壮——明末西洋筑城术之引进》，《自然科学史研究》，2011 年第 2 期，第 129—150 页。

[12]《中国军事史》编写组：《中国历代军事装备》，北京：解放军出版社，2006 年。

[13] Choi, Jung-Kyoo, and Samuel Bowles (2007). "The Coevolution of Parochial Altruism and War." *Science,* 318 (5850): 636–640.http://www.sciencemag.org/content/318/5850/636.abstract .

[14] Hoffman, P. T. (2012). "Why Was It Europeans Who Conquered the World?" *Journal of Economic History*, 72 (3): 601–633.

[15] Michalopoulos, S. (2008). "The origins of ethnolinguistic diversity: Theory and evidence." Available at SSRN 1286893.

[16] Snowden, K. A. (1987). "Mortgage rates and American capital market development in the late nineteenth century." *Journal of Economic History*, 47 (3): 671–691.

整理人：王妍，清华大学

制度、人力资本与经济发展

Patrick Wallis

摘要：在本次讲习班上，来自伦敦政治与经济学院（LSE）
经济史学系的帕特里克·威利斯（Patrick Wallis）教授以"近代
早期现代经济增长的出现：西欧与中国的比较研究"为题作了
两场报告，分别为"工业革命之前欧洲人力资本的形成：制度
与实践"和"通过贸易视角：分析市民与行会在早期现代欧洲
的社会与地理流动性"。在这两场讲座中，Patrick Wallis 教授和
他的合作者对传统观点中的行会的作用提出了质疑，并试图对
行会中学徒的流动性进行研究。Patrick Wallis 教授和他的团队
的主要研究问题为：行会到底有没有限制早期英国社会手工业
学徒的流动性？

一、研究背景

19 世纪后半叶，欧洲行会的研究发展迅速，当时的历史学家更关
注行会自身的运作方式，而忽略了对其影响的研究。大约在 20 世纪

五六十年代，行会研究成为 15 和 16 世纪城市制度研究的一部分。很多历史学家选取一个城市，收集包括行会在内的所有档案，获取整个城市中所有关于行会的信息，这些研究依然只是关注行会的行为，缺少对这些行为的影响的关注。从七八十年代至今，随着研究兴趣的减弱，人们遂达成一致，接受亚当·斯密的观点，认为行会有着举足轻重的经济地位但属于本地垄断，是经济发展的负担。

到了 90 年代，一些经济史学者开始指出行会制度中的积极因素，也正是这些因素使得行会制度存在如此长的时间。有学者开始研究这一制度带来的其他结果，这是对长期以来行会负面评价的回应，也是对新制度经济史研究的回应。我们应当更加仔细地考虑制度的利弊，或许行会制度存在一些缺点，但也不应该就此抹杀了行会积极的一面。

过去 30 年，对于行会的研究之所以焕发生机，有一个重要原因，那就是现阶段对于欧洲经济发展的研究显示"在第一次工业革命之前，欧洲各国的经济发展方式呈现出的不同趋势与行会的发展有关"。在 1400—1800 年间，欧洲在科技领域经历了重大的变化，科技发展中心也随之发生转移，社会财富大大增加。这一时期，英格兰、荷兰、意大利发展迅速，但荷兰和意大利后来停滞了，英格兰则在 1600—1800 年间出现持续的经济增长。传统的经济史观点认为，直到 1800 年，世界是平的，各国间经济交流不畅，财富无法自由流动，而原因之一就是行会的存在。当时的法律限制了经济自由，不利于经济增长，因此需要突破法律限制。1800 年左右，英国突破了阻碍发展的行会，经济得以增长，包括法律、政治在内的许多改变随之发生。

理解手工业行会的需求与发展对于理解科技发展非常重要。18 世纪前欧洲经济特点之一就是技术的传播速度比世界上其他很多地方都快，从而促使人口在不同地区间迁徙，这都有利于技术发展。对于试图厘清欧洲科技发展的人来说，理解科学概念和手工业技术的结合很重要，如果工匠局限在行会中，这种结合就不会发生。传统观点认为，行会人员流动少，具有封闭性，是一个对经济有消极影响的垄断组织。而量化研究的结果表明，行会中的学徒有很强的流动性，对传统观点提出了挑战。

二、传统观点：贝克尔人力资本模型

众所周知，在经济发展中人力资本这一要素是不可或缺的。作为一个要素，其身影在经济模型中随处可见。然而人力资本对经济发展的贡献由于不同模型下假设的不同而略有差异，在 Wallis 的研究中，主要在于促进社会技术的创新并利用技术创新来提高市场效率。与此同时，Wallis 教授还提出了人力资本具有广泛性和特殊性：人力资本的广泛性指的是其分布及应用十分广泛，人力资本的特殊性指的是这种资源在实际工作中具有特定用途。

人力资本在数量上是处于相对稳态并伴随着持续微弱的增长的 (van Zanden/Baten)。这其中的原因主要有以下三点：一是在彼时大学毕业生寥寥无几；二是高等学校数量有限；三是文化水平虽然存在上涨的趋势，但仍处于绝对的低位。通过图 1 不难发现，直到 19 世纪初，英国的识字率才首次超过 50%，达到人口的一半。而人力资本的总量却很高，原因在于学徒制下产生的"半工半读"。这一情况的出现有以下三个原因：一是学徒数量很大，约占总青年人口的三分之一；二是在发展工业革命的技术革新中扮演的核心作用；三是对部门间人员的重新配置与地理移民影响重大。

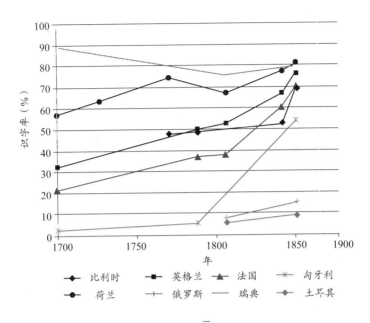

图1　1700—1900年欧洲国家识字率

通过以上定义，我们不难看出狭义人力资本与学徒制的关系，狭义人力资本是通过成为学徒后学习行业技能而产生，也就是说狭义人力资本在学徒制下繁衍发展。基于这个架构，培养狭义人力资本是通过什么样的合约而实施的呢？那就是通过贝克尔人力资本转换模型这样的一种过程实现的(Epstein，Humphries)。

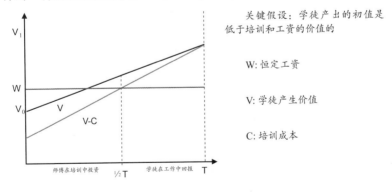

图2　贝克尔人力资源模型

在贝克尔人力资本模型里面，存在一个关键的假设，即学徒早期产出的初值是低于培训和工资的价值的。如果这个假设成立，那么能否在学徒和师傅之间签订长期有效的合同并确保实施是十分关键的。然而，贝克尔模型的引入及应用到经济史研究，提出了一种在行会及行会制度中可能维持合约生效的主要原因，即由行会制度，地域影响以及声誉等因素导致了在合约中，师傅和学徒能够遵守规章制度，自我约束而不投机取巧。如果没有这么强的约束力，师傅会出于对成本和回报的考虑，而不再轻易招收学徒。

三、理论分析及量化支持

（一）贝克尔模型与实际情形的不符

综上如此是传统观点。而 Wallis 及其合作者认为学徒制是一种流动性、可变性很高的合同系统，并且是独立于行会运行的。其主要体现在学徒们在企业，贸易以及工作地点的选择上有很多的变化，同时他们对于某个特定师傅的依附较弱，然而对于学徒们的利益的保障却一直被很有效地实施。在 Wallis 教授及其合作者看来，在英国近代之前，合同的实施以及合同的效力对于学徒制的影响是没有依据的。因为在那个时候，合同并不被实施，师傅和学徒是通过另一种制度来分担成本。政府机构和行会在那个时候是积极支持违约这样的行为的，因为违约在一定程度上可以降低低效率匹配的机会成本。

不列颠在 16 世纪和 18 世纪这段时间里，经历了大规模且十分剧烈的劳动力转移，在地理和产业结构两个层面上，也就是众所周知的由农民变为手工业从业者。所以只有在这样比较宽松的学徒关系下，年轻的学徒们才具有可以进出不同行业的流动性，进而降低低效率的匹配发生。

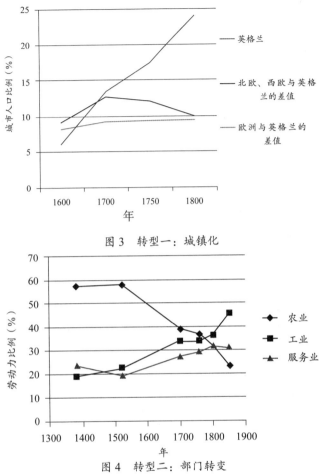

图 3　转型一：城镇化

图 4　转型二：部门转变

在贝克尔的模型中，我们不难发现，较低的流动性会导致人力资本的高效转移，但不利于劳动力的社会分配。与此相反，较高的流动性则会导致较低效率的人力资本转换，但可以更好地分配劳动力。总的来说，传统观点是无法解释英国经济体在当时是如何实现急速而准确的转型的。

（二）数据来源

Wallis 教授及合作者拥有的资料涵盖了英国最大的几个城市大多

数的学徒资料，即使在批评者看来，这也不是小数据了。因为没有档案表明他们作出的选择是囿于选择的有限性，还是出于自身的兴趣，比如说一个人选择当木工学徒，是因为他只能学木工，还是他最喜欢这个行业。这些背后的动因，更能帮助我们重构当时的社会环境，了解当时社会中的机会、信息等。然而通过现有资料，我们也只能知道学徒作出的选择，至于选择背后的动因，依旧不得不借助于推测。19世纪不同行业学徒制的信息中，与这个问题相关的资料不多。在比较的过程中，必须确认选择的工人样本具有可比性，比如一般来说，只有进不了大学的人才会去当学徒工人，但进入大学的机会在1800年和1860年并不一样，1800年和1860年工人的社会地位并不一致，而只有在初始条件一致的情况下才能进行比较。

Wallis教授及其合作者有可能高估了这些记录在欧洲17和18世纪的重要性，因为直到19世纪这些记录才作为当时制定政策的依据，之前只具有存档功能。当时的人有动力做这些记录，因为通过这些数据可以掌握金钱、人力、税收等状况，但是从知道这些记录到使用的转变非常缓慢。这些记录以书的形式存在，但人们并没有把它看作社会控制的一部分。至于为什么欧洲出现了这样的系统记录，Wallis教授认为这是法律系统的发展和证据的重要性上升导致的。正是由于这些学者们一直忽略的数据被Wallis教授及其合作者重视，关于行会的分析才终于被提高到了一个可以量化的水平上。

（三）量化分析

首先，学徒制是改变社会地位的主要机制。从本质上讲，学徒制实现了在不需要很强约束的情况下对学徒的训练。作为分析手段，我们认为存在的家庭约束可分为两种：主观表示有血缘关系，仅占0.3%；客观存在相同姓氏的，仅占7%。而地理层面的约束则表现为同乡，其比例为3.6%。而职业约束，也就是职业与父亲相同所占的比重，为3.8%。而这几种，我们认为有较强约束力的约束关系，只占样本总数的15%—30%。这无疑说明，社会关系对学徒的约束极其有限。因此，学徒制使得劳动力在空间上得以实现长距离迁移，并使得劳动力在社会网络中得以实现社会等级流动。

其次，学徒制实际上是一个很灵活的系统。由图5—图6不难看出，很多学徒提前退出合约。这些学徒们的动向也体现了伦敦城内外的机会和资源。而之所以学徒们纷纷脱离合约，是因为他们并没有如大家期待的那样正式地完成合约。

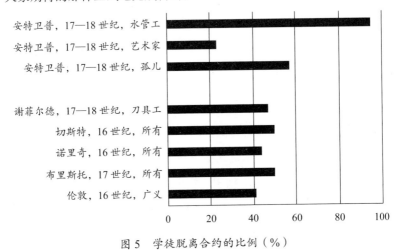

图5　学徒脱离合约的比例（%）

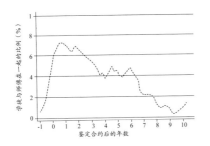
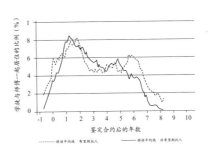

图6　在伦敦和布里斯托的学徒经常提前离开他们的师傅

资料来源：Minns and Wallis(2012)

再次，当时的政府机构也更倾向于支持学徒退出而不是强制执行合同。理论上这个关键的组织是需要学徒市场允许学徒退出。实际上只有大约5%—10%的人选择签订合同，而这些合同也大多没被有效地执行。

表1　伦敦市法院受理的解雇学徒案件

样本	年份样本	每年平均费用 （最小值—最大值）	每年的学徒契约数	解约率（%）
1610	1610—1611	55（39-71）	2120	2.6-3.3
1650	1651—1653	96（92-101）	2760	3.5-3.7
1690	1690—1693	184（153-252）	3596	5.1-7.0
1720	1718—1720	146（114-181）	2338	6.3-7.7

资料来源：Wallis（2013）

第四，之所以会出现这样的情况，是因为当时有其他途径可以导致合约过早终结。如果师傅是无法留住学徒的，那为什么学徒的供给并没有消失？因为在一些培训中，培训过程可溢出有生产力的工作，这些工作的价值降低了师傅的面对违约的风险。这其中分为两种形式：其一是学徒在离开前会一直干一些杂活，尤其是对于年轻人；其二便是很多时候，接受培训需要支付一些手续费，也就是溢价部分。然而由于这部分手续费在学徒离开后有可能被追回，有法庭的档案不难看出，追回的几率还是很大的。于是师傅会通过延长培训的周期来降低学徒投机带来的风险。

表2　选定行业的学徒期保险缴纳率

行业	保险缴纳（%）	平均	标准差	中位数	P10	P90	观测数
药材商	84	73	36	63	40	105	589

行业	保险缴纳 （%）	平均	标准差	中位数	P10	P90	观测数
铁匠	20	10	10	6	4	20	2105
杂货商	59	84	80	30	8	200	380
泥水匠	31	8	4	5	4	13	400
文具商	100	32	44	15	5	92	330
车工	54	12	12	10	4	21	401
葡萄酒商人	32	16	22	10	5	21	823
所有行业	43	36	46	15	5	100	5028

表3　选定行业的学徒期保险费用，1710—1773

	均值	中位数	标准差	观测数
食品工厂	10.0	9	13.5	21627
服装	11.5	7	18.1	32560
鞋类	6.5	5	8.4	27436
纺织品	15.7	5	35.7	19863
木材厂	15.6	10.5	17.5	13504
钢铁制造	9.4	5	19.4	11649
建筑	10.9	10	12.5	34684
其他服务业	16.1	10	33.0	8655
职业	73.6	52.5	60.6	16767

注：印花税样本，职业组使用 Wrigley's P.S.T 的第二个数字代码。

最后，不采用强力的合同也有助于降低学徒的风险，有助于有效地配置人力资源。因为强力的约束可能会导致一些问题，比如会使学徒对于师傅的人身依附关系变得尖锐。一方面，通过人口统计学我们知道，在这样大数量的人员匹配中，必然会存在着很高的不确定性。另一方面，由于经济正在急速转型，这一时期英国高速的城镇化进程和经济中心从农业向工业转移，经济周期的变动也十分剧烈。这导致很多时候违约成为了雇主和师傅们最佳的选择。与此同时在当时的体制下，用人单位和培训组织是分开的，因此不会共同承担风险，这导致风险对于任何一方来说都很大。最后，学徒们也缺少直接的渠道来了解他们所面对的新雇主的具体职业和其他信息的机会。这也导致学徒们会很偏向在了解情况后可以有选择离开的权利。

四、总　结

英国的学徒关系系统并不是依靠强有力的合同约束而维持的。流动性在服务领域里很高，政府机构的职能并没有付诸行动是因为这样的流动性对于社会有很大的益处。政府机构非但不支持合约的执行，甚至会帮助学徒们追讨回不良投资。这造就的结果就是，有一大批年轻人愿意冒险去改变他们的职业，甚至从农村搬到城市。

在贝克尔的模型中，我们不难发现，较低的流动性会导致人力资本的高效转移，但不利于劳动力的社会分配。与此相反，较高的流动性则会导致较低效率的人力资本转换，但可以更好地分配劳动力。不列颠在 16 世纪和 18 世纪这段时间里，在地理和产业结构两个层面上经历了大规模且十分剧烈的劳动力转移，也就是对工业革命起着决定性影响的"近代农业革命"，即农民变为手工业从业者。而只有在这样比较宽松的学徒关系下，年轻的学徒们才具有可以进出不同行业的流动性，降低低效率的匹配发生，促进社会发展，加速社会转型。总的来说，Wallis 教授的分析可以更好地解释英国经济体在当时是如何实现急速而准确的转型。

针对中国行会的研究非常少，目前有几篇相关文章，比如彭慕兰（Kenneth Pomeranz）的研究，他的文章试图阐述欧洲以及中国行会各自的职能，并说明二者之间的关系。Wallis 教授认为，中西方行会非常不同，中国的行会是私人性质的，没有国家参与，更像一个公民社会组织，和地缘、血缘联系更密切；而在欧洲，通常都是市政府甚至国家赋予行会权力，这使得它们能够满足行会成员。罗威廉（William T. Rowe）关于汉口的研究至今仍是中国行会研究最好的成果。在中国，当同一行业内存在多个行会时，他们之间的差别通常都很大，有的行会通过家庭因素等将人聚集起来，而另外一些则是通过地理因素，在欧洲没有相似的情况。总之，中国的政府比欧洲的政府在行会中扮演的角色小得多。

授课老师简介

帕特里克·华莱士（Patrick Wallis）是伦敦经济学院副教授。研究兴趣包括中世纪学徒制、工会、人力资本等。

参考文献

[1] Klemp, M., C. Minns, P. Wallis, and J. Weisdorf(2013). "Family investment strategies in pre-modern societies: Human Capital, Migration, and Birth Order in seventeenth and eighteenth century England." *European Review of Economic History*.

[2] Leunig, T., C. Minns, and P. Wallis (2011). "Networks in the Pre-modern Economy: the Market for London Apprenticeships, 1600–1749." *Journal of Economic History*, 72(2): 413–443.

[3] Minns, C., and P. Wallis(2013). "The price of human capital in a pre-industrial economy: Premiums and apprenticeship contracts in 18th century England." *Explorations in Economic History*.

[4] Wallis, P. (2013). "Labour, law and training in early modern London: apprenticeship and the city's institutions." *Journal of British Studies*.

[5] Wallis, P. (2012). "Rules and reality: quantifying the practice of apprenticeship in early modern England." *Economic History Review*.

[6] Wallis, P., and C. Webb(2011). "The Education and Training of Gentry in Early modern England." *Social History*, 36(1): 36–53.

[7] Wallis, P., C. Webb, and C. Minns(2010). "Leaving Home and Entering Service: The Age of Apprenticeship in Early Modern London." *Continuity and Change,* 25(3): 356−376.

[8] Wallis, P. (2008). "Apprenticeship and Training in Premodern England." *Journal of Economic History*，68(2): 832−861.

整理人：赵允，威斯康星麦迪逊分校

三、量化评估

亲族与古代辽宁省的长期不均等之间的关系

康文林

摘要：康文林教授的研究显示，在 20 世纪之前的中国东北部，亲族团体对于形成社会不均等的结构具有很大的重要性。即使在考虑了村庄与家庭之间的不同之后，亲族团体的成员身份对于其人口统计学上的表现以及社会地位的获得上的不同具有很大影响。在 20 世纪之前，亲族团体之间的相对地位具有连续性。进一步推断认为，从 19 世纪直到 20 世纪后期，这种连续性依旧能够保持。该研究使用的数据是 CMGPD-LN 数据库中的历史数据，以及当代的调查结果。而结果是通过对这些数据的分析计算人口统计学与社会地位获得的。康文林教授和李中清教授的研究对于今后关于社会分层的研究具有很大启示，即这些研究应跨出现有的仅仅对父母与子女社会地位的相关性的分析，而将范围扩展到整个亲族团体的影响。

关键词：亲族团体；社会不均等；社会结构变化与连续性

引　言

康文林教授在他的研究中使用了一套新方法，用来考察亲族关系如何长期延续了社会的不平等。该研究超越了以往研究社会分层的方法，不仅仅考虑了父母向子女的地位传递，还分析了亲族团体本身作为一个单位的作用。研究度量了亲族团体成员身份对个体不平等的影响，并评估了不同亲族之前的长期社会地位的保持。通过将亲族团体看作一个单位，本研究不仅超越了之前仅仅分析父母对子女影响的研究，而且还超越了之前表明特殊亲族团体对个体经济社会地位的影响要超过父母的研究。

研究使用一套特殊的数据库，收集了从 1749 年到现在中国辽宁省乡村的家庭数据。数据库的主要部分包括中国多世代面板数据库——辽宁（CMGPD-LN），其中包含辽宁省乡村 1749—1909 年注册的家庭数据，并已在 ICPSR 上发布。CMGPD-LN 数据库很好地契合了本研究的目的，因为它体现了个体与更广意义上的亲族之间的联系，也体现了这些亲族的集合特征。康文林教授将过去亲族的后代在 20 世纪的社会与经济地位与这个数据库连接起来，得到了研究使用的数据库。这一数据库将一个特定的、有明确特征的群体从 18 世纪中期跟踪到 20 世纪，因此能够对父子成就的相关性以及家族的成就进行系统的分析。

通过对 CMGPD-LN 分析以及联系了之前的调查结果，研究表明亲族团体在 1911 年之前对于导致不平等起到了重要的作用。即使在将村庄与住户之间的差异考虑进去之后，亲族之间的差异依旧会对个体之间的经济社会地位造成影响。研究还表明，在 19 世纪亲族之间的相对地位十分稳定。最后，由于用多种方法测量出的亲族团体的社会地位排位是具有相关性，研究表明，从 19 世纪到 1949 年之后的社会结构具有一定的连续性。

一、研究背景

目前，关于历史和当代的社会分层的文献是比较分散的，而康文林教授的研究首次将之前研究综合起来。他将20世纪前到1949年之后社会分层的长期过程考虑了进来。并且，此项关于中国社会分层的量化研究是第一个考虑了亲族团体的重要性的研究，关于亲族团体的研究是建立在中国几十年的人类学和历史学研究的基础上的。研究得出结论，考虑亲族团体的潜在重要性对于任何评估1949年之后的变化的长期影响都是很有意义的。

关于中国20世纪之前社会分层的早期研究都是历史学家进行的，并且注重于研究在通过科举考试谋得政府官职时家庭背景起到的作用（Ho，1962；Hymes，1982）。Ho（1962）的研究认为，国家精英团体是个相对开放的群体，因为很大一部分举人的父辈都没有中过举。Hymes（1982）提出了一个很重要的观点，认为考虑父辈与儿子之间的关系会对这个群体的开放程度有所高估，因为中举者即使没有中过举的父辈，也可能得到亲族团体中其他成员的正面影响。

康文林教授对于中国东北部古代社会分层的研究专注与分析更加世俗的成就。Campbell and Lee（1997）使用早期版本的CMGPD-LN数据库研究了父子联系对于获得政府官职的影响。以Hymes（1986）为基础，两位教授在接下来的研究中考虑了更大的亲族网络的重要性。Campbell and Lee（2003）表明，亲族中并非来自父亲的关系也能够影响儿子在社会中获得地位的机会。即使在考虑了这些因素的影响之后，社会分层依旧是相对开放的，鉴于父子关系对于社会地位的影响要比古代西方要低，而且每一个世代中获得高官职的人往往来自没有背景的家庭。Campbell and Lee（2008）对这些结果进行了复制和拓展，得出家庭之外的亲族关系不仅能够影响功成名就的可能性，还能影响男性婚姻和子嗣等往往反映了社会地位的特征。Chen（2009）通过分析另外一组数据考察了黑龙江双城的跨代财富分层。

关于当代中国社会分层的文献要更多。与本研究比较相关的是1949 年之后关于家庭教育与职业背景带来的影响的趋势与变动。研究考察了 1949 年后父母与子女关系的趋势与变动。例如 Cheng and Dai（1995），Deng and Treiman（1997），Whyte and Parish（1984），以及 Zhou，Moen and Tuma（1998）。这些研究主要关注于特定政策变动的影响。尤其是在"文化大革命"期间，教育与职业的倾向性是以家庭背景为基础的。总的来说，他们的研究发现，1949 年来，家庭背景对教育与职业高度的长期影响是微乎其微的，但是却发现家庭背景对特定人群的影响有很大浮动。这些浮动往往与政策改变有关。

有些研究关注特定的时期或是重大事件。有些研究与"市场转变大辩论"有关，研究了过去几十年中国向市场经济转型如何改变了人力资本与社会地位对收入的影响。比较典型的研究有 Nee（1989）和 Bian（1996）。最近，关于跨代流动性的研究考察了户籍制度下父母的特征与他们子女社会地位的关系（Wu and Treiman，2007）。

一些研究就 1949 年之后的政策造成的影响得出了结论。在一个经典的研究中，研究者采访了从中国内地到香港的移民，Whyte and Parish（1984）在研究的基础上得出结论，认为 1949 年之后推行的政策改变了社会分层的过程。与其他关于 1949 年之后的政策对社会分层与社会流动的影响的研究相比，这个研究有更多的推测成分，尤其是因为他们对比的群体是早期的人群和后面出生的人群。鉴于早期人群在 30 年代和 40 年代大社会大动荡发生时已经成年，他们并不是一个理想的用来做比较的基础。因此，尽管一些研究，例如 Deng and Treiman（1997）发现，对于在 1949 年后刚刚成年的人群，父母与子女的社会地位的相关性较弱，我们无法证明这种弱相关性是反映了更高的社会流动性，还是仅仅从过去延续下来。

比较 1949 年前后的社会分层十分重要，因为在中华人民共和国成立之后的一段时间里，国家经历了人类历史上最野心勃勃的一次试图消除社会与经济差距的尝试。贯穿 50 年代土地改革，60 年代晚期的"文化大革命"以及许多其他尝试，在 1949 年之前存在的社会经济结构被消除甚至反转。1949 年之前统领社会的精英们被剥夺了能力与影响力。由于 1949 年后家庭根据其经济社会地位被贴上阶级标签，以及根据这些标签进行的教育与工作政策上的歧视，之前的精英阶层失去了他们的地位。社会变得开放，于是个人地位的获得是建立在其政治贡献与价值的基础上，而不是家庭的经济社会地位。如果要考虑家庭经济社会地位，只能说这种联系被反转了，之间精英家庭的成员处于劣势，或至少是不再地位显赫，而平民家庭的成员爬到了社会顶端。

康文林与李中清教授早期使用这些数据的初步分析，是考察 1949 年前后纵向关联的人群社会分层的唯一的已有研究（Lee and Campbell，2008）。研究发现父子关系对这会地位的影响在清朝以及 1949 年之后并没有变化，即便招募官职的制度彻底改变了。也就是说，父母与子女的相关性强度反映出的社会流动性并没有变化。尤其是看到历史研究中，例如 Ho（1962），Lee and Campbell（2003，2008）得出的父母与子女的关系对于社会地位的影响很弱的结论，这种连续性至少提供了一种可能，也就是 1949 年刚成年的这一批人中相对较弱的父母与子女关系并不是与过去的断层，而是对过去的衔接。

大量关于中国亲族关系的人类学与历史学文献表明，当研究中国社会分层时，将亲族作为一个整体来研究是具有很大意义的。从这些文献中，很明显可以看出亲族成员身份对于个人成就具有很大作用。的确，考虑到在人类学和历史学文献中亲族成员身份的显著重要性，我们很奇怪地发现，在研究中国社会分层的社会学文献中，却只强调父母，而忽略其他直系亲属。强大的父母与子女地位相关性往往被看作是社会的低流动性。即使这种相关性很弱，那些流传到下几代的文化以及其他资本也许依旧能够提高亲族成员获得社会精英地位的可能性。在中国以及其他东方社会，有许多有形的以及无形的资源在亲族间流动，包括在不同家庭之间（Bian，1997；Das Gupta，1997，1998；Davis，1955；Skinner，1997；Wolf，2005）。许多中国的亲族根据正式的规定来确定亲族的权威的管辖权，其中包括居住地，家庭关系，以及性别（Ebrey，1984，1991；Liu，1959）。尤其在中国南方，家系组织经常参与集体活动（Freedman，1958，1966；Szonyi，2002；Zheng，2001）。在中国北方，家系也是十分重要的组织，即使他们不像在南方那样有非常正式的组织（Cohen，1990）。

这表明，任何关于中国 1949 年后变化的长期影响的研究都应该直接衡量亲族团体的作用，并关注亲族团体之间相对地位的长期连续性。如果在 1949 年前后亲族团体的地位有任何连续性的话，这很可能反映出的是亲族团体的作用，而不是跨越许多代从父母到子女的一系列地位的传递。根据历史学研究中得出的父母与子女间社会地位的弱相关性以及当代研究中得出的 1949 年后期人群的同样特点，后代很难将社会地位延续好几个世代。不仅如此，1949 年后的政策恰恰针对父母与子女间的地位传递。阶级标签是贴在父母身上，而不是贴在亲族上面。

二、数　据

康文林和李中清教授将辽宁省 18 世纪以及 19 世纪在 CMGPD-LN 中的注册人口，以及 20 世纪在样本村庄中的注册家庭的后代的数据结合在一起。从这些数据中，他们使用一种摘录，其中每一条记录都描述了一位在被调查的后代群体中的成年男子。18 世纪和 19 世纪的成年男子信息是来自历史上的注册家庭数据，而 20 世纪的信息则是来自追溯调查。每一条记录都包括社会地位如官职和教育程度、基本的控制变量以及构建的解释变量，该变量描述了这个人的父亲、家系团体的集体特征以及后代的分支。在这一节接下来的部分，两位教授描述了户口注册并追溯调查两种数据来源，然后描述了他们研究中做分析用到的摘录数据。

（一）户口注册

CMGPD-LN 的注册户口跟从的是一批中国汉人的后代，他们在 17 和 18 世纪从山东及其他地方移民过来，成为国有土地的世袭佃户，并被八旗所监管。八旗是清朝的国民与军事监管机构（Ding，Guo，Lee and Campbell，2003）。CMGPD-LN 数据库总共包括 1749 年和 1909 年对 266091 个人每三年一次的共 1513357 次观察，包括住户、亲族团体、村庄、行政区和地域。第一张地图总结了八旗所管辖覆盖的村庄的分布。它们横跨辽宁，包括了盖州附近的沿海地区。盖州是营口的内陆区，还包括了海城周围的农业平原、沈阳以及交汇城市，还有辽宁省东北部开原和铁岭附近的偏远山区。

研究简要描述了 CMGPD-LN 数据库，因为之前已经详细描述过了它的来历、内容以及优缺点（Lee and Campbell，1997，223-237；Lee，Campbell and Chen，2010）。相对于中国其他地区的注册户籍和家系宗谱，辽宁的注册户口提供的人口统计学和社会学数据要全面准确得多（Harrell，1987；Jiang，1993；Skinner，1987；Telford，1990）。

纵观整个研究，康文林和李中清教授将男性获得政府官职作为地位高的标志。广义来讲，CMGPD-LN 数据库记录了五种类型的职位。其中三种是正式的政府官职，包括了工资及其他必要条件。不仅包括了低级别的职位如士兵、乡绅和技工，还包括了高级别的管理层职位，那些职位不仅包括工资，还拥有权力。对于大多数这些官职，研究能够通过挖掘文献存档来确定这些官职的工资。还有一种职位通常是买来的，这暗示了强大的个人资源，或者能够通过家庭关系获得这些资源。辽宁的注册户籍并不包含除了政府官职之外的其他职业。鉴于数据库覆盖的年代，人口大多是农村和农业人口，我们无法确定数据库的限制性有多大。

康文林和李中清教授将 255091 注册户籍中的个人划分为 1051 个宽泛定义的家系团体，以及 25540 个更加详细定义的家系团体分支。研究定义的家系团体包括了有同样姓氏的人，他们的家庭以及户籍团体在早年的户籍注册记录当中是相邻的。家庭以及户籍团体在早年的户籍记录当中相邻的人往往都具有亲属关系，他们往往具有相同的男性祖先，这位祖先在建立最早的户籍记录之前就已经去世。研究定义的家系团体分支就更加狭窄了，在同一团体的两个人必须拥有已经被收录在户籍记录之内的共同祖先。

（二）追溯调查

从 1999—2006 年，康文林和李中清教授在辽宁省农村进行实地考察，其中包括了 CMGPD-LN 数据库中人群的当代后裔。追溯调查从被访者以及与其共同居住的亲属那里收集信息，同时还调查住在村庄别处的亲属以及已经离开村庄的亲属。被访者及其亲属与注册户口的联系是建立在被访者的祖先的基础上的，通常是出现在注册户口上的祖父辈或是曾祖父辈。研究还在注册户口的家庭中收集了额外历史资料，比如家谱或是碑文，并用这些资料评估了数据的完整性（Campbell and Lee，2002）。

研究使用的追溯调查数据包含了辽宁省三个不同地区的 12 个村庄的 27 个不同家系团体的 10329 个人。图 1 标示出了进行过实地考察的村落。这些村庄被分为三个区域，根据清朝的行政区以及当时的县城划分。第一块区域是沈阳的农业平原，两位教授在其中的五个村落中收集了数据。其中一些村庄已经变成了沈阳北部的郊区。第二块区域是铁岭东部的山区，其中两位教授从四个村庄中收集了数据。这些村庄坐落在偏远的峡谷中，农业尚在初始阶段。第三块区域是在海城和辽阳之外，两位教授从中收集了三个村庄的数据。这些村庄大多也处在农业初始阶段。

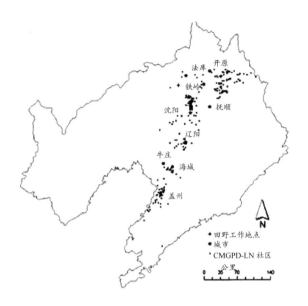

图 1　辽宁调查数据的覆盖村庄：1749—1909 年

在这些调查中，教授们只收集了关于居民的基本社会学与人口统计学数据。人口统计学数据包括出生时间、婚姻和死亡。他们还收集了基本的关于社会地位的数据，包括教育水平，职业，党派，以及其他特征。教育水平显示为该居民的最高教育水平，如小学低年级、小学、初中、高中、技术学校或是大学。

追溯调查有其局限性，因此在分析过去和现在之间的连续性时需要格外谨慎。鉴于研究使用的是关于数据库中的个体信息的代理报告，关于很多个体的信息是不完整的。因此，例如，研究遗漏了四分之一的人的出生信息。那些信息不完整的个人通常是那些曾经离开过村庄一段时间的人，对于这些人，考察所使用的代理报告是来自他们那些尚留在这些村庄中的亲属。在这种情况下，调查只得到了一个名字以及亲属关系。研究将限定于那些拥有必要信息如出生年份、职业和社会地位的个体。

在统计学意义上，两位教授进行实地考察的村庄并不是 CMGPD-LN 数据库中的代表性村庄。它们是根据辽宁省当地历史办公室的研究伙伴的咨询建议而被选择出来的。其中一个挑选村庄的关键指标是这个村庄里有大量被包含在 CMGPD-LN 数据库中的家庭，拥有宗谱的家庭，拥有碑文的家庭以及其他当地资源。当地历史办公室的工作人员拜访了很多村庄，并在决定选择哪些村庄之前对那些村庄先进行了初步的评估。一些现实的考虑，比如说后勤以及当地政府的支持也是选择村庄的考虑之一。也就是说，两位教授研究的村庄分布在辽宁省的三块区域当中，拥有非常不同的背景，因此，分析结果即使不具有统计学意义上的代表性，至少也有一定的指导意义。

数据还有一个比较微妙的限制性，就是 CMGPD-LN 数据库中涵盖的当代能够接触到的家系团体中，更加成功的家系团体相比其他家系团体，在数据库中能够得到更多的体现。从我们能够发现一个CMGPD-LN 数据库的人的当代后裔，就可以看出，他或她的祖先能够在 CMGPD-LN 数据库覆盖的连续好几个世代中延续家族的香火，从清朝末年一直到当今。因此，Campbell and Lee（2008）发现，在CMGPD-LN 数据库中，在追溯调查中覆盖的家系团体在人口统计学和社会地位上的表现要优于 CMGPD-LN 数据库中的其他人。对于排位的相关性的意义尚不明朗。

因此，即便研究分析得出的关于当代和历史数据的关联性有很强的指导意义，因为它们代表了范围很广且背景不同的许多村庄，然而若想要得出确切的结论，必须等到有更大规模的尝试，能够从范围更大的村庄中更加有系统性地收集 CMGPD-LN 数据库中的村庄数据，或者是从同样有合适数据的中国其他地区中收集数据。在现阶段，鉴于这些限制性，我们可以把目前对于过去和现在的连续性的长期分析中得出的迹象视作一个令人注目的推测，但依旧需要大量在此基础上的研究。

三、研究方法

（一）20 世纪前的家系团体及其不平等

首先需要确立家系团体成员作为分层变量的重要性。因此，研究首先评估了不同团体对于亲族团体之间的不平等的贡献。研究比较了CMGPD-LN 数据库中村庄、家系团体以及家庭作为社会与经济组织的重要性。研究估计了随机效应模型，这个模型将个人水平的社会与人口统计学成就的差距分离成可以被归因于村庄、家系团体以及家庭的差距三个部分。分析可以说有四个级别。第一个级别包含了个体，第二个级别包含家庭，第三个级别包含家系团体，第四个级别包含村庄。鉴于研究没有对地区与区域进行分离控制，Lee and Campbell（2005）得出的结论是他们在社会成就以及人口统计学表现上的巨大差异可以被归因于村庄之间的差异。

为了评估村庄、家系团体及家庭的差异对于个体人口统计学及社会地位差异的贡献，研究比较了村庄、家系团体及家庭的随机截面的标准差。研究将该标准差作为衡量在那个人群单位上的差异水平的指标。如果在某个单位水平上的标准差接近于零，则视作在那个单位水平上的差异对于个人之间的差异的贡献可以被忽略不计。而在一个单位水平上的标准差很大则表示在那个水平上的差异对于个人水平的差异有巨大贡献。

研究对于比较村庄和家系团体的相对重要性最为感兴趣，因为家庭之间的差异的重要性显然是很大的。之前对CMGPD-LN数据库的分析得出的结果已经表明了家庭水平的差异对于家庭成员地位的重要影响，因此家庭内部的相关性必然是很强的。如果，即使在家庭及村庄的差异性被控制之后，家系团体的差异性依旧很显著的话，就可以得出结论，家系团体之间的差异性对个体之间的差异性有着独立的影响，因此家系团体作为一个重要的社会单位，是值得被分析研究的。

研究不仅分析社会结果，如被认为象征着地位的成就以及男性婚姻，还分析人口统计学结果，如死亡率以及建立在男婴数量上的出生率，研究认为这些指标能够反映当地的生态情况。对于社会决定的结果如社会成就和男性婚姻，研究期待在同一个村庄中不同家系团体之间的差异性和村庄之间的差异性一样显著，如果不是更显著的话。确切来讲，对于获得那些有助于得到政府官职或是得到子嗣的资源，研究期待家系团体相对于村庄，对此有更加显著的影响。

相反，对于死亡率以及与年龄相关的子女数量，研究期待村庄之间的差异要比家系团体之间的差异更大，或者是一样大。对于死亡率，这种预计是十分明显的。同一个村庄的居民经历同样的疾病环境。由于环境的不同，子女数量这个反映未被记录的婴儿及幼年死亡率的变量在各村庄之间应该有显著的不同。

每一个模型的细节都根据考虑的结果而有所不同。对于获得官职的分析，研究只考虑了活了30岁以上的男子。这个结果是一个关于他们最后一次在注册户籍上出现时是否取得了政府官职的二元指标。对于婚姻比例的分析，每一名男子代表了其在特定年龄段首次被观察到的状态。结果是关于他们是否结婚的二元指标。关于婚姻中子女数量的分析需要用到泊松分布。研究将对同一个已婚人士的多次观察得到的结果汇总到一起，得到一个总的结果，体现出他的儿子的数量，并将他们被观察到的年数记录下来作为一个曝光指标。控制变量包括在每一个五年时段中被观察的数量。对于死亡率的分析，研究使用二项回归。研究将同一个年龄段中的同一个人的观察加总得到单一的观察，用于指示这个人有没有死亡。控制变量包括在每一个五年时段中被观察的数量。

（二）清朝时期亲族相对地位的变化与延续

为了考察 1911 年以前农村社会阶级的变化与连续性，研究根据获得政府官职的成年人所占比例来计算 1800 年之后每 25 年间家系团体及其分支的阶级排序。然后，研究又计算了阶级排序在 25 年期间的相关性。研究使用了整体排序以及区域、地区、村庄内的排序。对于地区的定义是清朝的行政单元，基本与当代的市级对等。研究考虑了更小的地理单元内的排序，解释了一种可能性，即巨大并且持续的获得机会的可能性的地理差异也许会夸大家系团体的排位的稳定性，或者是获得机会的可能性的地理上的趋势性差异可能会夸大流动性。对于那些使用地理区域内的排序的分析，研究将排位标准化，将其除以家系团体或是家系团体分支的总数，从而显示出一种可能性，即家系团体和家系团体分支的总数的地理单元之间的差异可能会导致数量较大的家系团体及家系团体分支具有更大的影响力。

（三）从清朝时期到现在的亲族相对地位的变化与延续

至于分析家系团体的地位排序在 1911 年之前和 1949 年之后的相关性，两位教授建立了一个数据集，结合了从两个时代的数据集中收集获得的个人信息。每一个观察都对应于一个成年男性。一个二元指示变量代表了他是生活在现代还是早期。表 1 总结了加了限制之后可以用于分析的观察结果。从当代调查中获得的数据包括了出生于1930—1980 年之间的男性。这些是在 1949 年新中国成立之后以及在

2001 年进行追溯考察之前成年的男性。为了被包含在数据集当中，对于这些男性的观察必须包含教育水平和职业。为了与 Lee and Campbell（2008）中使用的样本一致，本次研究继续将男性限制于那些有关于其父亲的教育水平和职业信息的个体。

表 1　家系团体中的成年男性数量

地区	村庄	本次调查	历史登记	总计
辽阳 / 海城	1	47	118	165
	2	249	281	530
	3	257	1159	1416
沈阳	4	208	1369	1577
	5	253	664	917
	6	117	541	658
	7	57	153	210
	8	165	140	305
铁岭 / 开原	9	54	122	176
	10	171	549	720
	11	187	376	563
	12	205	1237	1442
总计		1970	6709	8679

之后两位教授又建立了一个二元指示变量，来判断一个人是否在政府任职。无论一个人拥有何种政府官职，在 CMGPD-LN 数据库中，他都被判定为具有政府官职。注册户口中约有 3% 的人拥有政府官职。1949 年之后，如果一个人被定义为拥有政府官职，则他可能是村长、会计或是具有更高的监管或是政治职位。根据追溯调查，约有比 4% 多一些的人拥有政府官职。

对于 1949 年之后的人，两位教授还建立了一个指标，判定这个人是否具有显赫的地位。显赫地位被定义为一个在当地广受尊重的职位，与非农业收入相关，但不一定是领导性职位。尽管这些职位也许看起来普通，然而对于一个农业社会，拥有极少的商业活动（商业活动 1990 年之后才兴起），这些职位已经足够重要了。

研究将政府官职视作判定一个人是否为当地社会及政治精英的指标，而不是一个人具有某种技能或是受过某方面训练的标志。CMGPD-LN 数据库中的政府官职与 1949 年之后的政府官职之所以具有可比性，是因为这两种官职在当地都具有较高的地位。对于政府官职的选拔相差很大，与之相关的技能亦然。历史上的政府官职是通过一个极其官僚的过程并根据德行来在表面上授予的。绝大多数官职具有官方正式的标准。1949 年之后，某些形式的德行在任命政府官职中具有一定作用，但是其他指标也十分重要，例如政治可靠度以及家庭阶级背景。

两位教授还建立了二元指示变量来表示个人的教育程度。对于历史注册户籍中提及的人，研究使用是否拥有科举功名来判定一个人是否具有很高的教育水平。科举功名显示出一个人是否参与了其中一项官方考试。只有 0.4% 的人拥有这样的功名。对于追溯调查中的人，研究将受过高等教授定义为至少受过 12 年的完整教育。大约有 5% 的成年男性满足这个标准。与政府官职的情况相同，在 20 世纪之前获得科举功名与 1949 年后获得 12 年以上的教育并不完全对等。对于 1949 年之后通过追溯调查涉及的成年男性，研究还考虑了定义高等教育的不同年限。

对于这些指标，研究建立了一个综合指标，来表示家系团体分支的总体表现。研究使用家系团体分支作为分析的单元，是因为实体考察显示出，与家系团体相比，家系团体分支更能够代表更具有意义的当代村庄的一个当代的亲族组织。在实地考察中，两位教授观察到，一个村庄中的家系团体往往被分为许多分支，根据他们是否是一个更近的祖先而不是很久之前的祖先的后裔，而且不同分支之间的特点具有天壤之别。家系团体分支更能等价于一个亲族网络，对于个体研究更有意义。

对于 20 世纪的数据中记录了 5 个以上成年男子的 36 个家系团体

分支，研究使用指示变量计算了几个加总的衡量社会地位的指标。这些分支覆盖了调查中涉及的 90% 以上的人口。对于 CMGPD-LN 数据库中的分支成员，研究计算了拥有政府官职的人口比例，政府官职的平均收入，被给予高地位名字的男孩比例，被给予低地位名字的男孩比例以及具有科举头衔的人口比例。研究包括了取名，是因为在两位教授尚未发表的研究中发现，家庭的命名也与他们的社会地位有关，因为社会地位高的家庭更可能给他们的男孩取高地位的名字，不太可能给男孩取低地位的名字。因为研究的兴趣点在于与 1949 年之后的指标作比较，而不是在清朝的不同时段之间作比较，研究计算了 CMGPD-LN 数据库覆盖的整个时段的衡量指标。

1949 年之后，研究计算了 1930—1980 年之间出生的男性中获得政府官职的比例，1950—1980 年之间出生的男性中获得高等教育的比例，这些男性的平均教育年限，1930—1980 年之间出生的男性中获得在当地广受尊重的非政府官职（如教师、医生、护士、管理者、士兵，他们拥有非农业生产工资但却不属于政府监管职位）的比例。很明显，应该对 1978 年经济改革前后的两段时期分开考虑，但是现阶段所拥有的数据不允许研究使用如此细分的分析。

接下来，教授们将 1911 年之前及 1949 年之后的亲族团体分支以总体指标为基础进行排序。例如，对于 CMGPD-LN 数据库中的政府官职的获得，拥有政府官职的男性占比例最高的家系团体分支被排在第一位，接下来的分支排序也是根据这个比例的大小类推。为了考虑到不同地区或是村庄在 20 世纪获得教育及政府官职的机会的不同，研究不仅计算了总的排序，还计算了地区和村庄内部的排序。

为了根据这些社会地位的指标显示出的家系团体分支的排序来衡量长期连续性，两位教授接下来估计了历史和当代排序之间的相关性。鉴于根据社会地位评估的家系团体分支的排序具有长期连续性，历史和当代排序的相关性应该很高。鉴于 1949 年后打破社会阶级的努力的成功，这段时间前后的相关性应该很弱。如果逆转社会结构的努力是成功的，那么相关性应该是负的。研究计算了总体相关性，地区内的相关性以及村庄内的相关性。

四、研究结果

（一）20 世纪前的家系团体及其不平等

对于社会地位如婚姻和成就，家系团体之间的差别要大于村庄之间的差别。表 2 显示了等级模型的估计，该模型考虑了村庄、家系团体和家庭的随机影响。作为不均等的来源，家系团体相比村庄具有更大的重要性，在政府官职以及低地位名字上体现得尤为明显。对于这些结果，家系团体之间的差异是村庄之间的差异的 2 倍。对于 16 岁以上男性的结婚概率，家系团体之间的差异是村庄之间的差异的 1.5 倍。尽管家庭之间的差异往往是最大的，这完全在情理之中，鉴于之前已经有大量研究表明家庭环境对于后代社会地位的影响。在此不再赘述。

表 2　村庄、家系团体和家庭的随机效应模型估计截距项标准差
（辽宁：1789—1909 ）

	村庄		家系团体		家庭		
	截距的 S.D.	S.E.	截距的 S.D.	S.E.	截距的 S.D.	S.E.	观测数
特定年龄的婚育年龄 11—50 岁							
男	0.17	0.02	0.13	0.01	0.09	0.02	71308
女	0.18	0.02	0.15	0.01	0.09	0.02	76223
男性死亡率							
1—15 岁	0.43	0.04	0.27	0.04	0.51	0.04	76405
16—55 岁	0.25	0.03	0.23	0.02	0.36	0.03	102257
56—60 岁	0.20	0.02	0.17	0.03	0.00	0.04	28776

	村庄		家系团体		家庭		
	截距的 S.D.	S.E.	截距的 S.D.	S.E.	截距的 S.D.	S.E.	观测数
所有年龄段	0.22	0.02	0.23	0.02	0.36	0.01	151677
已婚和寡居妇女死亡率							
16—55 岁	0.29	0.03	0.21	0.02	0.33	0.03	89022
56—80 岁	0.21	0.03	0.17	0.03	0.00	0.03	28114
所有年龄段	0.23	0.02	0.21	0.03	0.24	0.02	99854
男性结婚比例							
11—15 岁	0.52	0.06	0.36	0.06	0.88	0.05	58673
16—20 岁	0.22	0.03	0.32	0.03	0.76	0.02	54396
21—25 岁	0.27	0.03	0.44	0.03	0.91	0.02	51548
26—30 岁	0.29	0.04	0.43	0.03	0.98	0.03	48561
31—40 岁	0.32	0.04	0.51	0.03	1.06	0.03	56985
官职	0.19	0.03	0.52	0.10	8.01	0.24	74554
小姓男性中 31—50 岁的 比例	0.39	0.08	0.87	0.05	0.99	0.05	40645

对于更加明显的人口统计学结果，如死亡率和子女数量，村庄之间的差别与同一村庄内不同家系团体之间的差别基本相同，或是稍微大一些。这与预期相符。除非同一个村庄中的家系团体高度分离，即使在同一村庄中，他们的居住环境也有很大不同，否则，同一个村庄中的居民应该生活在相同的疾病环境当中。不仅如此，正如之前所提到的，如果没有对区域和地区进行分离控制，来解释它们之间的差异（Lee and Campbell，2005），这些差异将被归因于村庄级别的差异。在这种情况下，看到家系团体之间死亡率和子女数量如此不同，是很令人惊讶的。这也许反映了疾病在社会网之间的传播，其中最重要的就是亲族网络。

总结来看，这些结果确证了中国历史上亲族团体成员身份对于个体级别不均等的重要影响。在 20 世纪之前的辽宁省乡村，当解释个体社会地位的不平等时，亲族比村庄更加重要，解释人口统计结果时，亲族与村庄几乎同等重要。尽管中国东北部的家系团体，相比被广泛研究过的中国南部和东南部，更少参与集体活动，也更不太可能拥有正式组织（Szonyi，2002；Freedman，1958，1966），结果表明，正如 Cohen（1990）所描述的中国北部的家系团体，他们是社会与经济组织的重要组成单位。尽管研究估计出的辽宁省的父子之间社会地位的联系比古代西方要低，并暗示相对高的社会流动性（Lee and Campbell，1997；Campbell and Lee，2003），Hymes（1986）认为象征社会流动性的指标，如在西方社会的背景下提出的父子之间的地位相关性，也许会高估社会的开放程度，因为它忽略了中国存在的亲族关系。

（二）清朝期间亲族团体相对低位的变化与延续

1911 年之前，家系团体之间的相对地位有很大的连续性。表 3 显示了随着时间的发展，在地区与村庄中家系团体与家系团体分支的排序的相关性。对于 1824—1911 年间的 562 个家系团体，地区内的排序相关性是 0.38。当考虑至少有一个家系团体的村庄内的 149 个家系团体排序时，相关性则更强，高达 0.47。地区内排序的长期相关性更弱，尽管如此，对于 1824—1911 年间的 3483 个家系团体分支，以及对于同样时期里的至少有一个家系团体的村庄内的 1046 个家系团体分支，结果在统计学上却是显著的。在地区间家系团体排序的相关性为 0.22，在村庄间为 0.25。对于家系团体分支的定义要比家系团体狭窄，而且计算具有社会地位的人的比例时需要除以更小的基数，因此可以预计到更多的噪音以及更少的联系。

表 3 地区及村庄内部男性拥有官职比例的相关性：1800—1911

	根据家系团体分组					根据家系团体分支分组				
	1800—1824	1825—1849	1850—1874	1875—1899	1900—1911	1800—1824	1825—1849	1850—1874	1875—1899	1900—1911
	相关系数 观测数	相关系数 观测数	相关系数 观测数	相关系数 观测数	相关系数 观测数	相关系数 观测数	相关系数 观测数	相关系数 观测数	相关系数 观测数	相关系数 观测数
根据家系团体分组										
1800—1824	1.00					1.00				
	788					369				
1825—1849	0.69	1.00				0.67	1.00			
	733	751				269	342			
1850—1874	0.52	0.70	1.00			0.50	0.69	1.00		
	681	693	722			249	266	362		
1875—1899	0.47	0.53	0.66	1.00		0.46	0.59	0.66	1.00	
	610	615	639	650		197	197	232	273	
1900—1911	0.38	0.38	0.46	0.56	1.00	0.47	0.44	0.46	0.54	1.00
	562	565	583	578	629	147	157	169	143	237
根据家系团体分支分组										
1800—1824	1.00					1.00				
	8044					4286				
1825—1849	0.59	1.00				0.57	1.00			
	6327	6945				2974	3859			
1850—1874	0.34	0.64	1.00			0.33	0.66	1.00		
	5053	5528	6601			2242	2769	3702		
1875—1899	0.27	0.39	0.59	1.00		0.23	0.39	0.62	1.00	
	4089	4361	5235	5557		1616	1833	2191	2493	
1900—1911	0.25	0.31	0.37	0.49	1.00	0.22	0.31	0.39	0.53	1.00
	3483	3691	4294	4385	6279	1046	1165	1364	1238	2524

由此可以得出结论，从 19 世纪到现在，中国的亲族团体的地位具有连续性，研究社会分层的经典方法无法捕捉到这种连续性。在这个研究中观察到的相关性要大于研究跨越多代地位传递的马尔可夫模型，那个模型只注重父母到子女的地位传递。依靠这种研究方法，估计父子成就（如职业的威信、社会经济指数或是永久工资）的相关性在 0.4—0.6 之间。跨越四代联系在一起，这种父母与子女的相关性无法解释研究观察到的 1824—1911 年间家系团体之间相对地位的连续性。基于之前研究跨代传递的马尔可夫过程的结果（Mare，2011），我们也可以怀疑，这种方法对于解释之前提到的更小更狭窄的家系团体分支之间的弱相关性同样是不够的。基于表 2 的结果，这种连续性也许是通过亲族之间的地位相关性实现的。亲族内部提供的重要的无形资源可以减少子女对父母特定特点的依赖。

（三）从清朝到现在的变化与连续性

　　接下来的研究将对于连续性的分析拓展到现在。在根据职业和教育水平确定的区域内的家系团体分支的排序中，连续性同样很明显。表 4 表现了根据不同衡量社会成就的标准进行的家系团体分支的排序在时期内与在时期间的相关性。考虑到对于得到机会的可能性，不同地区之间可能有长期差异，这个分析也许会夸大稳定性，或者是时间趋势上的区域差异可能会夸大流动性，相关性计算的是地区内的排序。根据表 4，关于政府官职的获得，20 世纪之前与 1949 年之后是相关的。同时，若在 20 世纪之前获得科举功名，则很可能在 1949 年之后获得高等教育与政府官职。在 20 世纪之前，那些会给男孩取非汉族的象征高地位的名字的家庭，其成员在 1949 年之后更有可能获得显赫的地位。

表 4　地区内部家系群体分支的历史和当前社会地位相关性

		地区内家系群体分支的历史社会地位					地区内家系群体分支的当前社会地位			
		职位收入	官职	科举功名	低地位男孩姓名	高地位男孩姓名	官职	12年以上教育比例	平均教育年限	声望地位
官职	r	0.98								
	p 值	0								
科举功名	r	0.53	0.48							
	p 值	0	0							
低地位男孩姓名	r	−0.19	−0.16	−0.04						
	p 值	0.28	0.34	0.64						
高地位男孩姓名	r	0.54	0.51	0.34	−0.07					
	p 值	0	0	0.04	0.7					
官职	r	0.4	0.4	0.34	0.15	0.24				
	p 值	0.01	0.02	0.05	0.39	0.17				
12年以上教育比例	r	0.23	0.19	0.47	0.1	0.17	0.4			
	p 值	0.18	0.27	0	0.57	0.31	0.02			
平均教育年限	r	0.23	0.21	0.3	−0.05	0.23	0.29	0.5		
	p 值	0.18	0.21	0.07	0.78	0.18	0.09	0		
声望地位	r	0.14	0.1	0.22	−0.17	0.34	0.03	0.2	0.58	
	p 值	0.43	0.58	0.19	0.33	0.04	0.85	0.23	0	

　　如果说这种连续性反映了跨越好几个世代的从父母到子女的社会地位的传递的马尔可夫过程，这是十分值得怀疑的。鉴于家系团体分支的排序如此稳定，而父母与子女之间的相关性那么弱，跨越的时间那么长，因此仅靠这种直接的传递是不太可能的。尤其在 1949 年之后的 20 年，针对精英以及他们的子女的攻击本应打破这种传递。根据这

样的逻辑，1949 年之后获得社会成功的个体不太可能是 1949 年之前具有显赫地位的家庭的后代。他们很有可能是受益于整个亲族网络当中的其他人提供的无形资源，而提供这些资源的人也许因为父母没有受到阶级迫害而保留了自己的优势地位。

然而，在两位教授看来，这种长期相关性背后的机理是，在家系团体内部，有无形资源的内部流动，例如知识、行为、倾向性和其他因素，这些因素有助于他们在不同环境中获得成功。在这种情况下，亲族团体中间的每一个成员在社会成就上都可能有相同的优势或是劣势，因为他们周围的环境具有相似的知识、行为，等等。在这种情况下，在某一代中获得成功的家系团体成员不一定是上一代获得成功的成员的直系后代，也可能是他们的旁系后代或是更远的亲戚。因此这也提供了一种特殊机制，使得即使经历了 1949 年之后社会结构的大动荡，亲族团体的地位依旧能够保持。即便家系团体分支中地位最显赫的家庭可能会成为土地改革及一系列政策的目标，在其他一些地位不是那么显赫的家庭中，他们的孩子可能拥有相同的知识、行为、抱负，但是却没有背负不利的阶级标签的负担。研究推测这些家庭的后代在 1949 年之后获得了较高的社会地位。

五、结　论

1911 年之前，家系团体成员身份是一个很重要的社会分层变量，并且家系团体，甚至家系团体分支之间的相对地位有一定的延续性。这个结果使我们意识到，应该将亲族团体纳入到社会分层的研究当中，也强调了分析跨代数据库（如 CMGPD-LN 数据库）的重要性。传统的研究社会分层的方法只注重于分析父母与子女成就的相关性，它们不能分辨出由亲族团体的不同导致的个人之间的不平等，也不能分析出亲族团体地位在长期的连续性。这对于当代对中国及其他国家的调查有很重要的启示，那就是研究者应该不仅限于收集父母特征的信息，还应该考虑更远的亲属的特征。

一个更加尝试性的结论是，通过分析当代和历史数据，可以看出从清朝晚期到现在，家系团体的相对地位表现出很高的连续性。两位教授认为这个结论仅仅是尝试性的，是因为他们分析了长期的相关性，但使用的样本却只有相对小的容量。也就是说，教授们认为他们至少拥有了足够的证明连续性的证据来提出一个推测，即在中国其他地区乃至在许多其他社会，很可能存在之前没有被发现的亲族团体之间相对地位的长期连续性。要证实这个推测，还需要更多恰当的数据，来将当代与历史联系起来，并构建出亲族团体连续几代的表现。

从 19 世纪到 20 世纪末期，家系团体分支之间的相对地位存在连续性这件事是令人吃惊的。如引言中所说，1949 年之后，中国经历了人类历史上最大的社会与经济的动荡。那时推行了很多政策，试图消除社会与经济阶级的存在，甚至试图扭转这种阶级。通过提出阶级标签以及建立在这些标签的基础上的政治歧视，之前地位高的家庭以及他们的后代变成了处于劣势的团体。然而，根据表 4 所示，并没有出现阶级反转的现象。

对于这种长期连续性的一种可能解释是，在中国和其他社会中，还存在一些无形资产，例如文化资产，这些资产在家族中间流通，不太容易受到政策的干预，这也许是一些家族连续很多世代依旧保持高地位的原因。即使经济动荡重新分配了财富，在教育、职业和政府官职上使用歧视，但却很难影响到家族的态度、知识和倾向性。那些能够将有助于实现经济成功和地位成就的态度、知识和倾向性成功传递下去的家庭在任何政治、社会和经济环境中都更容易繁荣昌盛，因为他们能够更好地适应变化的规则，并最终将其很好地利用起来。

授课老师简介

　　康文林（Cameron Campell）是香港科技大学社会科学部教授。其研究兴趣包括中国的人口史、社会学的量化分析等。其代表作包括《压力下的生活》、《无声的革命》等。他还和李中清教授一起建立了"中国多世代人口数据库"。

参考文献

[1] 定宜庄：《清代八旗驻防制度研究》，天津：天津古籍出版社，1992 年。

[2] 定宜庄、郭松义、李中清、康文林：《辽东移民中的旗人社会》，上海：上海社会科学院出版社，2004 年。

[3] 江涛：《中国近代人口史》，杭州：浙江人民出版社，1993 年。

[4] 李中清、康文林：《中国农村传统社会的延续——辽宁（1749—2005）的阶层化对革命的挑战》，《清华大学学报》（哲学社会科学版），2008, 23（4）：26-34。

[5] Bian, Yanjie (1996). "Market transition and the persistence of power: the changing stratification system in urban China. " *American Sociological Review*, 61 (5): 739–759.

[6] Campbell, Cameron, and James Lee (2002). "State views and local views of population: Linking and comparing genealogies and household registers in Liaoning, 1749–1909." *History and Computing*. 14 (1+2): 9–29.

[7] Campbell, Cameron, and James Lee (2003). "Social mobility from a kinship perspective: Rural Liaoning, 1789–1909 ." *International Review of Social History*, 47:1–26.

[8] Campbell, Cameron, and James Lee (2008). "Kinship, Employment and Marriage: The Importance of Kin Networks for Young Adult Males in Qing Liaoning. " *Social Science History*, 32 (2): 175–214.

[9] Chen, Shuang (2009). "Where Urban Migrants Met Rural Settlers: State Categories, Social Boundaries, and Wealth Stratification in Northeast China, 1815–1913." Michigan: University of Michigan Department of History.

[10] Cheng, Yuan, and Dai Jianzhong (1995). "Intergenerational mobility in modern China." *European Review of Sociology*, 11 (1): 17−35.

[11] Cohen, Myron (1990). "Lineage organization in north China." *Journal of Asian Studies*, 49 (3): 509−534.

[12] Das Gupta, Monica (1997). *Kinship systems and demographic regimes. In: Kertzer, David; Fricke, Tom, editors. Anthropological Demography: Toward a New Synthesis.* Chicago: University of Chicago Press, 36−52.

[13] Das Gupta, Monica (1998). *Lifeboat versus corporate ethic: Social and demographical implications of stem and joint families. In: Fauve-Chamoux, Antoinette; Ochiai, Emiko, editors. House and Stem Family in Eurasian Perspective.* Kyoto: International Research Center for Japanese Studies, 444−466.

[14] Davis, Kingsley (1995). " Institutional factors favoring high fertility in underdeveloped areas. " *Eugenics Quarterly*, 2: 33−39.

[15] Deng, Zhong, and Donald Treiman (1997). "The impact of the Cultural Revolution on trends in educational attainment in the People's Republic of China." *American Journal of Sociology*, 103 (2): 391−428.

[16] Ebrey, Patricia (1984). *Family and Property in Sung China: Yuan Ts'ai's Precepts for Social Life.* Princeton: Princeton University Press.

[17] Ebrey, Patricia (1991). *Confucianism and Family Rituals in Imperial China: A Social History of Writing About Rites.* Princeton: Princeton University Press.

[18] Elliott, Mark (2001).*The Manchu Way: The Eight Banners and Ethnic Identity in Late Imperial China.* Palo Alto: Stanford University Press.

[19] Freedman, Maurice (1958). Lineage Organization in Southeastern China. London: Athlone Press.

[20] Freedman, Maurice (1966). *Chinese Lineage and Society: Fukien and Kwangtung.* London: Athlone Press.

[21] Harrell, Stevan (1987). "On the Holes in Chinese Genealogies. " *Late Imperial China.*8 (2): 53−79.

[22] Ho, Ping-ti (1962).*The Ladder of Success in Imperial China: Aspects of Social Mobility (1368−1911).* New York: Columbia University Press.

[23] Hymes, Robert (1986). *Statesmen and Gentlemen: The Elites of Fu-chou, Chiang-hsi in Northern and Southern Sung.* Cambridge: Cambridge University

Press.

[24] Lee, James, and Cameron Campbell (1997). *Fate and Fortune in Rural China: Social Organization and Population Behavior in Liaoning, 1774－1873.* Cambridge University Press.

[25] Lee, James, and Cameron Campbell (2005). L*iving standards in Liaoning, 1749－1909: Evidence from demographic outcomes.* In: Allen, Robert; Bengtsson, Tommy; Dribe, Martin, editors. Living Standards in the Past. New Perspectives on Well-Being in Europe and Asia. Oxford: Oxford University Press,403－426.

[26] Lee, James, and Cameron Campbell (2010). ICPSR27063-v2. "Ann Arbor, MI: Inter-university Consortium for Political and Social Research" [distributor];China Multi-Generational Panel Dataset, Liaoning (CMGPD-LN), 1749－1909 [Computer file].

[27] Lee, James, Cameron Campbell, and Chen Shuang (2010). "China Multi-Generational Panel Dataset, Liaoning (CMGPD-LN) 1749－1909." User Guide. Ann Arbor, MI: Inter-university Consortium for Political and Social Research.

[28] Liu, Wang Hui-chen (1959).*The Traditional Chinese Clan Rules.* New York.

[29] Mare, Robert (2011). *A Multigenerational View of Inequality.* Demography, 48: 1－23. [PubMed: 21271318]

[30] Nee, Victor (1989). "A theory of market transition: from redistribution to markets in state socialism. " *American Sociological Review*, 54 (5): 663－681.

[31] Rabe-Hesketh, S., A. Skrondal, and A. Pickles (2004).*GLLAMM Manual U.C. Berkeley Division of Biostatistics* Working Paper Series, Working Paper 160.

[32] Skinner, G. William (1987). "The Population of Sichuan in the Nineteenth Century: Lessons from Disaggregated Data." *Late Imperial China*, 7 (2): 1－79.

[33] Skinner, G. William (1997). *Family systems and demographic processes. In: Kertzer, David; Fricke, Tom, editors. Anthropological Demography: Toward a New Synthesis.* Chicago: University of Chicago Press, 53－95.

[34] Szelényi, Iván (1998). *Socialist entrepreneurs: embourgeoisement in rural Hungary.* Madison: University of Wisconsin Press.

[35] Szonyi, Michael (2002).*Practicing Kinship: Lineage and Descent in Late Imperial China.* Stanford: Stanford University Press.

[36] Telford, Ted A. (December 1990). " *Patching the* holes in Chinese genealogies: Mortality in the lineage populations of Tongcheng County, 1300－1880. " *Late*

Imperial China, 11. (2): 116−136.

[37] Wolf, Arthur (2005).*Europe and China: Two kinds of patriarchy. In: Engelen, Theo; Wolf, Arthur P., editors. Marriage and the family in Eurasia: Perspectives on the Hajnal hypothesis.* Amsterdam: Aksant, 215−238.

[38] Whyte, Martin K., and William L. Parish (1984).*Village and Family in Contemporary China.* Chicago: University of Chicago Press.

[39] Wu, Xiaogang, and Donald J. Treiman (2007). " Inequality and Equality under Chinese Socialism: The Hukou System and Intergenerational Occupational Mobility." *American Journal of Sociology,* 113 (2): 415−445.

[40] Zheng, Zhenman (2001). *Family lineage organization and social change in Ming and Qing Fujian.* Honolulu: University of Hawaii Press.

[41] Zhou, Xueguang, Phyllis Moen, and Nancy Tuma (1998). "Educational stratification in urban China: 1949−1994." *Sociology of Education,* 71: 199−222.

整理人：林惠迪，杜克大学。

量化史学中的比较研究

李伯重

不同的社会之间既有共性，也存在差异。这些共性和差异，都只有通过比较才能清楚地看到。因此，只有在比较的基础上才能知道各个社会的异同。由于这个原因，比较是史学（特别是现代史学）的基础。

一、比较史学与中国历史

比较史学是什么？就是通过两种或者两种以上对象的比较，来加深、扩大、验证我们对历史的认识的一种方法。在西方，比较的观念出现得很早，古希腊时期就已有之。这是因为欧洲从来就不是一个大一统的国家，各个国家和民族之间的接触和交流都很频繁。在古典时代，希腊人、罗马人把自己和其他人作了比较，认为其他人都是野蛮人。古希腊人和古罗马人在比较的过程中发现自己的优越性。希罗多德、塔西佗等古典历史学家的史学就是建立在这种比较的观念之上的。到了近代，随着民族国家形成和资本主义的全球扩展，不同社会的比较变得越来越重要，学者们也在此基础上探求人类社会的发展规律。

在 18 世纪启蒙运动时期，孟德斯鸠、伏尔泰、亚当·斯密等人都进行了不同社会的比较。其中伏尔泰将中国和欧洲进行比较，对中国的评价非常之高。在他心目中，中国文明的代表孔夫子是最聪明睿智的人，因而他最得意的就是别人称他为"欧洲的孔夫子"。到了近代，历史学家也都不同程度地把历史上各个不同的民族加以纵向和横向的对比，以此来说明他们的思想体系。孔德把比较研究作为探求社会历史发展规律的一个主要方法，并列举了比较研究的三种方式，这是对历史比较方法的最早的理论探索。

比较史学真正形成一个独立、系统的史学流派，是 20 世纪初的事情。随着世界各地联系更加密切，比较史学也成为一个独立的史学流派。在当时，比较史学很受欢迎，就连普通大众也爱读比较史学的作品。比如斯宾格勒的作品《西方的没落》，语言十分晦涩，但也成为大众读物。英国学者汤因比出版了大量的比较史学著作，都为大众接受。现在中国人常说的"东方文明"、"西方文明"等很大、很抽象的说法，都是来自汤因比"九大文明"的理论。随着全球化进程的发展，比较史学逐渐成为一门专业学科，特别是到了二战以后，这个学科变得越来越专业化，因此也不再受大众欢迎。

现代中国史学和比较史学有极其密切的关系。现代中国史学出现于 20 世纪，是西方舶来品。像现代中国史学的奠基者陈寅恪先生等，就是从西方现代史学中汲取了基本的方法，用来建构中国的现代史学的。由于现代中国史学是从西方以及苏联引进的，因此当今我们耳熟能详的"奴隶社会"、"封建社会"等基本史学概念，都是外来的，在从司马迁到清代乾嘉学派学者的著作里并不存在。使用西方引进的理论、方法和概念来研究中国历史，就意味着把中国与西方进行比较。当然，在比较的过程中，很多人发现从西方经验得出的许多理论、方法和概念不适合中国，因此正在改进。中国历史是世界历史的一部分，因此只有把中国历史纳入世界历史的范围之中，从世界历史的角度来研究中国，才能真正认识中国。特别是到了今天，中国是地球村的一个重要成员，我们更应当从全球史的角度看中国历史，也就是要从新的视野来进行比较。

以往的比较研究存在很大的问题。这些问题主要是：第一，大多是简单化的比较，比较对象通常过大、过于抽象（如比较东方文明和西方文明等）；第二，常是描述性的比较，只触及表象，没有深入探讨本质上的不同。例如我看到有一本题为"东西方经济发展比较研究"的书，翻翻目录，发现此书在很大的研究题目下，根据马克思、恩格斯等人的论述，作出非常宏观的描述，从而提供了一种泛泛的对"东"、"西"文明的看法。但是对于研究经济史的学者来说，则未必有意义。

二、比较研究的理论与成果

要进行正确的比较研究，必须注意以下情况。

首先，要选定具有可比性的研究对象，这是比较的基本原则。几千年前墨子就已提出"异类不比"，并举例说"木与夜孰长？智与粟孰多？爵、亲、行、贾，四者孰贵？麋与霍孰高？麋与霍孰罹？蚓与瑟孰瑟？"也就是说，在长度方面，一棵树和一个夜晚不具备可比性，因此要比较哪个更长是完全不行的。因此，在质上根本不同的事物是无法比较的。马克思·韦伯在《新教伦理和资本主义精神》中谈到信仰与经济发展的问题时，把几种主要信仰做了比较，认定只有新教才能促进经济发展，儒家则是阻碍经济发展的。但是到了后来，东亚儒家文化圈经济发展的事实推翻了这个观点，正如余英时先生所指出的那样，在日本、东亚四小龙、中国等经济体的崛起过程中，儒家精神非但没有压制经济成长，反而在一定条件下有利于经济成长。

其次，比较要有明确的时空范围。前面提到"东方文明"和"西方文明"的比较，横跨两大洲，跨越几千年。但是"东方"是哪里？如果指的是亚洲，那么亚洲内部有印度文明、儒家文明、伊斯兰文明，等等，彼此差异非常大，很难发现有多少共同点。在时间范围方面，上述研究跨越数千年。而在这样的长时期中，任何一个社会变化都很大，没有也不可能有一个固定不变的文明。因此，没有明确的时空范围，就无法进行正确的比较。不仅如此，时空单位的选择也很有讲究，不是随便选两个地方就能比较。例如，我们在研究中国经济在近代为什么落后的问题时，经常进行中国和英国的比较。但是我们要注意这两个地区在时空范围上的巨大差别。如果说"中国"指的是当今中华人民共和国的领土范围的话，那么按照人口史学家李中清的说法，1750年时世界三分之一到百分之四十的人口都生活在这块土地上，而当时的英国只有几百万人口。单凭这一点，就很难进行中英比较了。此外，年鉴学派学者拉杜里说："任何历史研究都应当从分析原始资料开始。"在以往的"中西"比较中，许多地方因为缺少资料而无法进行比较，但是人们常常会找几个所谓有代表性的地区，用这些地区代表整个中国或者整个欧洲来进行比较。但问题是，无论在中国还是欧洲，内部差异都非常大，无法找到一个能够代表整个中国或者整个欧洲的地区。

再次，要有合适的比较标准。比如，在比较不同人种时，所依据的标准是肤色、发色、牙齿、面部骨骼结构等。如果没有这样的标准，比较就无法进行了。在进行历史比较方面，以往许多人认为人类社会发展都遵循以欧洲经验为基础的道路，所有国家都走这条路，只不过在不同的时期处于不同阶段而已。因此在进行比较时，可以以这种欧洲模式为标准。但是这种看法近年来已受到越来越多的质疑。具体而言，我们常用的"中国资本主义萌芽"、"封建社会"等概念都源自欧洲经验。由于我们认为这些概念放之四海而皆准，因此以往都把它们用作中国和西欧经济史比较研究中的默认标准。但是现在这些问题需要重新考虑。

20多年前，我在《读书》上发表的文章《"资本主义萌芽"情节》

引起了轩然大波。我在文中引用了年鉴学派旗手布罗代尔的一句话，说资本主义（capitalism）这个词，"含义一向很不明确，……最令人惊诧的是，马克思本人从未使用过这个词"。《读书》杂志为了节省篇幅，删除了注释。结果使得读者认为这句话是我的话，并引起了强烈反映。有读者给该杂志写信说，李某人不学无术，马克思多次用过这个词，翻开《资本论》第一卷第一页，就出现了很多次"资本主义"的字样。也有人说，李某人说得真好，我们连资本主义的含义都没有搞清楚，还天天反对资本主义，有何意义。后来，我给《读书》写信，说这是布罗代尔的原话，并非我的发明。但是他们没有登我的信。不久之后，黄仁宇先生也给《读书》去信，《读书》刊登了，他证实马克思所有著作中确实没有 capitalism 这个词；马克思确实在不同地方使用 capitalist 一词，但 capitalism 和 capitalist 这两个词是有差别的。直到此时，这件公案才算了结。中国经济在明清时期出现了一些重要变化，这些变化有可能是"资本主义萌芽"，但更有可能是市场经济的表现，而未必一定要归结到"资本主义"上。如果我们对"资本主义"缺乏明确的定义，那就很难说这是"资本主义萌芽"。"封建社会"这个概念也是一样。我的恩师傅衣凌先生一辈子研究中国封建社会，成就卓著。但是他到了晚年，发现中国和欧洲的封建社会差别实在太大，难以归入同一类社会。于是他提出了中国封建社会长期处于"早熟又不成熟"的状态这一著名的论点。他提出这个与教科书不同的观点，在当时需要很大的勇气。他在去世前不久，更提出"中国是传统社会，不具有西方封建社会的传统特征，不是封建社会"。这表现了一个伟大学者对真理的终生追求，是非常了不起的。从这两个例子可见，如果用一些默认的"普遍标准"作为比较的前提，所作的比较研究会有很大的问题。

最后，要注意比较的层级的问题。比较的层级有浅有深。比如，比较中国、英国某农庄的生产方式，这种微观的比较是浅层比较，只要有足够的资料，就能得到很重要的成果，因为使用的是第一手材料，是可信的比较。而比较意识形态等属于深层次的比较，要花更多精力才能做好。每个人要根据自己的能力、条件和兴趣选择内容进行比较，所以比较研究不容易。

现在国际上最引人注目的比较研究成果是彭慕兰的《大分流》。他现任美国历史学会会长，也是美国历史上第三位担任这个史学家最重要职务的中国史学者。十年来，这本书引起了巨大的争议，至今学者们还在热烈地讨论这本书中的观点。彭慕兰在书中提出了要考虑把英国和印度或者和中国作比较是否合适的问题。他认为中国和印度在人口、面积、内部多样性方面，都只有整个欧洲才能相比；而英国在人口、面积等方面都只是一个小国，因此很难说是合适的比较对象。不仅如此，英国内部虽然有英格兰、苏格兰、爱尔兰的差异，但是全体人民讲一种语言，遵循同一套法律体系，由同一个政府统治，都自认为是大不列颠人。相比之下，印度在民族、宗教和地区经济、社会、文化方面都有巨大的多样性，1000 万以上的人讲的语言就多达 16 种。中国在政治、经济、文化方面的统一性虽然大大高于印度，但内部差异也很大。比如中国东部和西部的经济发展水平差别之大，在世界上也名列前茅。用购买力平价计算，现在长三角的人均 GDP 已经达到 2 万美元，超过捷克、波兰等中等发达的欧洲国家，是英、法的三分之二。但西部一些省区的人均 GDP 则远远低于全国平均数，而且如果没有大量外地的支援，这些地区的人均 GDP 肯定还要低得更多。这种情况并非现在才有。

有鉴于此，彭慕兰认为：在 1800 年以前，荷兰和乌克兰之间或者长三角和甘肃之间，差别都非常大。相比之下，长三角和荷兰之间或者乌克兰和甘肃之间，差别可能还小一点。所以在做经济史比较研究时，今天的国家并不是一个合适的比较单位。他还认为，在 1800 年以前，与英国或荷兰有可比性的地方是中国的长江三角洲地区、日本的关东地区、印度的古吉拉特地区等少数"核心地区"。这些都是当时世界上经济最发达的地区，具有其他地区不具备的共同特征，比如市场、工业生产、高度商业化的农业。因此，应当主要在这些地区之间进行比较。至于中国很多其他地区，则只能和巴尔干、南意大利、波兰等欧洲地区做比较。这本《大分流》对过去经济史比较研究进行了强烈批判，因此也在国际学界引起了巨大反响。

三、传统研究的问题与缺陷

我在上面引用了墨子的话"异类不比"，而墨子接着的下一句话是"说在量"。墨子特别强调"量"的问题，认为不同种类的东西在量上不能比。这句话非常有意思，因为量化的比较是比较史学中最成功的部分。而量化史学的一大优点，也正在于可以为比较史学提供量化的数据。下面，就以我自己对长江三角洲（以下简称长三角，在经济史研究中也被称为江南地区）的研究为例，谈谈这一点。

进行量化的比较，首先要用合理的方法整理史料，把经过核实的史料证据变为可用的数据，并且选取合适的比较对象来进行比较。这里，我谈谈为什么要选取长三角为研究对象。这首先是因为这个地区在中国经济史上具有一种特别重要的地位。如果把长三角看作一个独立的经济体，那么，在当今世界上，长三角的 GDP 比韩国、土耳其、墨西哥这些大国更高，和意大利相当，并列为第 10 大经济体。其次，从历史上来看，长三角从唐代后期以来一直是东亚最发达的地区，因此也是研究最密集的地区。30 多年前我写博士论文时，把日本出的《东洋学文献类目》梳理了一遍。这个类目包括了中、日、英、法、俄五种文字出版的东亚（主要是中国）研究的成果。结果我发现在关于中国历史的成果中，三分之一是研究长三角的，另外三分之一是研究全国性问题的，但都涉及长三角，只有剩下的三分之一是与长三角无关的。由于长三角是研究最为深入的地区，因此我们对长三角经济史的了解，比我们对中国其他任何地区经济史的了解都更加深入和全面。

但是，即使如此，以往的长三角经济史研究也存在着不少问题。这些问题包括研究的平面化、碎片化以及不恰当的比较，等等。过去的研究，往往是一个学者集中研究长三角经济史的一个或者几个方面，这就不可避免地导致研究的碎片化。有一些学者力图将这些碎片整合起来，结果成为依照生产关系、生产力、农业、工业、商业、人口、金融等罗列出来的教科书式的总结，也就是一个平面的整体。但经济是由多个产业和部门依照不同比例和关系结合而成的立体结构，因此上述平面化的结果无法带来一个有充分说服力的总体评价。没有这样的总体评价，就很难与其他经济进行全面的比较。例如，有些学者认为明清长三角经济"高度发达"，另一些学者则认为明清长三角经济"停滞"或"衰退"。这些看法都有问题，因为连发展的总体评价都没有，怎么能说认为它"高度发达"或者"停滞落后"呢？

在以往的比较研究中，学者们常常把西方某些国家的经济在某个时期特有的情况和长三角作比较，而没有一套客观、中性的标准作为比较的基础。这是很奇怪的做法。举个例子，如果用肤色来判断美丑，白人和黑人的标准是不一样的。今天大家都以欧美审美标准为通用标准，但是中世纪时，处于"伊斯兰黄金时代"的阿拉伯人就觉得北欧人很丑陋。所以如果没有中性的标准，就无法比较。

由于上述情况，过去的比较研究得出来的结论，可靠性和客观性也常有问题。例如，经济发展最终体现在人民的生活水准上，因此生活水准是经济史研究的重要课题。在长三角经济史研究中，陈振汉先生在20世纪50年代提出明清时期长三角资本主义萌芽夭折的原因是地主阶级的残酷剥削，"地租额不仅侵吞了（农民）全部的剩余劳动，甚至已榨取了大部分的必要劳动，使得农民所有，甚至不足'维持肉体生存'"。必要劳动是维持基本生存所需要的劳动，连这一部分的劳动都被地主占有，所以农民处于极端贫困的境地，甚至不能维持肉体生活。到了20世纪90年代，黄宗智先生依然认为过去600年，长三角农民的生活一直处于"糊口水平"，即维持人类肉体生存的最低物质需要的水准。在工业化以前农民是社会人口的主体。农民如此贫困，全社会的生活水准当然也非常低下。经济增长需要积累，而贫穷到大多数人民连肉体生存都难以维持，哪来的经济积累？

但从另一方面，明清文献中有无数的记载说江南"富甲天下"。1832年，广州口岸英国商馆高级职员胡夏米来到上海，待了18天，进行了第一手的考察。他在日记中写道："乡民们身体健康，吃得也不错。小麦做成的面条、面饼是他们的主食。……这里各类食物的供应既便宜又充沛。山羊很多，羊肉供应也同样充沛。这里的水果比南方的好得多，我们逗留之时，正值桃子、油桃、苹果和枇杷等上市，价格十分便宜，各种各样的蔬菜供应也十分丰富。" 1845年，法国派了一个商业代表来中国考察，其中一位名为耶德的使团成员在苏州呆了几天，写道："谚语说：'上有天堂，下有苏杭'，特别是苏州更是了不起。在那里耀眼的魅惑人的东西应有尽有。物产丰富，气候温和，举凡娱乐、文学、科学、美术的东西无一或缺。这里是高级趣味的工艺和风靡全国的风尚的源泉地。这里一切东西都是可爱的、可惊叹的、优美的、高雅的、难得的美术品。这个都市是江南茶、丝之邦的首府，不仅是美术与风尚的女王，而且是最活跃的工业中心，又是最重要的商业中心、货物集散地。总之一句话，是世间的极乐土，使人深感古来诗人、史家和地理学者之言的确不假。"这两个来自英国和法国的商务专家在鸦片战争前后对长三角进行了实地考察，他们的看法都是长三角生活水准很高。这与前面所说的极端贫困的看法，形成巨大差别。

为什么会产生这种两极化的看法？我觉得，第一是因为对鸦片战争前后长三角的经济状况没有一个全面的看法，第二是因为以往的看法没有建立在量化的标准上。这两种看法都是建立在描述性的史料基础之上的，而任何描述都不可避免地受到描述者个人的局限性的影响，因此总是千差万别的。要对长三角经济有全面的了解，GDP 研究是一个可取的办法，因为作为反映经济活动总量的指标，GDP 比任何描述行业或产业的指标更能反映经济全貌。同时，因为 GDP 衡量的是全部生产和服务创造的增加值，比衡量总值的指标更少重复计算。而且，GDP 不用成本、利润等会计方法，计算时 "灵活性" 较少。因此相对而言，GDP 是一个比较客观的指标。1949 年以后，中国接受苏联经济学，只计算物质生产的产出，不计算服务业产出，因此不能反映经济的全貌。同时，由于史学研究中也不得不 "以阶级斗争为纲"，学者们认为 "农民头上三把刀，租重、税重、利息高"，地主、商人和政府都是寄生虫，完全没有提供经济产出。这就更使得对当时的经济状况的了解出现偏颇。与此相对照的是，GDP 是一个全面客观的指标，可以避免上述的各种问题。因此，如果能通过 GDP 研究得出一个比较全面和客观的结论，然后和西方合适的比较对象的 GDP 进行比较，这样得出的结果才令人信服。

GDP 研究有不同的方法，国内有不同的学者在探索。在国际学界中，比较成熟的方法是历史国民账户系统（The Historical System of National Accounts）。我就采用了这种方法，来对 19 世纪初期长三角的一个地区进行研究，然后再与荷兰学者使用同样方法对同一时期荷兰 GDP 进行研究的结果进行比较，从而判定当时长三角的经济状况和发展水平。

四、量化研究实例：长三角与荷兰

前面讲了正确的比较需要量化研究，量化研究中可以采取 GDP 研究的方法，现在我讲一个研究实例。

2000 年，在瑞典一次经济史会议上，我遇到了著名的荷兰经济史学家范·赞登（Jan Luiten van Zanden）（后来做过国际经济史学会会长）。他对我说：“我读了你关于中国长江三角洲经济史的书，很有意思。如果把里面的人名、地名换成荷兰的人名和地名，就好像是在讲荷兰一样。”他认为两者在近代早期的经济增长模式很类似。因为我对荷兰历史完全不了解，因此听了很吃惊，也非常感兴趣。他提议我们两人合作，来对这两个欧亚地区近代早期最发达但又没有自发出现工业革命的经济进行比较研究。我同意了，但是很快就感到陷入困境，因为中国没有人做此类研究，我也不知道怎么做，这似乎成了一个“不可能的任务”（借用美国动作大片《碟中谍》的英文原名 *Mission Impossible*）。为此，我从头学习使用国民账户系统方法来研究 GDP，并收集资料，建立数据。我的研究最终于 2008 年完成，原来计划与范·赞登合写的一篇文章，变成了我的一部长达 600 多页的专著——《中国的早期近代经济——1820 年代华亭——娄县地区 GDP 研究》，2010 年由中华书局出版，英文版则将由剑桥大学出版社出版。在此基础上，我与范·赞登合写的 “Before the Great Divergence? Comparing the Yangzi Delta and the Netherlands at the beginning of the nineteenth century” 也于 2012 年在美国《经济史杂志》（*Journal of Economic History*）上发表了。

我之所以选择 19 世纪初期的荷兰作为和长三角比较的对象，就是出于前面所谈到的各种理由。

首先，从南宋一直到 19 世纪，长三角一直是东亚经济最发达的地区。甲午战争第二天，日本汉学家内藤湖南在报纸上撰文，说东亚文明的中心，已经从长三角转移到日本。可见长三角以前一直是东亚最发达的地区。19 世纪中期之后，长三角虽然被日本超过，但是仍然是亚洲仅次于日本的发达地区。荷兰的情况也类似。这里顺便说一句，荷兰（Holland）是尼德兰（the Netherlands）的另称。因为尼德兰有上、下荷兰（Upper Holland, Lower Holland）两个省，是该国经济最发达的地区，因此荷兰也成为尼德兰的代称。荷兰经济在 14—15 世纪时在欧洲名列前茅，16世纪末期脱离西班牙统治后发展更迅速，被称为近代经济史上的第一次奇迹——"荷兰奇迹"。英国工业革命前，荷兰一直是欧洲经济最发达的地区，人均收入领先各国。直到19世纪20年代，荷兰人均收入仍为欧洲最高。但荷兰和长三角都没有出现工业革命，都被周边岛国超过和伤害。英国通过两次英荷战争击败荷兰，日本也曾多次侵略中国，特别是在二战中，给长三角带来灾难性的破坏。

其次，在地理环境方面，荷兰地处欧亚大陆最西端，欧洲最大河流——莱茵河——的河口，长三角位于欧亚大陆最东端，亚洲最大河流——长江——的入海口。这两处都位于大陆中部沿海地区，内陆大型水运体系的终端，并拥有世界上最重要的港口，是海运中心。这两个地区的陆地面积差不多，虽然人口差别很大，但分别是欧洲和亚洲人口密度最大的地区。这两个地区的地形也很相似，都是低地。长三角海拔只有3-4米，荷兰更低，有三分之一的领土是围海造田形成的。两个地区内部河流、湖泊交错纵横，人工运河密布，形成完整内河航运系统。这是火车出现之前最有效的运输系统。

此外，这两个地区的人民是世界上工作最为勤奋的。有位外国学者开玩笑说，18-19世纪全球人民工作最勤奋的四个国家是日本、中国、英国、荷兰。这四个地区都有一个共同特点——喝茶。而在中国，真正普遍喝茶的是东南地区的人民，北方人很少喝茶。

基于以上共同点，荷兰与长三角之间的可比性，比荷兰与乌克兰之间以及长三角与甘肃之间的可比性更高。还有，尽管先前经济发达，但是长三角和荷兰也都没有出现自己的工业革命。最后，这两个地区材料、史料最为丰富，因此为比较研究提供了坚实的研究数据。

在确定了可比性的基础上，还要采取合适的标准和方法，才能进行客观、全面的比较。我使用的标准就是GDP，而计算GDP的方法是历史国民账户系统方法。经过反复的计算和核实，得出了如下结论：在19世纪初期，今天上海的松江地区地域范围（清代的华亭和娄县）

的 GDP 结构中，第一产业产值占 31%，第二产业占 33%，第三产业占 36%。与此相对照，荷兰三大产业的比重则分别为 25%、29% 和 46%。这说明在这两个经济体中，农业已经不是最重要的产业。传统的看法认为直到 1990 年前，长三角一直是农业社会。但是依照我的研究，19 世纪初期的松江地区经济已经是近代经济了。在这里的劳动力中有三分之二的人口不从事农业活动；大概有 40% 的居民居住在城镇，还有很多人在农村从事工业生产，就像现在的乡镇企业一样；地租和赋税在社会总收入中所占比重相当小，政府开支在 GDP 中所占的比重只有 6%，为全球最低，因此是一个真正意义上的"小政府"。当然，长三角和荷兰之间的差别也很明显。例如，荷兰外贸在 GDP 中的比重远远大于长三角，而长三角工业在 GDP 中的比重远远大于荷兰。这一点，对于后来有重要影响。因此到了今天，长三角的工业和荷兰的服务业仍然分别是两地经济的主干。

在我们各自研究的基础上，我和范·赞登一道，用购买力评价的方法把我们得出的 19 世纪初期长三角和荷兰的 GDP，折算为用 1990 年的美元计算的 GDP，然后对两个地区的人均 GDP 进行比较，得出的结论是：长三角（松江地区）大约为 1500 美元，荷兰大约为 1800 美元，而另外一位著名的经济史学家麦迪逊（Angus Maddison）估算当时西北欧地区（法国、英国、比利时、荷兰）的人均 GDP 约为 1100 美元。通过这个比较，可以客观地说，在 19 世纪初，长三角和西欧经济发展几乎处于同一水平，1820 年以后才出现分流。

德·弗理士（De Vries）和范·德·伍德（van der Woude）在其《第一个近代经济：荷兰经济的成功、失败与坚持，1500—1815》（*The First Modern Economy: Success，Failure，and Perseverance of the Dutch Economy*，1500—1815）中提出，在工业革命之前，就已出现了近代经济，而荷兰就是世界上第一种近代经济，尽管这个近代经济是"一种近代的、城市的、商业的经济，依然继续依靠前近代的、农村 / 农业的技术"。19世纪初期的长三角经济与荷兰相似，因此也可以说是一种近代经济。这种早期的近代经济包含着经济的近代性因素，例如完备的市场和广大市场有密切联系的外向型经济、经过长期商业化熏陶、高质量劳动力，等等。这些都为后来的近代化发展提供了条件，是历史留给长三角和荷兰的重要遗产。从这个角度来看，今天长三角出现了中国其他地方难以比拟的经济奇迹并不奇怪，因为早在19世纪初期长三角就已经不是一个传统经济体了。优良的历史基础，加上新的条件，当然发展更快。

马克思说："人们自己创造自己的历史，但是他们并不是随心所欲地创造，并不是在他们自己选定的条件下创造，而是在直接碰到的、既定的、从过去承继下来的条件下创造。"这段话非常有意义。在20世纪，中国人接受了西方和苏联盛行的西方中心论，把中国的过去看得一片黑暗。这种对传统的蔑视和全面否定过去的思维方式，到了"文革"时达到顶峰，导致了经济上的重大挫折。在20世纪50年代，提出"跑步进入共产主义"，"十五年赶上英国"（后来又变为"五年赶上英国"，"三年赶上英国"、"一年赶上英国"）。在这种思想的引导下，大搞"大跃进"。在第一个五年计划期间，在苏联的帮助下，中国的钢产量在1957年好不容易恢复到535万吨。但是到了大跃进时期，要在1958年达到1070万吨钢产量的目标最后导致了灾难性的后果。这是他们没有理解马克思上述话语所致的。

德国大诗人歌德说："我认为但丁伟大，但是他的背后是几个世纪的文明；罗斯柴尔德家族富有，但那是经过不止一代人的努力才积累起来的财富。这些事全部隐藏得比我们想象的要深。"只有通过深入研究历史，真正了解过去，才能解释今天的情况。在研究历史方面，量化方法是很有用的，希望大家继续努力学习这种方法。

授课教师简介

李伯重系新中国成立后首批博士学位获得者之一。历任浙江省社会科学院历史研究所副研究员、副所长，中国社会科学院经济研究所研究员，清华大学人文社会科学学院经济学研究所教授。现任香港科技大学人文社科学院教授，清华大学历史系教授、博士生导师，并担任国际经济史学会执委会委员（为该学会成立以来的第一位担任执委会委员的中国学者），国务院学位委员会第六届学科评议组成员，清华大学人文社会科学学院学术委员会委员，清华大学21世纪发展研究院学术委员会委员。兼任北京大学中国经济研究中心、中国人民大学清史研究所、南开大学历史系、云南大学历史系兼职教授以及美国哈佛大学、英国剑桥大学、日本东京大学、法国国家社会科学高等研究院等国外著名大学和研究机构的客座教授。

大数据时代与近代经济统计研究

陈争平

世界上目前正在开启的大数据（Big Data）时代与我们目前正在进行的国家社科基金重大项目"近代中国经济统计研究"，以及与我们这次的讲习班有着密切的关系，所以我这次讲座就用了这一标题。又因为"近代中国经济统计研究"项目实际上最早的提议人是中国社科院荣誉学部委员、中国经济史学会前会长吴承明先生。吴承明又多次强调了经济史研究中计量方法的重要性，并就此提出了一些重要见解。我在这几天与几位年轻学者交谈以后，又与龙登高老师商量了一下，决定在讲座里加上吴承明关于经济史计量方法见解的介绍。

一、吴承明关于经济史计量方法的重要见解

笔者有幸在硕士生阶段和博士生阶段都听过吴承明讲课，毕业后工作期间也经常得到他的教诲和帮助。本文拟在经济史计量分析方面把从吴承明那里所学结合自己所思展开讨论，借此请教大家。

（一）"凡是能够计量的，尽可能作些定量分析"

吴承明多次强调了经济史研究中计量方法的重要性，他希望在有关经济史的研究中"凡是能够计量的，尽可能作些定量分析"[1]。他在讲课时指出，定量分析可以检验已有的定性分析以尽量避免随意性定性判断，它还可以揭示多种变量相互之间的内在关系，揭示经济事物发展变化趋势，可以使人们对许多历史问题的认识不断深化。他曾以清代江西景德镇制瓷业研究为例，告诉我们：从当时史料数量看景德镇官窑留下的史料多，民窑的很少，不做计量研究则会给人以清代景德镇制瓷业是以官窑为主的印象；做了计量研究才发现当时官窑的产量和占用的技术力量都不到民窑的1%。他还列举一些其他案例，使我们对经济史研究中计量方法的重要性有了较深的印象。

关于各类计量方法，在我的记忆中吴承明在不同时期关注的重点亦有变化：在我读硕士研究生阶段，他讲课时特别强调结构分析的重要性；到我读博士生阶段，他讲课时又强调经济史研究要重视相对价格变化；20世纪末他较为关注经济周期波动，特别是长期波动；进入新世纪后，他又较为关注全要素生产率分析等。这说明吴承明关于计量分析的视野宽广，且不同时期各有重点。

吴承明鼓励方法创新，却又反对把使用老方法说成是"保守"，认为方法有新老之别，但无高下优劣之分。因此，笔者在清华大学给研究生讲课时，要求研究生在方法上要记住清儒梅文鼎的名言："法有可采，何论东西；理所当明，何分新旧……务集众长以观其会通，毋拘名相而取其精粹。"[2]

从吴承明的讲课以及发表的有关文章中，可以看出他对各种方法

---

[1] 吴承明：《市场·近代化·经济史论》，昆明：云南大学出版社，1996年。

[2] 梅文鼎：《堑堵测量》卷2，转引龚书铎主编：《中国近代文化概论》，北京：中华书局，2002年，第90页。

的价值判断仍有个排序：即"孤证"优于"无证"，"罗列"优于"孤证"，计量分析优于"罗列"。

（二）统计是经济史计量研究的基础

吴承明也告诫我们，计量研究是一项要小心谨慎，要下苦功的工作，统计是经济史计量研究的基础。他在课上曾发给我们一页关于近代中国棉纺织业的统计表，然后要我们估算其工作量。我们都答不上。他告诉我们：这一页统计表是上海 10 多位学者花了 10 来年时间才做成的。他的教导使我加强了对经济史计量研究重要性的认识以及对经济史统计基础重要性的认识。

吴承明还身体力行，带领一批经济史专家，在统计基础上，对近代中国工农交商等各部门的收入、各类资本在不同时期的增长、国内市场的变化等进行了一系列的计量分析，这些分析使人对近代中国经济史上主要数量关系有了较为清晰而深入的了解。不同的作者观察问题的视角不一样。例如，在论及清代国内市场发展时，同为中国社科院经济所中国经济史室的学者 2000 年出版的两本书，一本论述了清末市场上度量衡混乱等流通"梗阻"（实际上有些"梗阻"是从清前期延续下来的），并指出中国货物由内地运至通商口岸的百里路程运费往往高出出口后万里海运的运费[1]，较为强调了当时市场不发展的一面；而另一本则较为强调了清前期国内市场发展的一面[2]。读者如果要想了解从清前期到近代国内市场发展总的过程，仍然要看吴承明等学者在这方面所做的跨阶段定量分析。吴承明等人在广泛考证了各种资料后在统计基础上指出，粮食、茶叶、蚕茧、棉花等主要农产品的商品

---

[1]　汪敬虞主编：《中国近代经济史，1895—1927》，北京：人民出版社，2000 年，第 102 页。

[2]　详见方行、经君健、魏金玉主编：《中国经济通史，清代经济卷》（中），北京：经济日报出版社，2000 年。

值按不变价格计，1840—1894 年年均增长率不足 1.3，但比起鸦片战争前已大大加速，1895—1920 年间年均增长率为 1.6%，1920—1936 年间约为 1.8%。他们又用海关的土产埠际贸易统计和历年厘金收入、常关税等还原法估算 1870、1890、1908、1920、1936 年五个基期市场商品总值（包括进口货）分别约为 10.4、11.7、23.0、66.1、120.2 亿两（规元），五个基期之间的年均增长率分别为 1.20%、1.14%、6.28%、2.89%。[1] 这些数据使人对中国国内市场不断扩大的状况有了大致清楚的了解。可以说，统计基础上的计量研究已是经济史研究，特别是有关历史连续性的经济史研究不可缺少的。

吴承明指出，经济史计量分析大致有统计学、计量经济学、计量史学三大类方法。[2] 他主张下苦功做好统计工作，在此基础上展开计量研究。他们用海关的土产埠际贸易统计和历年厘金收入、常关税等统计计算埠际贸易年均增长率，进而研究国内市场扩大状况。他认为，"19 世纪以后，一国（或一地区）的总体经济大多是用国民生产总值即 GDP 和人均 GDP 来表达了。GDP 包括全部物质和服务的净产值，也包括消费（分配）、投资（储蓄）、产业结构以及出口数值，是最完整的宏观统计，经济的兴衰和结构变迁一览无余"[3]。他还认为，"价格，尤其是相对价格的统计是经济史研究的重要方法"，"探讨相对价格变动……还有大量工作的空间"。[4]

吴承明也告诫我们，定量分析要与定性分析相结合，"已有的定性分析常有不确切、不肯定或以偏概全的毛病，用计量学方法加以检验，

[1] 吴承明：《中国资本主义与国内市场》，北京：中国社会科学出版社，1985 年；王水：《评珀金斯关于中国国内贸易量的估计——兼论 20 世纪初国内市场商品量》，《中国社会科学》，1988 年第 3 期；许涤新、吴承明等上引书第二、三卷有关章节；吴承明：《近代国内市场商品量的估计》，《中国经济史研究》，1994 年 4 期。

[2] 吴承明：《经济史：历史观与方法论》，上海：上海财经大学出版社，2006 年，第 242 页。

[3] 吴承明：《经济史：历史观与方法论》，上海：上海财经大学出版社，2006 年，第 244 页。

[4] 吴承明：《经济史：历史观与方法论》，上海：上海财经大学出版社，2006 年，第 244—245 页。

可给予肯定、修正或否定"；而计量经济学方法可以用于"检验已有的定性分析，而不宜用它创立新的论点"。[1] 他认为"计量经济学方法用于经济史研究有很大的局限性"，主要有三点原因。

1. 计量经济学"不能含纳制度、政策变迁和社会意识形态变迁对经济发展的作用，而这正是当前经济史研究的重点，是计量经济学方法无能为力的"。[2]

2. 计量经济学方法依赖于特定的经济学理论，而至今仍"没有一个古今中外都通用的经济学"[3]，用经济学数量模型应当特别注意适用性。

3. 他不主张用小样本加上数量模型进行推算来研究经济史，还有一主要原因是数量模型里无"人"，看不见"人"的主观能动性。许涤新和他曾批评说："从司马迁起，写人物就是中国史学的优良传统。但近代史学，尤其是经济史，似乎丢掉了这个优良传统"。[4]

至于计量史学，他指出它"实际上只曾盛行于美国。在欧洲虽有短暂反应，但不成气候"，"在中国则无响应"，而在美国"进入 21 世纪，计量史学已消失生气"。所以他认为经济史计量研究仍然"主要是统计学方法"[5]。

（三）定量分析要注意可比性

1997 年春，吴承明召我谈话时，强调定量分析要注意可比性，他认为如果不能进行比较，学术价值就要打折扣。因此他建议我们做中国近代经济统计研究时要以生产法为主，计算近代各时期中国 GDP，

[1] 吴承明：《经济史：历史观与方法论》，上海：上海财经大学出版社，2006 年，第 248 页。

[2] 吴承明：《经济史：历史观与方法论》，上海：上海财经大学出版社，2006 年，第 248 页。

[3] 吴承明：《经济史：历史观与方法论》，上海：上海财经大学出版社，2006 年，第 214、215、219、221—224、282 页。

[4] 许涤新、吴承明主编：《中国资本主义发展史》第 1 卷，北京：人民出版社，1985 年，第 12 页。

[5] 吴承明：《经济史：历史观与方法论》，上海：上海财经大学出版社，2006 年，第 242、250 页。

以更好地进行纵向比较和横向比较（尤其是国际比较）。

清华大学经管学院博士生伏霖所做的 980—1840 年中国人均产出变迁的研究，既有纵向的宋、明、清三朝比较研究，又有横向的中英比较研究，学术价值就比不比较要高得多。

二、大数据时代来临

上述吴承明关于经济史计量方法见解对我们项目研究有重要指导意义。经济史计量研究实际上存在"统计"与"模型"两大派之争。杜恂诚教授等指出模型学派关于中国历史上的 GDP 数字是用计量模型推算出来的，存在时间序列的数列太短，数字来源缺乏充分依据，模型的假设条件与实际不符合等问题。他们认为还是要先广泛收集统计资料，"要先当一回'统计局'，然后才谈得上其他的各种研究方法"。[1] 我们同意杜恂诚这方面的观点。

我们同时认为，以统计工作为基础，这与大数据时代主要特点也有紧密关联。

英国学者维克托·迈尔 - 舍恩伯格、肯尼思·库克耶在《大数据时代：生活、工作与思维的大变革》一书中宣告：大数据时代来临。

半个世纪以来，随着计算机技术全面融入社会生活，信息爆炸已经积累到了一个开始引发变革的程度。它不仅使世界充斥着比以往更多的信息，而且其增长速度也在加快。信息总量的变化还导致了信息形态的变化——量变引发了质变。随着智能手机以及"可佩带"计算设备的出现，我们的行为、位置，甚至身体生理数据等每一点变化都成为了可被记录和分析的数据。一个大规模生产、分享和应用数据的

---

[1] 杜恂诚、李晋：《中国经济史"GDP"研究之误区》，《学术月刊》，2011 年 10 月。

时代正在开启。[1]

大数据很可能成为发达国家在下一轮全球化竞争中的利器，而发展中国家依然处于被动依附的状态之中。整个世界可能被割裂为大数据时代、小数据时代和无数据时代。现代历史上的历次技术革命，中国均是学习者。而在这次云计算与大数据的新变革中，中国与世界的距离最小，在很多领域甚至还有着创新与领先的可能。只要我们以开放的心态、创新的勇气拥抱"大数据时代"，就一定会抓住历史赋予中国创新的机会。[2]

大数据时代的精髓与三个重大的思维转变有关，这三个转变是相互联系和相互作用的，这些转变将改变我们理解和组建社会的方法。三个转变包括：第一，要分析与某事物相关的所有数据，而不是依靠分析少量的数据样本；第二，我们乐于接受数据的纷繁复杂，而不再热衷于追求精确度；第三，我们不再热衷于探求难以捉摸的因果关系，转而关注事物的相关关系。

第一个转变就是，在大数据时代，我们可以分析更多的数据，有时候甚至可以处理和某个特别现象相关的所有数据，而不再依赖于随机采样。大数据是指不用随机分析法这样的捷径，而采用所有数据的方法。

19 世纪以来，当面临大量数据时，社会都依赖于采样分析。但是采样分析是信息缺乏时代和信息流通受限制的模拟数据时代的产物。以前我们通常把这看成是理所当然的限制，但高性能数字技术的流行让我们意识到，这其实是一种人为的限制。生活中真正有趣的事情经常藏匿在细节之中，而采样分析法却无法捕捉到这些细节。与局限在

---

[1] ［英］维克托·迈尔－舍恩伯格，肯尼思·库克耶：《大数据时代：生活、工作与思维的大变革》，田溯宁序，杭州：浙江人民出版社，2012 年。

[2] ［英］维克托·迈尔－舍恩伯格，肯尼思·库克耶：《大数据时代：生活、工作与思维的大变革》，田溯宁序，杭州：浙江人民出版社，2012 年。

小数据范围相比，使用一切数据为我们带来了更高的精确性，也让我们看到了一些以前无法发现的细节——大数据让我们更清楚地看到了样本无法揭示的细节信息。[1]

第二个转变就是，研究数据如此之多，以至于我们不再热衷于追求精确度。例如，一个小商店在晚上打烊的时候要把收银台里的每分钱都数清楚，但是我们不会、也不可能用"分"这个单位去精确度量国民生产总值。随着规模的扩大，对精确度的痴迷将减弱。当我们拥有海量即时数据时，绝对的精准不再是我们追求的主要目标。大数据纷繁多样，优劣掺杂，分布在全球多个服务器上。拥有了大数据，我们不再需要对一个现象刨根究底，只要掌握大体的发展方向即可。当然，我们也不是完全放弃了精确度，只是不再沉迷于此。适当忽略微观层面上的精确度会让我们在宏观层面拥有更好的洞察力。大数据的简单算法比小数据的复杂算法更有效。[2]

第三个转变因前两个转变而促成，即我们不再热衷于寻找因果关系。寻找因果关系是人类长久以来的习惯。即使确定因果关系很困难而且用途不大，人类还是习惯性地寻找缘由。相反，在大数据时代，我们无须再紧盯事物之间的因果关系，而应该寻找事物之间的相关关系，这会给我们提供非常新颖且有价值的观点。相关关系也许不能准确地告知我们某件事情为何会发生，但是它会提醒我们这件事情正在发生。在许多情况下，这种提醒的帮助已经足够大了。只要我们知道什么时候是买机票的最佳时机，就算不知道机票价格疯狂变动的原因也无所谓了。因果关系只是一种特殊的相关关系。相关关系分析通常情况下能取代因果关系起作用，即使不可取代的情况下，它也能指导

---

[1] ［英］维克托·迈尔－舍恩伯格，肯尼思·库克耶：《大数据时代：生活、工作与思维的大变革》，第一章，杭州：浙江人民出版社，2012年。
[2] ［英］维克托·迈尔－舍恩伯格，肯尼思·库克耶：《大数据时代：生活、工作与思维的大变革》，第二章，杭州：浙江人民出版社，2012年。

因果关系起作用。

大数据告诉我们"是什么"而不是"为什么"。在大数据时代，我们不必知道现象背后的原因，我们只要让数据自己发声。在还没有收集数据之前，我们不再需要把自己的分析建立在早已设立的少量假设的基础之上。让数据发声，我们会注意到很多以前从来没有意识到的联系的存在。大数据的相关关系分析更准确、更快，而且不易受偏见影响。[1]

大数据绝不会叫嚣"理论已死"，但它毫无疑问会从根本上改变我们理解世界的方式。很多旧有的习惯将被颠覆，很多旧有的制度将面临挑战。[2]

我们认为应当在哲学高度强调"量"在认识论中的地位，以往教科书有关表述可以改为："量"表示事物存在的规模、程度、速度以及构成事物要素的排列组合等的数量规定性，"计量"是对事物认识的深化和精确化；量变是质变的必要准备，质变体现和巩固量变的成果，并开始新的量变。

对于统计与模型两大方法之争，我们认为，统计方法更加贴近大数据时代主要特点，更符合时代要求，主要有两点原因：第一，大数据的"大"是相对而言，意思就是要分析与某事物相关的所有数据，而不是依靠分析少量的数据样本。我们的国家社科基金重大项目"近代中国经济统计研究"工作就是要尽最大可能收集整理与近代中国经济相关的所有数据，在此基础上开展计量分析。第二，《大数据时代》书中有这样的论断——"大数据的简单算法比小数据的复杂算法更有效"。据此可以推论以统计为基础的经济史计量研究比小数据样本加数

---

[1] ［英］维克托·迈尔－舍恩伯格，肯尼思·库克耶：《大数据时代：生活、工作与思维的大变革》，第三章，杭州：浙江人民出版社，2012 年。
[2] ［英］维克托·迈尔－舍恩伯格，肯尼思·库克耶：《大数据时代：生活、工作与思维的大变革》，杭州：浙江人民出版社，2012 年，第 94 页。

量模型更有效。第三，需要强调的是：大数据建设对于加强国际竞争力有重要意义，而本课题研究是中国大数据建设的一部分。

三、关于近代中国经济统计研究

按我的理解，大数据的"大"是相对而言，意思就是要分析与某事物相关的所有数据，而不是依靠分析少量的数据样本。我很欣赏这句话："大数据的简单算法比小数据的复杂算法更有效"。我主持的国家社科基金重大项目"近代中国经济统计研究"就是要尽最大可能收集整理与近代中国经济相关的所有数据，在此基础上开展计量分析。本课题研究是中国大数据建设的一部分，将为学界在经济学、历史学、统计学等方面后续系列研究提供坚实的基石。本课题研究对于更好地认识国情，对于制定宏观发展战略，对于中国经济学科及历史学科建设来说，都有着重要的意义。

（一）选题由来及主要根据

1997 年春，时任中国经济史学会会长的吴承明先生召浅谈话。他介绍了英国学者麦迪逊（Angus Maddison）有关成果及日本文部省"COE"项目。他认为尽管日本"COE"项目吸收一些中国教授和中国留日学生参加，但毕竟是日本文部省项目，应当有中国学者自己做的中国长期经济统计研究。他说中国资本主义发展史也是先有日本人做，许涤新先生和他下决心要做出更好的中国资本主义发展史专著，后来这一设想基本实现。他希望我主攻近代中国经济统计分析这一项目。他鼓励我们做成一个"金字塔式"的可以流传后世的中国长期经济统计研究成果，为中国经济史学的计量研究打下坚实基础。吴承明还把他多方收集的有关经济统计的卡片和有关资料借给我复制。

近代这 100 多年中国经济各部门各方面的统计资料虽然极为零散，但是下大功夫到处收集，还是能收集到很多资料，这是本课题研究的主要根据。

何廉、巫宝三、严中平、刘大中、刘大钧、吴承明、汪敬虞、唐传泗等前辈学者都是在广泛收集资料基础上做出了重要研究成果；日本"COE"项目组利用他们收集的中国经济资料，在 1999 年已经基本搭起了中国长期经济统计系列研究的框架，现在仍在修改之中。这些说明近代中国经济统计资料的收集仍有较大潜力可挖。例如，关于"物价"资料，我们不仅可以从旧中国各级政府有关统计中再作进一步发掘，可以利用南开大学过去所编有关进出口物价指数等，还可以从已发表的近代名人日记中爬梳出很多物价记载及其他市场信息。

杜恂诚、李晋指出刘巍等人关于中国历史上的 GDP 数字是用计量模型推算出来的，存在时间序列的数列太短，数字来源缺乏充分依据，模型的假设条件与实际不符合等问题。杜恂诚认为还是要先广泛收集统计资料，"要先当一回'统计局'，然后才谈得上其他的各种研究方法"。我们同意杜恂诚这方面的观点。

（二）预期成果及分两期实施说明

预期成果主要包括两方面。

第一，建成一整套近代中国经济统计原始数据库，以及一整套经过我们努力考证、核校、插值形成的近代中国经济统计改进数据库，将按基金管理有关规定提供给社会各界使用（但是目前尚未见到有关规定）。

第二，重点是在改进数据库基础上展开进一步分析，据此出版多卷本（约 1000 万字）中国近代经济统计研究专著，拟分"近代中国对外贸易和国际收支统计研究"、"近代中国财税统计研究"、"近代中国通货与金融统计研究"、"近代中国工矿业统计研究"、"近代中国农业统计研究"（指大农业，包括林业、牧业、渔业和养殖业）、"近代中国交通物流业统计研究"、"近代中国商业及其他服务业统计研究"、"近代中国物价统计研究"、"近代中国人口和劳动统计研究"、"近代中国经济统计综合研究"等子课题，每个子课题成果大约在 100 万字，单独成书（各子课题负责人作为主编姓名上封面），但要注明属于国家社科基金重大项目成果，列入中国近代经济统计研究丛书，以便本课题结项。《综合》卷是在前面讨论基础上，使用 SNA（国民账户体系）进行综合计量研究，以利于横向国际比较及纵向历史比较，为此《综合》卷将以生产法为主，辅之以收入法和支出法，估算中国近代历年 GDP、人均 GDP、GDC、人均 GDC、国民收入、人均国民收入等综合性指标，并进行分历史阶段、分地区的考察；还将进行各阶段资本形成、经济增长与结构演变等分析，再作国际比较研究。《综合》卷是整个项目收口的关键，应具有画龙点睛功效。

本课题研究工作十分艰巨[1]。这次招标公告也规定不能超过 5 个子课题。所以我们只好分成两期。第一期先做对外贸易和国际收支、财税、工矿业、农业、物价这 5 个子课题。其余 5 个子课题放在第二期完成。我们认为分成两期符合本课题研究实际情况。实际上我们每个子课题，如近代中国工矿业史、农业史（大农业，包括种植业、林业、牧业、渔业和养殖业）都可作为重大项目申报。所以我们第一期5 个子课题研究工作也很艰巨，不亚于其他重大项目。

本课题研究要按国家社科规划办有关规定，每年都上报相关论文作为阶段性成果，希望课题组成员每人都撰写相关论文。

---

[1] 《日本长期经济统计》14 卷是两代学者团队用了 20 多年时间做成。日本 COE 项目原计划在 1999 年出初稿，2000 年出书，但是 1999 年出初稿后发现问题很多，他们下大功夫修改，至今尚未面世。

又，本课题研究旨在为学界在经济学、历史学、统计学等方面后续系列研究提供坚实的基石，因此也要鼓励本课题组成员以自己参与本课题研究的定量分析成果为骨干，结合其他史料，将定量分析与定性分析相结合，写成各自的相关学术专著。

（三）主要思路与研究方法

我们要认真学习前辈学者何廉、巫宝三、严中平、刘大中、刘大钧、吴承明、汪敬虞、唐传泗、许道夫等人的研究方法。此外，我们虽然与模型派是不同路线，但也要以开放包容的心态，和他们加强交流，求同存异，取长补短。我们也要学习国外学者（如麦迪逊）及日本"COE"项目组的研究方法。日本 COE 项目组在推算近代中国国民生产总值时所用的相关法、趋势法、综合法、指数法和比例法等估计推算方法等，可以为我们提供宝贵借鉴。

我们每一子课题研究都大致分两大部分。

第一是先要下大功夫做好以往研究综述及主要用史学方法广泛收集相关统计资料，在此基础上合成一整套近代中国经济统计原始数据库（P 系列 -Primary Data，可供大家查询和检验，有较高资料文献价值），再运用相关史学、经济学、统计学方法，进行认真细致地考证，去伪存真；同时要整理关于中国各地近代计量单位的资料，切实解决各地各时期计量单位换算等问题（必要的话，可单独出一专著）；并结合其他资料，用科学插值法进行补充和修正，做出系列统计表，合成一整套近代中国经济统计改进数据库（I 系列 -Improve Data，可供大家查询，是本课题研究意义的一个重要方面，对于经济学、统计学、历史学学科建设都有着重要意义，也是我们进一步展开分析的基础）。

第二是在近代中国经济统计改进数据库基础上用经济学、统计学方法做进一步分析。主要有六点。

1. 注意各类总量增长研究。例如在近代交通物流方面有了历年各通商口岸进出轮船只数吨位统计、历年内河轮船帆船只数吨位统计、历年中国轮船吨级分类统计、历年铁路建成里程统计、历年铁路车辆增加情况统计、历年铁路各主要干线货车利用状况统计、历年铁路客货运输量统计、历年铁路客货运输成本与收入统计、历年公路客货运输量统计等之后，即可再作各类数列各年定基增长率及相关分析（必要的话，还可做环比增长分析），这类分析会在很大程度上提高本课题的学术价值。

2. 注重各类结构变化研究。例如，在近代交通物流方面还要在一系列数据库基础上再作各类运输方式的比较和结构变化分析，据此开展交通运输业新旧更替分析、进一步开展相关国际比较研究。其他子课题也都与此类似。近代中国自然经济仍占很大比重，本课题要特别注重这一部分不进入市场的生产结构变化及其在国民经济整体中的比重变化。

3. 对于首席专家来说，因为本课题强调系统性，所以各子课题与总课题之间关系是部分与整体的紧密有机联系：如果缺少任一子课题的研究，《综合》卷就难以开展 GDP、GDC 的讨论，难以更好地进行整体的纵横向比较，学术价值就会大大下降，首席专家应在协调各子课题关系方面下大功夫。

4. 吴承明强调定量分析要注意可比性，他认为如果不能进行比较，学术价值就要打折扣。因此他要求做各时期中国 GDP。但是也有一些学者反对做历史上的 GDP。我们认为，定量分析要注意整体性和可比性，就要做各时期中国 GDP，但也不能"唯 GDP"。因此，我们还要加上做各时期中国 GDC(Gross Domestic Commodity Economy，国内商品经济总值，笔者首创) 数据库。我认为因为近代中国自然经济仍占很大比重，把 GDP 与 GDC 相对照，相结合，可以帮助我们更好地衡量中国商品经济发展水平，分析中国近代二元经济结构的演变；如果资料允许，我们还可加做近代各时期中国 HDI（人类发展指数）。

5.GDP 是一个市场价值的概念，各部门最终产品的市场价值又都要用货币来衡量，GDP 估算与货币、物价研究有着极为密切的关系。近代中国各阶段各地区各类物价变动极为复杂，特别是 20 世纪 40 年代恶性通货膨胀时期物价飞涨，名义 GDP 与实际 GDP 变化轨迹相差极大，所以进行中国近代 GDP 估算一定要特别重视物价的实际变动，否则实际 GDP 将会有很大误差。现有近代综合物价指数问题较多，本课题在充分查找各种与近代物价有关的数据记载，计算和编制更合理的近代物价指数。

6. 货币供求与物价密切相关。近代中国货币运动十分复杂，而现有货币供给研究结论对此估量不足，本课题拟根据近代中国货币运动史实，借鉴货币层次理论及内生理论，重新研究货币供给机制及货币量等。

附 关于量化历史（计量史学）研究对象的四个层次

· 1.含有数量表现的历史现象和历史过程（虽然是最低层次，但是目前中国史学研究生在这方面知识仍然缺得太多，要做的工作很多）。

· 2.含有数量关系的历史现象和历史过程。

· 3.历史过程各类结构分析。

· 4.历史过程的发展变化趋势，进而探求有关规律。

上述四层次，由低向高，由浅入深，都离不开计量，对计量方法的要求是越来越高。低层次是高层次的基础，高层次是低层次的发展。

授课老师简介

陈争平，经济学博士，曾任中国社会科学院经济研究所副研究员、研究员，现为清华大学人文学院教授，中国经济史学会常务理事，近代史专业委员会副会长。

参考文献

[1] 陈争平：《近代中国货币、物价与 GDP 估算》，《中国经济史研究》，2011 年第 3 期。

[2] 杜恂诚、李晋：《中国经济史"GDP"研究之误区》，《学术月刊》，2011 年 10 月。

[3] 霍俊江：《计量史学基础——理论与方法》，北京：中国社会科学出版社，1991 年。

[4] 吴承明：《经济史：历史观与方法论》，上海：上海财经大学出版社，2006 年。

[5] [英] 维克托·迈尔－舍恩伯格、肯尼思·库克耶：《大数据时代：生活、工作与思维的大变革》，周涛译，杭州：浙江人民出版社，2012 年。

四、"量化历史研究讲习班"学员来稿

成本、技术和制度

——从大分流看长期增长的动力机制

陈三攀

摘要：本文对清华大学两届量化历史讲习班中有关大分流的讨论进行了梳理，认为相对价格的变化是大分流的根本启动因素，相对价格和结构变迁之间具有双向反馈机制。同时，相对价格的变化也会引起有偏技术进步。与相对价格体系和有偏技术相适应的制度选择，会降低制度费用而促进长期经济增长。从资本积累式的斯密型增长过渡到熊彼特式的创造性破坏，是不可逾越的历史发展过程。

关键词：大分流；相对价格；有偏技术；制度费用；经济增长

引　言

第二次世界大战以后，经济增长理论成为经济学一个重要的分支。新古典增长模型与新增长模型，尽管从资本积累、技术进步、人力资本、制度变迁等各个因素，为我们勾勒了经济增长的基本模式。然而，经济学科不是一门抽象的学问，清楚地理解历史有助于我们了解现代社会所处的局限，从而作出具体的决策。同时，近30年来，中国的经济增长取得了世界瞩目的成就，并在经济、社会、文化各方面发生了深刻的结构变化，理解这些变化的渊源、背景与机遇，对于中国深化改革与可持续发展，有着重要的意义。

早在1954年，英国生物化学家和科技史专家李约瑟博士就提出疑问：尽管古代中国对人类发展作出了很多重要的贡献，但是为什么科学与工业革命却没有在近代中国发生？这一问题后来被称为"李约瑟之谜"。张岱年先生在其哲学论文集《文化与价值》开篇痛陈："1840年鸦片战争以来的160年，是中国历史上大转变的时代，也是大动荡、大转折的时代。300年前明清之际，有的思想家曾说当时是千古未有之变局。实际上，鸦片战争之后100多年，更是千古未有之变局。西方资本主义列强的侵略使中国遭受到前所未有的屈辱。……"关于李约瑟之谜，在张岱年主编的1988年版的《中国文史百科》中，由徐明华给出了相应的表述。近代以来最先提出这一疑问的，当数任鸿隽先生。任鸿隽认为，"……人心梏于时学。其察物也，取其当然而不知其所以然；其择术业，骛于空虚而引避实际。……"张岱年先生认为，中国的科学体系重实用经验与相互联系，轻系统抽象与分析论证。德国历史学家魏特夫认为，中国人把智慧都集中到了"农业秩序所产生的，及直接和农业秩序有关的或观念上反映着农业秩序的各种课题"，但是对工商业的发展不感兴趣。美国著名中国问题专家费正清教授则认为，中国近代的落后，"除了与中国古代科技没有形成逻辑体系有关外，还与中国政治、经济、文化等方面的体制有关"。

李约瑟博士对于这一问题的贡献最大，他的巨著《中国科技史》，就是为了回答为什么近代科学首先在西方而不是中国兴起。他的研究从科技史领域扩展到经济史与文化史各个方面，使世人认识到，中国古代文明对现代科学创造与发现的贡献，改变了西方世界长期以来忽视中国文明的局面；同时，他也使中国人再一次审视自己民族的荣辱兴衰，真正认识到西方近代科学的长处所在，从而取长补短，继往开来。

以上一段引述，是对李约瑟之谜的背景、来源、发展与未来的一系列表述。李约瑟之谜，也成为每个中国有识之士，在思考中国的前途命运时应该包含的一个问题。随着中国经济的发展和国际地位的提高，这一问题也得到越来越多的世界学者的关注，几十年来方兴未艾。在经济史领域，这一问题又被描述为"大分流（The Great Divergence）"。2012 年 8 月 29—30 日，"中西经济大分流：历史比较分析"研讨会在清华大学召开，带来关于世界史比较研究的最新成果[1]。这一次大会明确，"大分流"争论的焦点问题是：为什么是英国，而不是其他国家最先发生了工业革命。不仅如此，西欧与东亚内部各国之间发生的"小分流"也引起了学者的关注。这种东西方的比较研究，不仅局限于农业，也延伸到技术、人口、制度、文化、区域经济、经济总量、产业结构、政府行为等多个层面。

近 20 年代来，关于"大分流"的问题，一直有着激烈的争论。随着讨论的深入，这一问题又延伸出若干的小问题，这些主题包括了工业革命、市场整合与生活水平，逐步改变着人们对于中国与世界经济历史的看法。目前发展最快、最令人振奋的一个领域，就是用大规模的历史资料，检验历史假设，解释大分流中的重大理论问题。在国内，清华大学社会科学学院率先开展了两期量化历史讲习班的学术活动，产生了比较大的学术影响。本文的目的，就是从最近清华大学最近两期的量化历史讲习班，追踪量化历史研究的前沿，探讨大分流与长期增长的理论问题。第二节是对于大分流之争的源起与发展进行介绍，提出问题。第三节是从英国与美国大国兴衰交替的历史，探讨各个转

---

[1] 何国卿、张湖东、张婷婷：《中西经济大分流：历史比较分析国际学术研讨会纪要》，《中国经济史研究》，2012 年第 4 期，第 158—162 页。

折时期的重要的局限变化，探讨现代经济增长在具体局限下的经济增长。第四节是从结构变迁的一般趋势与制度费用的变化，探讨大国兴衰过程中的本质。第五节是文章的结论，并提出进一步的研究问题。

一、大分流之争：马尔萨斯陷阱、阶层流动与内卷化

中西方的财富对比发生了什么样的变化？什么时候发生的变化？这样的变化怎样衡量？这种变化背后的机制在于哪里？在大分流的讨论中，这些都是重要的话题。在第一届量化历史讲习班中，Clark 教授认为，人类历史到今天只发生了一件事情，那就是工业革命。工业革命之后，整个世界的财富创造达到了前所未有的高度。为了验证这样的假说，Clark 教授利用英国人的遗嘱材料分别研究了两个问题：一个是研究英国人的生育率，另一个是英国代际社会阶层的流动性。

Clark 教授通过对英国人遗嘱的研究，发现在工业革命之前，越富有的家庭生育率越高，小孩的成年存活率也越高。这样的人口学特征似乎说明，在工业革命之前的 18 世纪，英国社会整体还没有跳出马尔萨斯陷阱。从工业革命开始到工业革命后期，生育率就与家庭财富水平没有什么关系了。再往后，才是越贫穷的家庭，生育率越高。这说明，是工业革命带来了人口生育结构的变化，而非人口生育结构的转型促成了工业革命的爆发。这一结论实际上否定了使用马尔萨斯人口理论来解释大分流的做法。其实，生育子女个数体现出来的社会生产力水平，与生育传统与生育意愿一起，都可能对实际人口生育特征产生影响。关键在于当时的社会生产力水平，或者说支付给工人的工资，是否已高到允许家庭生育较多的子女。所以，对真实工资的度量就非常重要。

Clark 教授所做的第二个工作，是英国代际的社会阶层的流动性。

用英国 14 世纪以来的遗嘱档案中记录的家庭收入估算，家族地位固化程度只有 0.4，或者说父子间收入的相关系数只有 40%，但是如果采用同一姓氏相连两代英国家族的平均收入计算代际相关系数，英国人代际相关性高达 75%。同样，Clark 的学生郝煜博士采用姓氏方法研究中国过去几百年的社会流动性，发现一旦宗族姓氏进入精英阶层，似乎世世代代都是精英，社会阶层可以跨越朝代、跨越体制固化下去，能够维持几个世纪。同样，在瑞典、英国、日本、印度、美国等国家，即使施行改善社会流动性的公共政策，也没有提高社会流动性。

由此看来，无论是工业革命前夕的英国，还是明清时期的中国，都存在比较强的阶层固化现象。因此，以西方社会阶层的流动来解释工业革命首先在英国发生，也是不可行的。基于这种理由，决定学历与劳动力市场结果的更重要因素，是家庭与社会网络，公共政策似乎不能提升社会流动性，而"工业化、城市化和技术革命可能是更重要的降低社会阶层固化程度的力量"。从社会层面尤其是教育层面综合考虑社会转型的动力，是一种有效的方式。

除了对欧洲社会转型进行分析，中国自身的量化历史研究也吸引了大量学者的关注。龚启圣、李伯重、龙登高、周黎安等还对中国明清时期的社会经济发展状况进行了实证分析，回应了中国的商业化与经济增长的争论。龚启圣（2011）、龚启圣和李楠（2011）采用中国社会研究所 20 世纪 20 年代在无锡的调查数据给出了的证据实际上说明，即由于移民的发生，农村内部的内卷化是不可能发生的。

"内卷化"这一词的概念，随着黄宗智研究 20 世纪中国农村社会变迁的著作《长江三角洲小农家庭与乡村发展》在国内的出版，引起了国内学者的注意。从农业社会的角度来看，内卷化是指在有限的土地上投入大量的劳动力来获得总量增长，即以边际收益递减的方式，产生没有发展的增长。农民参与市场的商品化，只是为了谋求生存而非追求最大利润的商品化。那么关于内卷化这种描述是不是成立的呢？关于这一问题，彭慕兰和黄宗智进行了十分激烈的学术探讨，并在21世纪初期掀起了"大分流"研究的新一轮高潮。彭慕兰重新对于江南农业与纺织业的劳动生产率与劳动者收入进行了估计，并与同时期的英格兰进行比较，发现江南农业与纺织业的生产率水平已经非常发达，充分证明了《大分流》一书中的观点。

在"内卷化"这一概念上，彭慕兰认为内卷化不应该由"劳动力边际报酬递减"，而应该是总生产要素边际报酬递减，而且用每日实际工资的长期下降来定义内卷化也是有待商榷的，其中最重要的就是实际工资的度量问题[1]，即劳动力的真实工资水平的度量问题。

同样是非农就业和真实工资的度量，龚启圣教授的《人力资本、移民和1930年代中国农村剩余劳动力的转移——长江下游的案例分析》，采用无锡市的数据，显示了农村剩余劳动力的转移是存在的，这样他们可以获得非农的就业。由于移民导致的土地闲置，吸引了低工资地区的工人，从而形成了按教育和劳动力技能细分的劳动力市场。这样一来，龚启圣教授也从实证分析上否定了"内卷化"这一现象。

不仅如此，龙登高（2009，2010a，2010b，2012，2013）的一系列有关土地产权及其交易体系的研究，揭示了明清时期地权分层和市场化所带来的多种地权交易形式的重要意义，这些中国特有的土地交易形式和产权形式包括：胎借、典、押、抵、活卖、绝卖、回赎、找价、租佃、押租制、田底权、田面权等。这些传统土地制度中的交易合约，一般是在民间习惯的制约下自我执行的，具有历史的延续性和稳定性。正是因为土地的不断流转和深化，生产要素的组合变得更加容易，土地和劳动力的配置在流转中变得更有意义。另一方面，农村

---

[1] 值得一提的是，在第二届讲习班上，Robert Allen 最重要的贡献，就是给出自己关于真实工资水平的度量方法，并计算了英国、荷兰、美国、中国的真实工资水平。

地权交易市场的发达和相应的负反馈机制，使得能够在多个层次上满足农户的融通需求，这种制度可以使农户的家庭经济和人生不同阶段进行资产的跨期调剂，增强抵御风险的能力。这实际上就是意味着中国农村土地产权体系和契约精神的逐步建立。这一结论说明，在农村剩余劳动力可以转移的背景下，明清时期的劳动力结构转型是有可能的，或者说有着其自身的合理性。如此一来，小农经济落后论，如果不是错误的，那至少也是片面的——小农经济是回应中国人地关系紧张的自然结果。在这样的地权交易和租佃制度下面，生产要素流转与资源配置，推动了经济效率的提升和土地的产出，使得中国有限的土地能够供养更多的人口。

不同于亚当·斯密对于东方分成租佃制的批评，为什么中国明清时期的佃农体制是有效的呢？根据张五常《佃农理论》的解释，尽管中国佃农租赁土地具有边际报酬递减的特征，但是通过将地主的土地分割成若干份，然后分租，产生了与经典理论不同的奇特效果：由于佃农的竞争性取得租佃权，农户的生产效率并未下降到边际产出为零的点（实际上不可能为零），均衡点是农户从事非农生产所能获得的收益的点，而此时，地主也获得了最大的地租分成。这种土地制度，与英国的终身租佃、固定地租不同，但实际上最后发挥了同样的市场效率。从这个层面上来讲，地主土地细碎化分割，确实有着其理论和实际上的合理性。就这样，佃农就以人格化与市场化的各种渠道和方式，将自己的、地主的、市场的、家族与社会的各种生产要素组合起来，通过独立的农场经营创造财富，支配剩余索取权；他们承担经营风险获取风险收益，面向市场经营获取利润，通过对土地的投资获取未来的收益。这样就从土地分成租佃制度的合理性，批驳了所谓农户劳动力投资过密、边际产出为负的结论。

最后，是关于明清时期工商业企业治理体系。周黎安教授对明清时期晋商和徽商的企业治理体系进行比较，给出了两种成功模式下的制度合理性。随着传统宗族关系的解体，以晋商文化为代表的现代治理方式，适应了现代企业委托代理方式的要求。这给我们的启示是，独立于地域文化和经营环境的唯一有效的治理机制是不存在的，一个有效的治理结构必然会最有效地利用地域文化中的合理因素与其内部治理进行整合，从而节省企业内的治理成本。如何构建一种真正与中国文化环境（包括区域文化环境）相一致的激励系统是极为关键的，如何创造性地实现地域文化与企业激励系统的良性耦合将是企业生存和发展的重要条件。

从第一届的量化历史讲习班的议题看来，尽管在理论上否定了以马尔萨斯陷阱、社会刚性解释大分流的可能，但是有关"内卷化"的争论还没有停歇。"内卷化"争论的焦点，逐步转变到生产要素的报酬上面来，也就是长期真实工资的历史度量问题。进一步的疑问是，是什么样的生产技术条件和制度安排，促成了工业革命的先锋在早期就获得了较高的真实工资率水平？在第二届的量化历史讲习班中，各位学者进一步探讨了"工业革命为什么最先发生在英国"，以及"第二次工业革命之后美国为什么超越了英国"。

二、大国兴衰的交替：
从斯密型增长到创造性破坏的跨越

（一）真实工资的度量

如何度量生活水平是经济学家和历史学家的一个重要任务，经济学常用的方法是计算工资的购买力即名义工资除以价格水平，历史学常用的做法是用谷物价格构造价格指数。然而，人们消费的不仅仅是谷物，而是一揽子的商品，采用谷物价格作为单位化价格，就可能忽视其他生活必需品价格波动的影响。其二，随着气候灾害等因素导致谷物价格供求关系的波动，谷物价格指数也随之变动。其三，依据恩格尔定律，对于已经开始由农业社会向工业社会转型的国家，以谷物为代表的农产品支出，在家庭总支出的比重也会逐步下降。这就意味着以谷物价格构造的价格指数，用来衡量其他支出的价格，进入工业化中后期之后，就存在着比较明显的上升趋势（Federico，2004）。总而言之，仅仅使用谷物价格作为基准价格来衡量的方法，比较适合于工业革命前夕的国民经济核算体系，但是在后期这种方法具有较大的偏差，所以我们需要构造一揽子商品的物价指数。由于一揽子商品的价格变动不同，我们就需要通过一种折算的方法，构造加权的价格指数，从而衡量工资的真实购买力。20 世纪 90 年代，在标准化一揽子商品的福利比率推出之后，联合国粮农组织和美国农业部建立了食品安全线。同时，世界银行也颁布了每天 1 美元的贫困线标准。

Robert Allen 对工业革命前夕西欧各国及中国、印度等国主要城市的生活水平的度量与比较，具有方法论上的意义。《贫困线的历史、理论与目前的国际实践》这篇文章，试图利用食品安全线和世界银行贫困线来替代消费价格指数计算工资的真实购买力，从而形成在度量上可比的历史和今天的真实的生活水平。Allen 等人采用工人年度总工资除以维持生存的家庭贫困线处的成本，获得一个比率。年度工资除以年度维持生存的成本的比例，我们称之为一个家庭的福利比率。如果这个比率是 1，那么就这个工人的工资水平仅仅能够让其家庭的消费达到维持生存的水平。Allen 就是从这一点出发来度量世界各国人民的生活水平。

然而，生存工资该如何衡量呢？Allen 采用标准化一揽子商品来作为生存工资水平下的购买力度量。按照他的计算方法，一人一天的食品消费提供的热量是 1940 卡路里，同时一个家庭用以作为标量因子的，是四口之家的消费折算为三个成年人的消费量。同时，这个消费篮子中还包括一些非食品类的消费。Allen 发现，如果将历史上人均消费一揽子商品中的卡路里消费从 1940 提高到 2100，并将一个家庭的劳动力标量因子，从每个家庭 3 个成年人提高到每个家庭 4 个成年人，然后计算通过体力活动水平（Physical Activity Level，PAL）指标，结果发现，国际食品安全线的这一热量标准，实际上与早期人们生活的能源要求标准是一致的。这样的结果是振奋人心的。

采用体力活动水平的度量还发现，在 18 世纪，中国和日本主要城市的简单劳动力的生活水平，与中南欧国家劳动力的生活水平，实际上相差无几。这样的结果实际上就质疑了欧洲作为整体超越的结论。通过体力活动水平的度量，Allen 发现，只有英格兰和荷兰才超越了世界的其他地区。这里的其他地区，不仅包含了亚洲，还包含欧洲的大部分国家。

真实工资的度量为什么这么重要呢？通过 Allen（2003）不难发现，英国和荷兰率先在真实工资率上跨越了维持基本生存工资这一道门槛，并长期保持在较高的水平（1840 年以前福利比率在 3 和 4 之间波动，但是 1840 年之后一路上升到 8），但是中国、意大利等地的真实工资仅仅在维持基本生存水平上（1820—1850 年之间甚至都下降到 1 以下）。这种长时期的差异，就是关于大分流发生的典型证据。西欧国家平民阶层的真实购买力，已经远远超出维持生存的水平，为早期的资本积累提供了基础。真实工资可以看作是工人的收入，也可以看作是工业企业主的生产成本。工业企业主之所以能够维持这样高的劳动力成本，原因就在于其他低成本的要素可以对劳动力形成替代。这一点，对于理解后面的相对价格和竞争优势，有着非常重要的启示。如此一来，我们的疑问在于，到底是什么原因促成了东西方经济表现逐步出现这么大的差异呢？

（二）财富逆转的原因之一：经济重构与大西洋贸易

Allen（2003）以真实工资为基础，试图对近代欧洲财富逆转给出可能的解释。他从三个方面区分成功的经济体和不成功的经济体：真实工资、经济结构和农业生产率。Allen 建立了这样一个模型——外生变量包括人均土地面积、制造业的生产率、圈地运动、贸易的大爆炸以及前期的城市化水平，内生变量包括工资、从事原型工业[1]的人口比重、农业生产率、当期城市化水平。利用这些因素，构造出了多因素的联立方程模型。在这个联立方程系统中，人均土地面积、城市化水平和农业部门工资率影响非农部门工资；制造业的生产率和农业部门的生产率影响原型工业的生产率；圈地运动、原型工业生产率、非农部门工资率和城市化水平影响农业部门生产率；贸易大发展和前期的城市化水平影响现在的城市化水平。

这个联立方程模型能否解释不同国家的增长路径？ Allen 对相关国家进行了两个模拟：一个是将人口增长率看作内生的五方程系统，一个是将人口增长率看作外生的四方程系统。尽管处理方式不同，但这两种方程系统的结果却是相同的。唯一的不同是，如果在模型中引入内生人口增长，人口差异仅仅带来工资水平的不规则运动。

通过这些变量系统可以发现，大西洋贸易实际上是推动西北欧经济向前发展的关键因素，这一结论也为 Daron Acemoglu 等人所证实。然而，Allen 强调，在参与大西洋贸易之前，西北欧的经济上升也非常重要。这一结论扩展了以前一些历史学家的工作，比如说大西洋贸易之前 17 世纪的商业革命非常显著，并且在西北欧的毛纺织业上超越地中海的生产者，表现为欧洲内部的重构。这种重构，使得真实工资水

---

[1] 原始工业是基本上等同于中国学者所研究的乡村手工业、农村家庭副业。关于中国原始工业化的发展情况，可参考于秋华所著《明清时期的原始工业化》，大连：东北财经大学出版社，2009 年。

平远超最低生存标准的若干倍，原始积累成为可能。他的结论是，西北欧的经济成功，分为两个步骤：显示欧洲内部的发展，然后才是大西洋贸易加快了这种发展。在这里，有两个重要的发现，需要再一次论述。

第一个，由于跳出了马尔萨斯陷阱，工业革命前夕由于伴随着经济的快速增长，高工资水平都是可持续的，人口增长率被约束在每年2%的水平。快速的经济增长，而非生育率的下降，是高工资持续的根本。这样的结论就与 Clark 的观点相一致，即不能用马尔萨斯陷阱来解释大分流，大分流的动力机制应该在于经济水平的快速增长，从而带来真实收入的上升和资本的积累，以及进一步的经济增长。

第二个，方程的模拟结果告诉我们关于经济增长的一些新的经验。传统的经济增长理论认为，经济增长一般都伴随着人力资本的积累和投资。但是，Allen（2003）的文章却并没有对这种观点给予更多的支持。这可能说明，人力资本的积累在大分流的启动机制上面，并没有起到那么显著的作用。那么对于经济增长来说，一定有更重要的因素比人力资本积累更加迫切需要转变。这种因素是什么呢？这种因素启动之后，人力资本又是怎样起作用的呢？

（三）财富逆转的原因之二：产权保护与智力效应

15 世纪晚期和 16 世纪，英国的官方法院颁布了不动产契约和租赁受益人占有权法令。这两项法令，实际上是对于财富的占有和合约执行进行了明确的法律划分。通过私有产权的确立，农业生产者获得了产权保护，从而成为农业革命的先决条件。这样算来，英国的崛起，实际上发生在 1688 年光荣革命之前。

Acemoglu et al.（2005）的研究与 Mokyr（2005）的认识比较接近。他们发现，所有参与到大西洋贸易的国家，并不具有完全相同的经济增长模式。从大西洋贸易中获得巨大商业利润的国家，不仅参与了大西洋贸易，而且商人阶层的政治权力如此之大，使得工业革命之前的政治制度并不那么专制。这两个条件，使得资产阶级从封建君主手中获得更多的政治权力，进一步开启政治改革，推行更严格的产权保护，加速经济创新。在这样的财产权保护下，英国与荷兰的商人阶层，投资更多、贸易更多，也就促进了经济增长。这样，产权的保护是非常重要的。问题是，为什么英国的资产阶级就可以得到比较好的产权保护呢？我们后面将进一步讨论这一问题。

识字率对英国早期经济增长的效果并不明显。可能是因为，识字率并不能马上看到经济产出的增长。这一结论与 Mitch（2005）所认为的工业革命时期教育投资的较低回报有关，接受良好的教育面临着较高的机会成本。Mokyr（2005）认为，知识经济起源于 17 世纪的科技革命，但直到 19 世纪才释放出了强大的能力，它是现代社会近期才有的现象。

Mokyr（2005）认为，虽然人力资本在工业革命初期并不重要，但是它在长期经济增长中仍然扮演着重要的角色。在《现代经济增长的智力起源》中，Mokyr 所提出的一个问题是：工业革命之后的经济增长，与之前的经济增长有什么明显的不同？当时，英国和其他西欧国家在 1700 年比 1066 年变得更加富有，有人认为"这仅仅只是增长的程度不同而已"。然而，Mokyr（2005）认为，增长的程度实际上说明了一切。一个人均 GDP 年增长率为 1.5% 的经济体，与一个人均 GDP 年增长率为 0.2% 的经济体，有着本质的区别。这种增长速度的提升，并不是一种简单的程度问题，而在以下三个方面有所不同。

第一，经济增长逐渐变成一种普遍的现象。在 1750 年以前，经济增长仅仅在相对小的局部地区或者有限的产业部门。工业革命之后，越来越多的经济体成为收敛俱乐部的成员。

第二，1750 年之前的增长，主要是由一般意义上的制度变迁造成的——法律、秩序和商业关系的建立，信贷、信托以及合约的强制执行，创造了资源有效配置、交换和投资等扩展财富手段的先决条件。技术变迁缓慢地进行，直到最后才占据最主要的地位。

第三，早期的经济增长，通常不可持续，而且对于人为和自然的负向冲击非常脆弱。这种现象，直到 18 世纪后期之后，才得到根本改观。当时技术进步对于经济增长的相对贡献，已经开始超越其他的因素。并且，由于工业革命的发生，支持技术进步的制度基础，也发生了变化，这就是现代经济增长的本源。

在现代经济增长过程中，智力效应体现在什么地方呢？ Mokyr（2005）认为，引致工业革命的智力效应有两个。

一是扩展了知识的应用范围，从而将知识向应用方面转化，这样就对研究投入产生了正向激励，同时还能依据实际应用的需要调整研究计划。

二是知识的开发降低了直接获取知识的成本。随着应用型技术的普及，在技术层面、文化和社会层面、制度层面和经济层面上，知识的外溢效应使得越来越多的人广泛地使用到了新知识、新技术和新发明所带来的成果。

这些智力型支持的存在，极大地提升了全社会范围的人力资本，这就为长期中实现工业革命的集中爆发打下了基础。

（四）财富逆转的原因之三：成本、有偏技术和相对价格

尽管英国在第一次工业革命中取得了领先的地位，但是 19 世纪以来，随着世界经济政治格局的重大变化，美国作为一个年轻的国家，超越英国并取得世界经济霸主的地位。

英国在北美东北部建立了最开始的殖民地，然后殖民地西扩，与宗主国的经济联系越来越紧密，也变得比较富裕。随着 1776 年独立战

争和 1860 年的南北战争，美国正朝着具有现代经济制度和强大国家能力的国家迈进。事实上，美国最初只是英国的一个海外省份，但是为什么这一与英国经济条件相近的国家逐步超越英国的实力了呢？

根据 Robert Allen 的观察，1820—1913 年间，美国的人口增长了10 倍，印度、埃及和英国的人口增长一倍。同样，美国的 GDP 增长也具有相同的领先步伐。由于大陆拓荒和挖掘农业潜力的需要，作为"海外省"的美国，需要更高的工资来吸引足够的移民。同时，为了迎合国内制造业的发展，解放黑奴运动等措施释放了大量的自由劳动力。这一时期，美国国内具有大规模的投资，这种投资的规模与增长带来的劳动生产率的潮涌现象非常重要，这一阶段是美国早期资本阶段。尽管资本积累在 1895 年之后，已经不是美国经济的主要推动力，但是它为后期的崛起打下了牢固的基础。

但是到 19 世纪末期之后，美国的经济结构发生了重大改变。在1820—1895 年之间，美国的农业产品份额一直占据美国出口总额的80%，工业制成品占据其余的 20%。但是 1895 年之后，这一稳态就被打破了。制造业出口份额持续上升，并在二战结束后一度达到 75%。制造业的持续增长和国际贸易优势的半个世纪的积累，使得二战后美国成为名副其实的超级大国。根据麦迪逊（2006）的测算，早在 1901年，美国的人均 GDP 就已经超越了英国，而且麦迪逊（2009）给出的1820—2000 年的人均 GDP 的增长率，美国在每一个时间段内都要领先于英国。美国的制造业是如何变得强大起来的呢？ Allen（2014）基于比较工资和价格历史的方法找到了答案。应用这一方法，Allen 发现，在 18 世纪的英国，存在高工资和低能源（煤炭）价格的问题。工业革命技术的突破提高了单位工人所使用的资本和能源水平。

但是到了 19 世纪，美国微观经济发展面临的外部环境有三个基本特征。一是技术。由于能源动力价格低廉和工人工资的相对水平较高，这一阶段的发展的技术是增加单位工人的资本和能源使用，最终使得机械动力替代劳动密集型制造业变得有利可图。二是全球化。由于交通运输成本的下降，导致与国际贸易相关的贸易制度改善，最终导致世界市场更趋一体化，世界范围内价格趋同。三是国内的经济政策。

在美国的发展模式中，有四个必备条件：第一，消除国内贸易壁垒和基础设施建设，创造了一个庞大的、整合的内部市场；第二，在本国制造业发展壮大过程中，建立外部关税实施贸易保护；第三，建立有效的银行体系稳定了币值、促进投资；第四，建立了大众化教育体系，为工业化的发展提供了高素质的劳动力。

不同于英国工业革命完全市场所主导的经济改革，美国的经济制度同时运用了市场"看不见的手"和政府的"有形之手"，充分地实现资源的优化配置，并降低了市场的交易费用，保证了经济持续高效发展。这种经济发展，是现代国家实现长期发展的有效途径。

美国的经济发展，从三个方面保证了其发展模式中的四个条件。

第一个条件，能源成本。由于世界范围内商品市场的一体化，如果考虑关税和非贸易品效应，在能源价格由英国企业确定的情况下，美国的生产企业获取能源要支付更多。这多出来的关税实际上加重了美国制造业的生产成本，降低了其竞争优势。另一方面，农业和林业产品的出口具有"通胀效应"，如此一来，非贸易品的价格保护了进口商，劳动力的价格也被拉升，进一步拉升美国制造业的生产成本。所以，尽管美国的发展具有良好的自然资源条件，正是由于这种贸易壁垒，导致了前期美国尽管有发展，但是始终无法获得对于英国的竞争优势，英国制造业地区的能源成本，始终低于美国费城或者纽约的能源成本。

但是在 1880 年之后，美国的能源局面开始改观。美国广袤的领地上先后发现了烟煤和石油，由于其具有可运输性，运到英国就降低了英国制造业企业的生产成本。这时候美国制造业企业的能源成本只比英国低一点点。这时候，美国的制造业企业相对于英国有了更低的成本和更强的竞争优势，经济发展开始超越英国。再往后，美国较大规模的电力供应，由于其跨洋运输电力的不可行性，使得美国和英国的能源价格最终实现了分流。这样，根据 Melman（1956），到 20 世纪 20 年代，美国制造业企业所花费的电力成本，只有英国制造业企业电力成本的一半。制造业企业成本的下降，使得美国企业在世界市场上具有较大的竞争优势。这就是从自然资源的比较优势到竞争优势的转变。

第二个条件，是劳动力市场和生活水平。经过研究发现，美国制造业工人的名义工资和真实工资水平，都比英国要高。对于两国的真实工资序列采用误差修正模型估计，发现这两个序列是协整的。协整的含义就是英美两国的劳动力市场是高度整合的。那么，英美两国制造业工人的工资差距在什么地方呢？经过对英国和美国的劳动力市场的调查发现，两国劳动力市场中的成年男性、成年女性和儿童的就业比例存在比较大的差异。这是因为，在 19 世纪后期，美国的电力革命，大规模地使用电气化技术设备，对劳动者的人力资本提出了更高的要求。美国提供了更好的教育，美国的基础教育普及程度比英国要高得多。

第三个条件，是关于相对要素价格和有偏的技术进步。如果说制造业工人的工资水平相对于能源和资本的价格越昂贵，那么创造并最终使用能源和资本替代劳动的技术，其激励就越大。1880 年以前，美国东海岸和英国北部都是采用燃煤作为蒸汽能源的动力；但是 1880 年以后，美国的工资水平相比能源价格的增长要快速得多，从而这一时期能源密集型技术的使用激励，在美国东部比在英国要大得多。为了避免制造业在劳动力成本上的竞争劣势，美国人采用了关税的方式。

这就是说，尽管美国的制造业的工人工资比英国要高，但是因为美国能源成本的下降，使得美国拥有了更大的使用能源替代工人的激励，最终在能源优势上超越英国。这就是美国人偶然创造的技术路径突破。沿着这样的路径，更多地用低成本的能源来替代价格不断上升的劳动力，美国逐渐具有了世界领先的地位。

最后，还存在可能的第四个条件促进了美国制造业生产率的增长，这就是生产性服务业的快速增长。农业生产的效率大幅度提升导致了城市规模和制造业的扩大。这一时期，尽管人均 GDP 还没有超过英国，但是总的 GDP 增速和人口增长要远超英国。这样，国土开发为美国的资本存量扩张提供了需求。在这样的投资和资本积累过程中，由于生产试验性开发，附带地给美国带来了实践中的技术、流程的革新，带来了先进的现代管理制度，使得新的产能成为生产知识的投资。这一时期大规模基础设施的建设，企业之间的协同创新，大大地降低了制造业企业整体的生产成本。这些最终为美国成为世界经济霸主奠定了坚实的基础。

（五）小结：各领风骚数百年

总之，大分流的历史是这样的：经济重构和地理大发现，使得英国等西欧国家就在工业革命中占领了先机；制造业部门工人真实工资的显著提升，提高了平民的生活水平并加速了资本积累；商人群体政治力量的扩大，开启了产权保护和契约执行的现代法律体系；产权保护和能源低价促成了机器大工业发明时代的到来；技术的发展促进了知识的发现与扩散；知识的发现与扩散，提升了人力资本；正式教育的发展强化了这种人力资本的积累。后来居上的美国，其超越英国的原因在于：能源成本的分流促成了制造业低成本优势；电力能源成本下降，使得与电气相适应的相对要素价格促进了节约劳动和密集使用能源与资本的技术革命；铁路系统的发展使得国内市场更加一体化，全方位使用国内与世界资源，降低了生产成本；殖民开发提供的激励促进了资本的原始积累与投资的潮涌现象，在这些投资的背后又产生了与投资相关的试验性技术的开发以及现代公司管理制度的诞生，这些进一步促进了生产效率的提升。这也是一个从斯密型增长过渡到创造性破坏的具体的例子。无论是资本积累式的斯密型增长，还是熊彼特式的创造性破坏，都是一个农业国家在迈向现代化、工业化过程中必须经历的阶段。

从葡萄牙、西班牙、荷兰、英国、法国、德国、俄罗斯、日本、美国这些大国的崛起来看，其发展历程无一例外地与工业化紧密相联。那些曾经作为经济发展优势的因素，随着时代的变化，可能逐渐转化为劣势，也有一些国家由盛而衰。进入 21 世纪，信息革命给人类社会带来更加深远的影响。在这个越来越一体化的时代里，如果要一路乘势而行，就要从这些历史变迁的局限和发展历程，归纳出更一般的规律。

三、成本、技术与制度：历史变迁的经济规律

通常，人们认为经济学是一门研究资源优化配置的学问。经济学的基本原理，就是寻求在具体约束下的行为选择，使得目标函数达到最优化。如果目标函数可以明确，那么理解历史的重要性就体现出来了。历史告诉我们的往往是作出一项最优化决策有关的局限，也就是所谓的约束了。事实上，要理解特定时代特定地区和特定人群的行为选择，也必须紧紧围绕着行为主体的局限而展开。这些局限，可能是军事政治、文化传统、风俗宗教、产权归属等等。

事实上，围绕着经济人微观主体的行为选择，经济学上最重要的两点是需求定律和比较优势定律。但是如果从宏观的层面考察，一个社会的经济制度为什么是这样的，往往有其自身的内在逻辑。以往的

文史研究大多从路径依赖和社会刚性来解释，没有考虑为什么是这种经济制度，而不是那一种经济制度；什么样的制度，会对不同的经济增长产生什么不同的影响？对于不同的国家、不同的发展阶段会有不同的解答。下面，我们将从劳动力成本变动、结构变迁的一般规律和制度的选择三个方面加以阐述。

（一）劳动力成本与内卷化

这些问题，都可以从经济学上的"成本"找到答案。张五常曾说，经济学上没有不是"机会成本"的成本。成本是最高的代价，也就是放弃的是最有价值的机会。从微观来看，一个农民可以选择在农村就业，获得农产品的产出养家糊口，也可以到城市出卖自己挣得工资，用所得工资购买生活所需。那么农业部门的就业成本，就是他原可以从事非农劳动获得的最高报酬；同理，他从事非农劳动的就业成本，就是他原可以从事农业生产获得的报酬以及获得田园诗般的闲暇生活。但是如果局限发生变化，如果政策不允许他到城市出卖劳动力，或者风俗习惯和当地传统使得他外出就业几乎不可能，以至于他只能在土地上劳作，那么他的农业部门的就业成本就是零。反过来讲，农业部门的就业成本为零，相比存在就业成本的情形，使他更有激励留在土地上劳作，强化了这种选择。正是这种局限条件的存在，使得黄宗智在《华北的小农经济与社会变迁》中首次提出了"内卷化"的概念。他认为，在20世纪30年代，华北地区的农村形成了一种分化的小农经济，这种经济的特点是经营式农场的发展不足、贫农的半无产化和中农、贫农家庭农场的"内卷化"。黄宗智教授认为，许多家庭农场在劳动力边际回报已经降到极低的情况下仍在投入劳动。这说明，家庭农场经营多是在劳动力过剩的情况下进行的，是"内卷化"的。

需要说明的是，这里的边际概念存在争议。黄宗智与彭慕兰的

"大分流"之争，在于到底是"劳动力边际报酬递减"还是"总生产要素边际报酬递减"。在这里，黄宗智教授忽略了一个问题，那就是张五常教授提到的佃农理论。张五常以台湾地区的"土地改革"为例，说明实行三七五减租[1]之后，农户的耕作集约度增加，存在一种单位时间内单位土地面积上总价值最大化的趋势。最明显的例子就是通过提高作物的轮作率来提高耕作的集约度。尽管这时候劳动力的边际报酬下降了，但是通过种植蔬菜等边际作物，单位时间单位面积上的产出增加。这里面所隐含的条件就是，不光是劳动力的投入有变化，土地的供给也因为轮作等方式具有了供给弹性。农户通过这样的方式获得更高的平均报酬。这种在狭窄土地上持续投入劳动力而边际产出下降的现象，与农村劳动力不能顺利转移有着非常大的关系。黄宗智后来又编写了《长江三角洲小农家庭与乡村发展》，对于长江三角洲这一中国经济的先进地区进行考察。黄宗智开始用"过密化"来替代"内卷化"，即现代化生产要素投入被巨大的人口增长所吞噬。尽管家庭辅助劳动力可以承担棉纺等低于粮食、棉花种植报酬的副业，但是棉纺副业的报酬仅仅只有粮食种植的报酬的一半。虽然农业商品化加强了农村社会与工业社会的联系，但是这种商品化可能加剧农村的"过密化"。那么，既然从事农业生产的边际报酬这么低，为什么农户不能完全地转移到从事更高利润的工业生产呢？这就是问题的所在。

在跨越了"过密化"的阶段后，农业劳动力自由转移可以获得更高的非农产业的收入；与此同时，虽然单位土地面积上的农业劳动收入平均值下降，但是其边际报酬还是相当高的。那么"过密化"阶段与跨越了"过密化"阶段的决定因素是什么？答案可能有很多，劳动

[1] 这里是指台湾土地改革的第一阶段。"从 1949 年 4 月开始，台湾当局颁布和实施了一系列关于农业土地出租方面的规定。在土地改革的这个阶段，把地租率由年产出的 56.8% 这一估计平均数降低到 37.5%。这种减租除了园艺业外，适用于所有的农业地租（定额地租和分成地租）。"来源：张五常：《佃农理论》，易宪容译，北京：商务印书馆，2002 年，第 128 页。

力成本就是其中之一。决定农民个人能否在城市获得非农工作的原因有很多，但是从经济结构变迁的趋势来看，原型工业的就业机会不足是非常重要的解释。在从农业社会向工业社会过渡的过程中，原型工业从简单劳动分工开始，逐步专业化地吸收从农业部门转出的劳动力。随着劳动力相对价格的上升，促成了用其他要素密集实用替代劳动力的现代工业的成型。这一过程逐步摆脱了"过密化"的魔咒，是西欧经济史上非常重要的经济重构现象，并为后续工业革命的集中爆发打下了坚实的基础。下面专门对结构变迁的一般规律作进一步的说明。

（二）结构变迁的一般规律

到目前为止，人类历史告诉我们的一条普遍规律就是：经济发展的进程，显著地表现为生产要素从农业部门转出的再配置过程。由于农业部门技术进步和食品支出的恩格尔定律，农业生产要素会转移到工业部门，而工业部门的技术进步提高了工业部门的工资，从而将劳动力吸引到工业部门。这个过程中，农业部门的产出份额和就业份额都在持续下降，但是长期中的人均收入在上升。

Francisco（2010）对这一问题给出了一个比较分析。在他的文章中，将劳动力结构转移的动力分成了两类。第一类是 Lewis（1954），Harris and Torada（1970）倡导的由制造业部门生产率提高而驱动的演变机制。Gylfason and Zoega（2006）将这一假说称为劳动力拉力假说。但是，Nurkse（1953）、Rostow（1960）以及 Ngai and Pissarides（2007）认为这种演变应该是由农业部门开始的，农业部门的技术进步，解决了"食品问题"，这样才能够有足够的食品供应城市，从而进一步将农业部门的资源释放。与这一效应对应的假说被称为劳动力推力假说。跨越"过密化"问题的实质，是对传统农业部门进行解构，实现工业与农业部门经济联系的同时，非农部门就业份额得到大幅度稳定的提升。现在的问题是，虽然这两种效应都可能在结构变迁的过程中发生，但是哪一种因素起到主导作用呢？

Francisco（2010）认为，无论是农业部门还是制造业部门，只要生产率提升之后，该部门产品的生产能力上升，产品的供给增加，从而对应的产品均衡价格下降，就可以借助相对价格水平来度量两个部门技术进步的增长速度。如果制造业部门相对于农业部门产品的相对价格下降了，那就意味着当前制造业部门的技术变迁速度更快。不过，制造业部门相对于农业部门产品的相对价格上升，结果就不那么明朗了。由于食品的收入需求弹性较低，而制造业产品的收入需求弹性较高，也有可能在两个部门技术变迁速度相等甚至制造业部门技术变迁速度稍微快一点的条件下，出现制造业部门相对于农业部门产品的价格反而略微上升的情况。只有当相对价格有一个剧烈上升的时候，才可以判断，农业部门的生产率增长速度快于制造业部门生产率的增长速度。

Francisco（2010）采用美国等12个已经完成工业化的国家的时间序列数据[1]，验证了农业部门就业份额、制造业产品相对于农业产品的价格、制造业部门相对于农业部门的生产率、农业部门就业份额在1820—2000年以来的长期变动关系，并计算了1820—2000年的人均产出的年度平均增长率以及分时间区间和分阶段的相对价格的年度平均变化率。他的研究结论是，劳动力拉力假说和劳动力推力假说都是成立的，只是表现的阶段不同。在工业化的早期，制造业部门生产率

---

[1] Francisco（2010）所使用的数据主要来自于 Mitchell（1988，1998，2003），以及哥廷根大学 GGDC 的 10 部门和历史国民账户数据库（HNAD），Maddison（1995，Appendix B），美国农业部（USDA）的农业生产率数据库，Sokoloff（1986）的 1820—1860 年的数据，Kendrick（1961，Table A-XXIII）1870—1948 年的数据，美国劳工统计局（BLS）多因素生产率 SIC 度量，1948—2000 年的数据。

的提升是关键，它通过相对工资水平的拉力作用吸收了农业部门的劳动力，从而表现出农业部门劳动力向工业部门快速转移的过程。进入工业化的中后期（20世纪50年代以后），随着工业部门的生产技术水平尤其是交通运输、仓储条件的持续改善，农业部门的技术水平也得到快速提升，农业部门生产率的提升进一步将剩余劳动力推到工业部门，这时候就逐步进入了工业化后期。

通过实证检验发现，美国的农业部门就业份额，从1800年的73%，降到1895年的40%，到第二次世界大战结束的1945年，这一份额已经降为16.2%，2000年以后为2.5%。美国制造业部门相对农业部门产品的价格，在工业化前期有比较大的波动，但是进入19世纪20年代以后，这一相对价格从1.6一路下降，直到1945年第二次世界大战结束，这一相对价格已经降到了0.84的水平。而后，农业部门生产率的强劲提升，使得制造业部门产品的相对价格又开始回升。到了2000年，制造业部门产品的相对价格已经上升到了1.8的水平。这一结论不仅与美国的证据相吻合，而且对于韩国的数据来说也是成立的。韩国的农业部门就业份额在1955年的时候为79.7%。但是到了2001年，这一就业份额就已经下降到10%以下，为9.95%，从而进入到工业化后期的阶段。与此相对应，韩国制造业部门相对于农业部门产品的价格，已经从1965年的3.5，逐步下降到2006年的0.98。通过比较发现，发展阶段效应相比贸易形成的影响更为重要。

因此，从这些历史数据来看，进入工业化的国家能够通过制造业部门的发展，吸收大量的劳动力。在工业化初期，制造业部门的相对价格在一路下降，而劳动力成本在逐步上升，但是由于资本、能源等诸多替代劳动力的廉价要素的使用，降低了工业制造业的生产成本，所以这样的技术进步方向仍然是有利可图的。工业部门真实工资的持续上升以及工业部门技术提高对农业部门生产技术条件的改善，使得在工资均衡条件下，农业部门的生产要素使用比例也逐渐向工业部门靠近，最终实现农业的工业化。这在张培刚的《农业与工业化》中得到了更加详细的说明。经济结构的这一变化过程，就是比较优势定律的具体应用。

最后，除了结构变迁这样的启动因素，我们还要来看长期增长的另一个局限因素，即制度的选择。这里的制度选择，是在经济史的范畴上的人类经济、社会、地理、文化等诸多因素所形成的生产性安排。当然，这种局限可能作为经济发展的启动因素，也可能成为制约因素。什么样的制度促进什么样的发展？对于这一问题，在具体了解人类生产生活的实践之后，就会有更加明确的答案。

（三）制度的选择

首先要提出的一个问题：为什么存在制度？从人类生存建立社会开始，制度就存在了。有社会的地方，就有制度。不同地区的风土人情和社会发展阶段不同，制度就不同。而且在同一个时间维度上，还可能并存多种不同的制度。因为以往的历史学也好，经济史也好，往往过于意识形态化，认为制度之间存在着必然的优劣关系。这是非常大的误会。工业革命开始以来，似乎评判制度好坏的标准，就在西方国家的手里。马克思曾说，新制度往往是诞生于旧制度的母体之中的。尽管关于人类社会发展阶段的"五段论"已经遭到很多人的批驳，但是以西方本位的制度研究，往往认为资本主义制度就有天生的优越感，就是人类的社会制度的终结。这种想法实际与经济学本源认识大相径庭。

但从经济增长来看，以最优的制度来促进经济增长从来不是一件一劳永逸的事情。经济发展的格局总在变化，结构在变化，性质和功能也在发生着变化。如何利用变化着的局限，革故鼎新，释放促进生产水平的要素，是为制度之动力机制。反之，如果不能因时局而变，因循旧制，可能会加大社会的治理成本甚至导致崩溃和解体。

实际上，没有一个社会的维系不需要成本。在 David Romer 所编撰的《高级宏观经济学》教科书中，列举了一个经典的案例，"Production，Predation and Protection"。这个案例的大致意思是：生产者生产出来的财富，可能被掠夺者掠夺掉，所以需要政府的保护；但是另一方面，政府的保护也是需要生产者付出成本的。如果政府保护所花费的成本越高，那么维持现有的制度的成本就越大，新的制度替代者出现，使得生产者宁愿被掠夺者掠夺，而不愿受当前政府的保护。于是这就出现了制度的竞争与替代。当然，这个例子实在是有些极端。实际上，就维系社会的治理成本而言，它确实是无法避免的。解释制度的存在不容易，解释制度的变化更难。赵红军（2010）认为，中国自秦汉以来长期稳定在农本经济的老路上，难以自发地转轨到以工商为主的现代经济增长道路上，主要在于一系列源于自然、地理基础之上的惯性治理思维和对策，从而构成稳定的"中国均衡"。然而，用制度惯性来解释，传统历来已久，并不新鲜。不仅如此，在 Acemoglu and Robinson（2012）最新出版的著作 *Why Nations fail*? 中，将攫取性的经济制度与包容性的经济制度进行了对比，最终还是回到了张五常（2014）所提出的制度费用的问题。

从人类原始社会开始有剩余的劳动产品开始，以物易物的市场交易就产生了。后来出现了贝壳、石子、布帛、铜钱、纸币等各种交易媒介，市场交易的安排也逐步开始被地方政府或者中央政府所取代。可以说，货物在市场中贸易的历史，远远比政府存在的历史要长久。所以说，市场是一种分配资源的方式。而市场交易决定谁胜谁负的游戏规则，必定有某种权威的力量来维系。不同的社会制度，就是规定并维持着某种竞争胜负的游戏规则。因此，要明白的是，制度的费用，实际上就是维持当前分配资源的方式。如果替换一种制度，也必定要产生新的维系当前生产秩序的费用。一种制度替代另一种制度，只不过是制度的费用发生了变化。在作比较研究的时候，断定一种制度先天地就优越于另一种制度，实际上是不可取的。亚当·斯密（1776）在《国富论》中所强调的，大抵不过是"适者生存"的逻辑。在阿尔钦（1950）发表的《不确定性、进化与经济理论》中，认为"适者生存"是收入最大化假设的证明。正是因为未知的局限，使得原有能够最大限度提高生产效率的制度安排，随着局限的改变，制度费用逐步增加了。所以说，未知的局限今人尚不可预测，何能苛求古人？如此等等，所谓制度的选择，不过是在当时的条件下，选择一种维系当前生产与交换的产权、排序、规例、风俗等的合约安排。用张五常的话来说，这无异于说是套套逻辑，因为未来的局限如何改变，是我们所不可预知的。

所以，从制度的最优安排来讲，不能不讲局限。中国明清时期的工农业生产体系和工商业企业治理体系，其存在的合理性是在当时闭关锁国、专制集权下的一种最优的反应。在那种极限下，亚当·斯密所批判的佃农分成制度居然也获得了很高的效率，徽商与晋商的治理模式，也在其时获得较好的发展。正是因为维系着农本生产的社会秩序的存在，社会的技术进步模式必定是朝着密集使用低成本要素的方向前进的，即便有人发明了节省人力的机器，也不可能很快就得到使用，即使使用也不是全社会大范围的使用。从而社会的局限影响着制度的选择。正如德国历史学家魏特夫认为的那样，"中国人的智慧都用在了维系农业秩序的课题上了"。

通过经济史的分析，我们如果要认识制度的缺陷，就要认识局限；认识到局限的改变，既可以"人为我用"，选择以一个新的生产制度替代旧的制度，又可以针对中国自身特点或者局限，寻求经济发展的新的动力。这便是对大分流问题探讨的最初目的。

四、小结：从大分流到经济追赶

本文对这两届量化历史讲习班的讨论作了一个经济史和经济学框架上的归纳，与蔡昉先生 2013 年在《经济研究》上发表的《理解中国经济发展的过去、现在和将来——基于一个贯通的增长理论框架》具有异曲同工之处[1]。自 1978 年改革开放以来，中国已在各个方面追赶先进国家：基础设施持续得到改善，国民教育水平得到进一步提升，工业部门占比越来越大，农业部门就业份额逐渐缩小，出口导向的发展让中国更加趋于与国际一体化。所有这些成就都不是一种偶然。然而，农村的家庭联产承包责任制的推行，城市部门的价格改革和国有企业改制改革并创新国有的实现形式，县域经济竞争导致的经济增长，每一个话题都要若干鸿篇巨制，才能将相关的局限完全说清楚。借鉴社会历史发展的潮流，我们需要把握的是更加一般的规律。这些规律，总结起来就是三点：

（一）相对价格决定比较优势、有偏性的技术进步和社会资源流向；

（二）结构变迁中部门生产率的相对变动影响相对价格；

（三）支撑社会经济结构的制度费用只有不断降低，才能进一步创造激励、改变相对价格，释放生产要素的生产潜力和提高经济发展水平。

到此，我们将各个时代特定的激励机制研究转化为对于相对价格的考察。相对价格这一激励机制是实现资源流向调整的直接因素，它同时影响了物质资本积累、人力资本积累和有偏的技术进步。人力资本发挥作用，一定要到经济发展到一定阶段，与其他的要素相结合才

---

[1] 蔡先生从中国经济发展的历程来看，提出了一以贯之的理论框架。他认为，"基于任何时代的经济增长，归根结底是依靠特定的激励机制，促成物质资本和人力资本的积累，并以此为载体，把激发出的各种创意转化为生产率的提高，实现报酬递增。"

能产生生产力。这种人力资本的发展仍然要服从上述的三点规律。最后，资本积累和生产基础设施的持续改善，是长期经济增长的稳定保障。

作者简介

陈三攀，华中科技大学经济学博士研究生。

.

参考文献

[1] 蔡昉：《理解中国经济发展的过去、现在和将来——基于一个贯通的增长理论框架》，《经济研究》，2013 年第 11 期，第 4-16，55 页。

[2] 蔡洪滨、周黎安、吴意如：《宗族制度、商人信仰与商帮治理：关于明清时期徽商与晋商的比较研究》，《管理世界》，2008 年第 8 期，第 87-99 页。

[3] 何国卿、张湖东、张婷婷：《"中西经济大分流：历史比较分析"国际学术研讨会纪要》，《中国经济史研究》，2012 年第 4 期，第 159-162 页。

[4] [美] 黄宗智：《华北的小农经济与社会变迁》，北京：中华书局，2000 年。

[5] [美] 黄宗智，《长江三角洲小农家庭与乡村发展》，北京：中华书局，1992 年。

[6] [英] 李约瑟：《中国科学技术史》，《科学思想史》，何兆武译，北京：科学出版社，上海：上海古籍出版社，1990 年。

[7] 龙登高：《地权交易与生产要素组合：1650—1950》，《经济研究》，2009 年第 2 期，第 146-156 页。

[8] 龙登高、彭波：《近视佃农的经营性质与收益比较》，《经济研究》，2010 年第 1 期，第 138-147 页。

[9] 龙登高、林展、彭波：《典与清代地权交易体系》，《中国社会科学》，2013 年第 5 期，第 125-141 页。

[10] 龙登高：《地权市场与资源配置》，福州：福建人民出版社，2012 年。

[11] 龙登高、任志强、赵亮：《近世中国农地产权的多重功能》，《中国经济史研究》，2010 年第 4 期，第 18-26 页。

[12] [美] 彭慕兰：《大分流：欧洲、中国及现代世界经济的发展》，史建云译，

南京：江苏人民出版社，2003 年。

[13] 彭慕兰、史建云：《世界经济史中的近世江南：比较与综合观察——回应黄宗智先生》，《历史研究》，2003 年第 4 期，第 3-48 页。

[14] [英] 亚当·斯密：《国富论》，杨敬年译，西安：陕西人民出版社，2011 年。

[15] 张岱年：《文化与价值》，北京：新华出版社，2004 年。

[16] 张岱年主编：《中国文史百科》，杭州：浙江人民出版社，1998 年。

[17] 张五常：《佃农理论》，易宪容译，北京：商务印书馆，2002 年。

[18] 张五常：《科学说需求》，北京：中信出版社，2010 年。

[19] 张五常：《收入与成本》，北京：中信出版社，2011 年。

[20] 张五常：《制度的选择》，北京：中信出版社，2014 年。

[21] 赵红军：《小农经济、惯性治理与中国经济的长期变迁》，上海：格致出版社，2010 年。

[22] 赵亮、龙登高：《土地租佃与经济效率》，《中国经济问题》，2012 年第 3 期，第 3-15 页。

[23] Acemoglu, D., S. Johnson , and J. Robinson (2005). "The Rise of European: Atlantic Trade, Institutional Change and Economic Growth." *American Economic Review*, 95: 546-579.

[24] Acemoglu, D., and J. Robinson (2012). *Why nations fail? The Origins of Power, Prosperity, and Poverty*.New York: Crown Business Press.

[25] Allen, R. C. (2013). *Poverty Lines in History, Theory, and Current International Practice*. Oxford University, Department of Economics, Working Paper 685.

[26] Allen, R. C. (2014). "American Exceptionalism as a Problem in Global History." *Journal of Economic History*, 74 (2):1-42.

[27] Armen, A. (1950). "Alchian, Uncertainty, Evolution and Economic Theory." *Journal of Political Economy*, 58: 211-221.

[28] Clark, G., N. Cummins, Hao Yu, and D. D. Vidal (2014). *The Son also Rises: Surnames and the History of Social Mobility*. Princeton, N . J.: Princeton University Press.

[29] Gylfason, T., and G. Zoega (2006). *The Road from Agriculture, in T. Eicher and C. Garcia-Penalosa, eds, 'Institutions, Development, and Economic Growth'*. Cambridge, M. A. : MIT Press.

[30] Federico, G. (2004). The growth of world agricultural production, 1800-1938."

Research in Economic History, 22:125−182.

[31] Francisco, A. C., and M. Poschke (July 2010). "Structural change out of agriculture: Labor Push versus Labor Pull." *American Economic Journal: Macroeconomics, American Economic Association*, 3 (3): 127−158.

[32] Harris, J., and M. Todaro (1970). "Migration, Unemployment and Development: A Two-Sector Analysis." *American Economic Review*, 60 (1): 126−142.

[33] Kendrick, J. (1961).*Productivity Trends in the United States*, Priceton, N. J.: Princeton University Press.

[34] Kung, J. K., Bai Nansheng, and Y., Lee (2011). "Human Capital, Migration, and 'Vent' for Surplus Rural Labor in 1930s' China: The Case of the Lower Yangzi." *Economic History Review*, 64 (1): 117−141.

[35] Kung, J. K., and Li Nan (2011) "Commercialization as Exogenous Shocks: The Effect of the Soybean Trade and Migration in Manchurian Villages, 1895-1934." *Explorations in Economic History*, 48: 568−589.

[36] Lewis (1954). *Economic Development with Unlimited Supplies of Labour.* Manchester School, 22: 139−191.

[37] Maddison, A. (1995). *Monitoring the World Economy: 1820−1992*, OECD Development Centre, Paris.

[38] Maddison, A. (2009). *Statistics on World Population, GDP and Per Capita GDP, 1−2006 AD.* http: //www.ggdc.net/maddison/.

[39] Melman S. (1956). *Dynamic factors in industrial productivity.* Oxford: Basil Blackwell.

[40] Mitchell, B.R. (1988). *British Historical Statistics.* Cambridge: Cambridge University Press.

[41] Mitchell, B.R. (1998). *International Historical Statistics: Africa, Asia and Oceania, 1750-1993.* 3rd edn, Macmillan Reference, New York: London and Stockton Press.

[42] Mitchell, B.R. (2003). *International Historical Statistics: Europe, 1750-2000.* 5th edn, Palgrave Macmillan, New York.

[43] Mitch, D. (1993). *The role of human capital in the first industrial revolution, in J. Mokyr, ed., The British industrial revolution: an economic perspectives (Boulder).* 267−307.

[44] Mokyr, J. (2005). "The Intellectual Origins of Modern Economic Growth." *Journal of Economic History*, 65: 285–351.

[45] Ngai, R., and C. Pissarides (2007). "Structural Changes in a Multi-Sector Model of Growth." *American Economic Review*, 97 (1): 429–443.

[46] Nurkse, R. (1953). *Problems of capital formation in underdeveloped countries*. New York: Oxford University. Press.

[47] Romer, D. (2011). *Advanced Macroeconomics*. 4th edition, New York: McGraw-Hill Press.

[48] Rostow, W. (1960). *The Stages of Economic Growth: A Non-Communist Manifesto*. Cambridge: Cambridge University Press.

[49] Sokoloff, K.L. (1986). *Productivity growth in manufacturing during early industrialization: evidence from the American Northeast, 1820–1860,* in S.L. Engerman and R.E. Gallman, eds, "Long-Term Factors in American Economic Growth." Number 51 in "Studies in Income and Wealth." Chicago: University of Chicago Press .

当前国内量化历史研究的新特点
——以首届量化历史讲习班为例

孙圣民

摘要：本文从组织机构、发展评估、研究梯队、国际化趋势四个方面，归纳当前国内量化历史研究发展的新动向，并以首届量化历史讲习班为例进行定量讨论。常设的研究机构的建立，有计划地培养掌握经济学和史学知识的"通识型"青年学者，国际化等特征分别是国内量化历史研究发展的组织条件、人员保证和发展趋势。国内综合性大学高校勇于体制创新的魄力，打通史学和经济学等相关学科的努力，指明了做大做强量化历史研究这类交叉学科的正确方向。

关键词：量化历史，跨学科，量化分析，学科建设

近年来在众多国内外学者的引领和推动下，国内量化历史研究取得了长足的发展。特别是 2013 年以来，许多标志性事件发生，代表着国内量化历史研究发展出现了许多新的特点。本文将从组织机构、发展评估、研究梯队、国际化趋势四个方面，归纳当前国内量化历史研究发展的新动向，并以首届量化历史讲习班为例进行定量讨论。

一、跨学科交流的专门研究机构建立，交流平台日益丰富，研究重心各有侧重

2013 年 7 月 5—15 日首届量化历史讲习班在清华大学举办，并于同日举办了量化历史研究国际研讨会。第二届量化历史讲习班已于 2014 年在清华大学成功举办。2015 年第三届量化历史讲习班将由北京大学量化历史研究所承办，并首次增加了"量化历史方法班"，为非经济学背景（例如，史学背景）的学员介绍量化历史研究方法和计量方法。同时还将举办第三届"量化历史年会"。今后量化历史讲习班和年会将每年举办一次。其宗旨是推动现代社会科学的分析范式和研究方法在国学、历史研究中的应用。尤其强调以市场化发展为线索，以量化方法为基本手段，探讨中国以及其他社会的历史演变规律，包括社会结构、生活方式、文化价值等体系是如何因市场的发展而变迁。

2013 年 9 月 27 日北京大学经济学院召开"首届北大经济史学研讨会"，同时正式成立北京大学社会经济史研究所。其宗旨是加强经济史与经济思想史学科的交流融合，促进中外经济史学界的密切合作，推进中国经济史学的理论和方法研究。首届"北大经济史学研讨会"的主题为"中国梦的历史内涵：文化、传统、制度与长期经济发展"，今后研讨会将每两年举行一届。

首届"上财经济史学论坛"暨经济史学系揭牌仪式，于 2011 年 4 月 23—24 日在上海财经大学经济学院举行，会议主题为"中国经济增长与思想、制度变迁"。2013 年 4 月 27 日上海财经大学经济学院经济史学系，联合中国经济思想史与经济史研究中心，在上海财经大学经济学院举办了第二届"上财经济史学论坛"暨纪念胡寄窗诞辰 110 周年研讨会。会议的主题为"传统文化、路径依赖与中国经济长期发展"。"上财经济史学论坛"每两年举办一次。

另外，2013 年 6 月 28—30 日，中国经济史学会、中国现代经济史专业委员会、中南财经政法大学经济学院和经济史研究中心，在湖北举办了"纪念改革开放 35 周年学术研讨会"。会议主题以历史视角回顾改革开放前后中国经济的发展历程，充分展示了中南财经政法大学经济史研究中心等研究机构与所推进的中华人民共和国史研究的最新成果。

除上述研究机构外，于 2007 年成立的广东外语外贸大学中国计量经济史研究中心，在国内较早开展了量化历史研究。研究重心以近现代中国宏观经济运行问题为主，并创办有非正式出版物《中国计量经济史研究动态》。于 2005 年成立的南开大学经济史研究中心，秉承经济史"南开学派"的盛誉，所从事的中国近代经济史研究一直保持着较高水准。于 2001 年成立的山东大学经济研究院新经济史学和经济史研究室，侧重于经济史中制度变迁的理论和实证研究。

上述研究机构多立身于各院校的经济学院，挂靠在经济学科，而另外一些研究机构则主要是以历史学研究为主。如河北大学宋史研究中心，从事宋辽夏金史和中国古代史的研究工作；南京大学中华民国史研究中心，主要涉足中华民国史研究；山西大学中国社会史研究中心，侧重社会史研究等；云南大学中国经济史研究所，涉足唐宋经济史、中国土地制度史、中国商品经济史等。

其他一些高校根据自身的特点，谋求打破两个学科间非此即彼的状态，着力加强校内历史学科和经济学学科间的交叉合作。如复旦大学中国金融史研究中心，由复旦大学历史学系、经济学院和金融研究院的有关学者共同发起成立，立足上海这个中国近百年来的经济和金融中心，主要进行金融史研究。通过打通学科、整合资源，改变了学科划分过于单一、行政划分对交流合作限制过死的通病。以文史见长的山东大学，依托史学传统优势学科，嫁接经济学中制度、发展和计量经济学研究等新学术增长点，尝试建立一个史学、经济学交叉网络平台，逐步实现山东大学量化历史研究学科发展规划的设想。

如此密集的学术会议的召开和研讨班的开设，以及随后的定期举办，实为近年来少有，掀起了国内经济史研究、特别是量化历史研究的一个小高潮。史学和经济学者的共同参与，特别常设的研究机构的设立，史学和经济学学者跨学科学术交流的平台逐步丰富，定会将国内量化历史研究这个交叉学科的研究水平推向一个新高度。

二、当前国内各高校量化历史研究发展的现状，一个定量的粗略评估

由于量化历史研究在国内的发展时间相对较短，要准确评估国内各高校量化历史研究发展的现状，有两个困难。一是没有相关的数据和资料，二是无法找到一个客观的评价标准。但我们可以以首届量化历史讲习班为例进行一些讨论。一种方法是根据研讨班学员名单，依据学员现在的工作和学习单位，来考察一下各高校拥有的从事量化历史研究的人员数量。但由于首届研讨班具有公益和启蒙性质，主办方为了推动国内量化历史研究的发展，选择学员时会考虑到地域、学校间的平衡。从表1可以看出各学校学员人数相对平均，清华大学的学员统计中由于包括会议工作人员所以偏高。这些样本选择并不能真正反映量化历史研究在各学校的发展现状，从计量经济学角度来说是"有偏"的。

表 1

工作或学习单位	学员人数	排序
清华大学	25	1
中国社科院	7	2
北京大学	4	3
上海财经大学	4	3
复旦大学	3	4

工作或学习单位	学员人数	排序
南开大学	3	4
中南财经政法大学	3	4
河南大学	2	5
厦门大学	2	5
山东大学	2	5
其他	1	6

我们可以借鉴经济社会学中社会资本（Social Capital）理论的观点，从社会网络的角度来对此进行考察，适当"纠偏"。[1] 第一，这些学员报名，是因为对量化历史研究感兴趣。虽然主办方有针对性地进行了选择，但这些选择出来的学员上述共同点并未改变。第二，这些学员的兴趣爱好来自于所接受的教育，这个教育背景反映在本科、硕士、博士和博士后所就读的学校。第三，以每个学员为中心，此学员与所毕业学校之间形成关联，每个学员会在多个学校之间形成一个网络。第四，每个学校将自己的学术传统传授给本校的毕业生，并影响学员的知识结构和研究兴趣。第五，我们只要计算全部学员曾经就读的各学校的频率，就可以发现哪些学校在培养学生对量化历史研究产生兴趣的过程中起到了重要作用。结果表2。可以发现学校分布发生了重大的变化，变得不再平均。分析一下这些对推动国内量化历史研究发展起到重要作用的学校，可以发现这些学校多是综合性大学，前6名高校均是如此。综合性大学一般学科门类齐全，设有经济学和史

---

[1] 社会资本是能够通过协调的行动来提高经济效率的网络、信任和规范。见 Robert D. Putnam, with Robert Leonardi and Rafaella Y. Nanetti,*Making Democracy Work: Civic Traditions in Modern Italy*, Princeton, New Jersey: Princeton University Press, 1993, p.167. 福山 (Fukuyama) 等提出衡量团体的社会资本可以用各种社会网络的规模的加权总和。权重是它的各种特征的总和。见 Fukuyama,Francis. 1997.*Social Capital*. Tanner Lectures, Brasenose College, Oxford; Processed, Institute of Public Policy,George Mason University,Fair,Virginia。

学等学科,有助于学生在求学阶段培养对不同学科的兴趣。其余两个高校为专业财经类院校,经济史专业本身就是其传统优势学科。如上海财经大学和中南财经政法大学,目前这两个学校都设有专门的经济史研究机构。[1] 清华大学是个例外,人数偏高。我们相信这是由于包含了主办方工作人员的原因。我们可以采用"差分"的方法来作一个极端的处理,这种方法只会低估而非高估。即在具有清华大学教育背景的全部 35 名学员中,扣除全部在清华大学工作或学习的 25 名学员,结果仍有 10 名清华大学的毕业生对量化历史研究具有浓厚兴趣,清华大学排名仍然靠前。部分学员还来自一些学校设立的人文或社会科学基地班或实验班,这种通识型教育所赋予学生的知识结构,十分有利于他们以后走向交叉学科的研究道路。

表 2

本硕博博后所在学校	学员人数	排序
清华大学	35	1
复旦大学	13	2
北京大学	12	3
南开大学	12	3
山东大学	12	3
中国人民大学	12	3
上海财经大学	10	4
四川大学	8	5
中南财经政法大学	8	5
中国社科院	8	5
其他	≤ 6	6

---

[1] 上海财经大学设有经济史学系,中南财经政法大学设有经济史研究中心。另外,香港科技大学的社会经济史研究处于国际前沿,其研究成果和数据库建设十分突出。部分香港科技大学毕业的博士已经成为国内高校从事量化历史研究的重要师资力量。需要注意的是,部分具有研究优势的学校未报名参加首届量化历史讲习班,可能造成统计偏差。

三、研究团队初具规模，知识结构日益合理

要推动国内量化历史研究发展，需要史学和经济学学者的通力合作。有计划地培养量化历史研究的研究团队，特别是培养能够同时掌握经济学和史学知识的"通识型"青年学者，才能从根本上解决跨学科合作的问题。[1]经过近几年的发展，量化历史研究已经吸引了不少中国学者的关注和参与，大家学科背景不同但兴趣志向相投。这些师生以中青年为主，大多接受过传统的史学或经济学的系统训练，一部分还具有交叉学科的知识背景，已经成为国内量化历史研究的骨干力量。

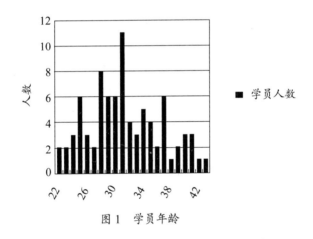

图 1　学员年龄

---

[1]　关于培养量化历史研究领域跨学科人才的国外经验与具体构想，见孙圣民、刘晓鸥：《历史计量学发展中面临的问题及对策》，《中南财经政法大学学报》，2012 年第 5 期，第 37 页。山东大学于 2013 年设立了历史计量学博士点并开始招生。

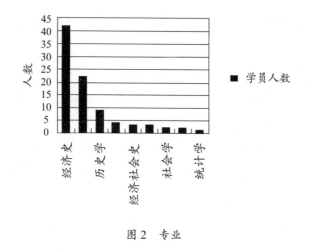

图 2 专业

　　以首届量化历史讲习班为例，学员共来自国内外 44 个高校和研究院所，其中海外或境外学员 11 名[1]，大陆学员 77 名分别来自 34 个高校和研究院所。根据举办方提供的学员名单，可以发现，在全部 88 名学员中[2]，男生 58 名占 66%，女生 30 名占 34%。学员年龄最大为 45 岁，最小 22 岁，平均约为 32.6 岁，如图 1 所示。[3]学历构成中，博士49 名，博士生 31 名（含硕博连读 2 名），硕士（生）5 名，本科（生）3 名。从职称上看，教授 4 名，副教授（含副研究员、助理研究员）21 名，讲师 15 名。从学员籍贯看，学员分别来自 21 个省份，其中最多的是山东，有 11 名学员籍贯是山东。其次是浙江、湖北有 6 人，再次是江苏、江西各 5 名，其余各省均不足 5 人。表 3。初步判断山东作为儒家文化的发源地，当地学人对史学的偏爱得以延续。

---

[1]　多伦多大学 1 名，法兰克福大学 1 名，加州大学洛杉矶分校 1 名，加州大学旧金山分校 1 名，加州大学戴维斯分校 1 名，加州理工学院 1 名，伦敦政治经济学院 1 名，纽约大学 2 名，香港大学 1 名，亚利桑那大学 1 名。
[2]　根据主办方提供的名单，含部分志愿者和主办方工作人员等，其他学员变动情况并未包括在内。
[3]　根据 84 名学员的年龄统计所得，为不完全统计。

表 3

学员籍贯	学员人数	排序
山东	11	1
湖北	6	2
浙江	6	2
江苏	5	3
江西	5	3
河南	4	4
河北	4	4
山西	4	4
四川	4	4
其余	5	5

从学员填报的自己当前的研究方向看，以经济学、历史学为主，也有法学、政治学、统计学和社会学等方向学员十余名，如图 2 所示。[1][2] 我们梳理了所有学员的本科、硕士、博士和博士后所从事的学科专业，表 4。从这些专业背景来看，纯粹经济学专业的学员最多，共 31 名占 35.6%；其次是具有经济学与历史学专业交叉背景的学员共 24 名，占 27.6%；第三是纯粹历史学专业的 11 名，占 12.6%。总体上看具有交叉知识背景的学员共有 39 名占 45%，其中具有经济学与史学专业交叉背景的复合型人才，比较符合量化历史研究这个交叉学科的要求。在所有学员中，曾经在某个学习阶段接受过

---

[1] 具体为：经济史 42 名（经济史 35 名，另含近现代经济史 1 名、农业经济史 2 名、中国古代史 1 名、中国近代经济史 1 名、中国近现代经济史 1 名、中国经济史 1 名），经济学 22 名（不含经济史和经济思想史，含产业经济学 1 名、金融学 1 名、经济学 17 名、应用经济学 2 名、政治经济学 1 名），历史学 9 名（历史学 6 名，另含历史地理学 1 名、历史经济地理 1 名、世界史 1 名），经济思想史 4 名，经济社会史 3 名（含城市史 1 名、经济社会史 2 名），政治学 3 名（含国际关系 1 名、亚洲研究 1 名、教育政治学 1 名），法学 2 名（含法学、法制史各 1 名），社会学 2 名（社会学 1 名，另含社会史 1 名），统计学 1 名。

[2] 此处是根据学员自己填写的研究方向进行的分类。学员填写的"经济学"、"历史学"研究方向，由于无更详细信息无法进行更明晰的划分。经济史中既包含了经济学专业中的经济史，也包含了史学专业中的经济史。

经济学专业训练的多达 66 名,占 76%;而曾在某个阶段接受过史学专业培养的学员 39 名,占 45%。从首届量化历史讲习班学员统计来看,无论从哪个角度讲,经济学的研究范式而非史学范式占据了主导地位。这一点也可以从授课教师的情况看到,他们多来自国内外经济学院中的经济史专业。

表 4

学科背景	学员人数	占比(%)87人	排序
经济学	31	35.60	1
经济学与历史学交叉	24	27.60	2
历史学	11	12.60	3
经济学与其他学科交叉	11	12.60	3
其他学科(非经济非历史)	6	6.90	4
历史学与其他学科交叉	4	4.60	5

在量化历史研究的学术梯队建设上,上海财经大学吸引青年学子的力度比较大。上海财经大学经济学院从 2010 年开始每年举办"经济史学"硕博连读项目夏令营。夏令营面向大学本科三年级在校生,要求是经济学或数学、统计等其他相关专业,非经济学专业学生要求具备良好的数理基础和一定的经济学知识。活动内容主要包括基础理论知识测试、经济学专题讨论、与经济学家联欢交流、学术演讲和参观访问等。夏令营向学生提供优厚的奖学金和良好的学习条件。对于表现突出的营员,免试录取为经济史、经济思想史专业硕士研究生,进入经济学大类硕博连读项目。另外,在领导机制上,经济史学系实行中外联席双系主任制度。在学科发展规划、国际学术交流、研究团队建设等方面积极发挥海外学者的带动作用。

四、量化历史研究国际交流逐步加强

从首届量化历史讲习班来看，授课教师分别来自加州大学戴维斯分校、伦敦政治经济学院、香港科技大学、耶鲁大学、纽约大学、荷兰乌特勒支大学（Utrecht University）、荷兰格罗宁根大学（University of Groningen）、北京大学、清华大学、河南大学等，部分教师是国际量化史学协会会员。期间举办的量化历史研究国际研讨会，国内许多老中青学者参会，是国内量化历史研究界难得的一次聚会。研讨主题包括欧洲工业革命，历史上生活水平的国际比较，现代化早期中国和西欧的比较，历史视角下冲突的经济学分析，文化与经济发展的关系，中西方大分流，中国社会的流动性问题，历史上中国传统政府模式，清代若干经济和社会问题的量化分析，近300年中国历史的新数据新发现与再比较，中国历史上引入农作物新品种的影响，近现代中国宏观经济运行研究，中国部分朝代和地区的GDP研究，中国历史上土地制度的演变和土地买卖研究，量化史学理论与应用，历史与制度因素对长期经济增长的影响，早期中外股市比较研究，经济史中的激励与组织问题，经济史中的比较制度分析，近200年来西方遗产税的影响，欧洲议会制度的影响，西欧兴起的政治因素和人口统计学解释，中国历史上的商业周期研究等。

国内量化历史研究开始国际化的第一个表现，就是学者们研讨的主题具有了国际性。其次，国际交流得以加强的第二个表现，就是国内许多量化历史研究机构吸纳了海外知名学者加盟，部分研究机构由海外学者和国内学者共同领导。一批海外名校毕业的博士，纷纷加盟国内相关研究机构，也为国内量化历史研究带来了新鲜血液。最后，学员中42%具有海外或境外学习或访学经历，这是国内量化历史研究走向国际化的第三个表现。可以说，国内量化历史研究的发展迎来了一个前所未有的好局面，不仅实现了学科间的交叉，也初步实现了和国际研究的接轨。

最后，可以将当前国内量化历史研究的新特点归纳如下：常设的研究机构的设立，为国内量化历史研究提供了组织条件。有计划地培养量化历史研究的研究团队，特别是培养能够同时掌握经济学和史学知识的"通识型"青年学者，是国内量化历史研究发展的人员保证。国际化是国内量化历史研究发展的趋势。清华大学、北京大学和复旦大学等院校勇于体制创新的魄力，打通相关学科的努力，指明了做大做强量化历史研究这类交叉学科的正确方向：一是嫁接自身已有的传统优势学科，强强联合，实现校内学科间相互沟通；二是延续学术传承的同时，因地制宜找准突破口、确立研究方向的独特优势，避免学校间同质竞争；三是学校要从学科发展的层面统筹协调，予以人力、物力等各种支持，牢牢把握住将一个学科增长点发展成优势学科的机会。

作者简介

孙圣民，山东大学经济研究院教授。研究方向包括制度经济学、经济史等，作品见于《中国社会科学》、《经济研究》等刊物。

图书在版编目（CIP）数据

量化历史研究．第 2 辑 / 陈志武，龙登高，马德斌主
编 ． — 杭州：浙江大学出版社，2015.11
ISBN 978-7-308-15222-8

Ⅰ．①量… Ⅱ．①陈… ②龙… ③马… Ⅲ．①历史 -
研究方法 - 文集 Ⅳ．①K061-53

中国版本图书馆 CIP 数据核字 (2015) 第 240809 号

量化历史研究 第二辑

陈志武 龙登高 马德斌 主编

责任编辑	王志毅
文字编辑	张 扬
责任校对	周元君
出版发行	浙江大学出版社
	（杭州天目山路 148 号 邮政编码 310007）
	（网址：http://www.zjupress.com）
排 版	北京大观世纪文化传媒有限公司
印 刷	北京天宇万达印刷有限公司
开 本	635mm×965mm 1/16
印 张	18
字 数	234千
版 印 次	2015年11月第1版 2015年11月第1次印刷
书 号	ISBN 978-7-308-15222-8
定 价	49.00元

版权所有 翻印必究 印装差错 负责调换

浙江大学出版社发行部联系方式：（0571）88925591；http://zjdxcbs.tmall.com